잘못된 전략

Flawed Strategy
: Why Smart Leaders Make Bad Decisions

Copyright ⓒ Beatrice Heuser 2025
This edition is published by arrangement with Polity Press Ltd., Cambridge.
Korean translation rights arranged with Polity Press Ltd.,
Cambridge, through Danny Hong Agency, Seoul.
Korean translation copyright ⓒ2025 by Book21 Publishing Group.

이 책의 한국어판 저작권은 대니홍에이전시를 통한
저작권사와의 독점 계약으로 ㈜북이십일에 있습니다.
저작권법에 의해 한국 내에서 보호를 받는 저작물이므로 무단전재와 복제를 금합니다.

잘못된 전략

외교 역사와 이론으로 살펴보는
국제정치 속 오판의 메커니즘

비어트리스 호이저 지음 | 이혜진 옮김

21세기북스

변화에 도움이 되는 무언가를 쓰라고 말해준 딸에게 바친다.
이 책이 누군가에게 도움이 되기를 바란다.

목차

감사의 말 — 7

서문 — 8

머리말 — 12

1장 합리적/비합리적 행위자 오류 — 20

2장 우리의 편향 — 65

3장 아는 것과 모르는 것 (그리고 우리가 그것들을 사용하는 방법) — 126

4장 전략 수립의 결점과 곤경 — 152

에필로그 — 188

미주 및 참고 문헌 — 192

감사의 말

이 책은 많은 도움을 준 함부르크의 독일연방군지휘참모대학교를 위해 쓰였다. 덕분에, 나는 꼭 필요했던 글래스고대학교의 도서관 시설에도 접근할 수 있었다.

친구들과 동료들의 적절하고도 매우 유용한 피드백에 깊은 감사를 표한다. 특히 존 베일리스, 사무엘 크뤼징아, 폴 셜트 교수는 전문을 검토하고 부족한 점을 지적해주었다. 그리고 길 베넷 박사, 토머스 보엘케, 외교관인 밸러리 케이턴 박사, 잭 하딩 박사, 데이비드 해리슨, 롭 존슨 박사, 안드레아스 루치와 데이비드 요스트, 에이탄 샤미르 교수, 해럴드 심프슨 공군 중령 그리고 팀 스베이스 박사에게 진심 어린 감사를 전하고 싶다. 모두 잘못된 부분을 발견해주었고 내게 추가로 읽을 자료와 고려 사항을 알려주었다. 혹시라도 오류가 있다면 전부 내 실수다.

나를 참아주는 멋진 남편에게도 감사를 표한다. 그의 배려 덕분에 이 책을 쓰면서 우리는 결혼 30주년을 맞이했다. 남편이 어떻게 이렇게나 오래 나를 참고 견뎌주는지는 내게 끝나지 않는 미스터리이나, 나는 남편이 계속 이렇게 비논리적이고 비합리적으로 있어주기를 정말 간절히 바란다.

서문

이 책은 국제관계가 (실제로) 어떻게 이루어지는지를 한 가지 요소로 설명할 수 있다고 주장하는 이론들이 국제관계학International Relations, IR 분야에서 우세를 보이는 세태에 반발한다. 나는 이런 접근법이 국제관계학 수업을 지배하고 있는 게 오랫동안 불만이었다. 지침서에서는 주로 이런 이론 중심 접근법을 제시한다. 이론을 하나 골라 하나의 이론에 한 장章 혹은 그보다 더 많은 장을 할애하고, (대부분 너무 뻔한 소리를 하는) 방법론을 주제로 또 한 장을 쓰고, 두세 개의 사례연구를 선택해 이론과 부합하는지 확인하고, 이론이 옳은지 혹은 그른지를 입증한 다음, 사례에 맞춰 이론을 조정하거나 폐기한다. 이것은 예컨대 자연과학에서 온도와 기체의 부피 관계를 나타내는 것처럼 '독립변수'(A)와 '종속변수'(B)라는 용어로 표현된다. 독창적인 사례연구는 종종 전체 논문의 겨우 삼 분의 일을 차지하고, 중세 신학자들이 좋아했을 법한 광범위한 이론의 검토 사이에 끼어 있다. 학생들이 연구방법론을 섞어보거나 하나의 사례연구에 하나 이상의 이론을 적용해보려고 할 때 나는 한 가닥의 희망을 발견한다. 하지만 학교에서는 여전히 학생들에게 많아야 두 개의 이론을 선택하라고 가르치고 있어서, 여전히 환원주의적인 결과가 나오는 것으로 보인다. 적절하든 아니든 학생들은 이 방법론적 접근에 끼워 맞춰지고 있다. 비전문가들(2차 혹은 3차 검토자나 박사논문 심사위원)은 내용이 익숙지 않으면 이런 방법론을 찾아 그것을 기준으로 학생들의 논문을 심사할 것이다. 이론을 정석적으로 적용(독립변수와 종속변수 설정)하지 않으면 그들은 방법론이 불완전하다고 주장할 것이다.

하지만 이런 단일 원인론적 방법론은 전략 연구나 상대방의 의도 분석에는 전혀 적합하지 않다. 전쟁과 전략을 공부하는 학생들은 카를 폰 클라우제비츠 이래 지금까지 전쟁과 적대적인 당사자들 사이의 긴장 관계에서 **상호 의존적인 변수**들이 일으키는 상호작용을 인지해왔다. 가장 유명한 것은 클라우제비츠가 제안한 열정, 기회, 의도적인 정책의 삼위일체다.[2] 클라우제비츠와 다른 저자들은 그 외에도 많은 변수들을 설정했다. 나도 지금까지 전쟁과 전략의 맥락에서 정말로 독립적인 하나의 변수를 발견하지 못했다. 탄도의 궤적도 하나가 아닌 여러 변수(중력, 무게, 속도)의 영향을 받는다. 그러므로 위에 언급된 단일 원인론적 방법론을 강요하는 것은 완전한 혼란을 초래한다.

다른 점에서 실무자들이 참석하는 학회나 대학생, 석사생, (장군과 제독을 포함한) 모든 계급의 장교를 대상으로 한 세미나에서도 우리가 '합리적인' 상대에 대응하고 있는 게 맞냐는 질문이 제기되지 않은 적이 거의 없다. 이 질문의 답에 따라 그들은 특정 전략이나 조치가 '비합리적인' 상대에 대응하는 데 '타당한' 조치인지 추측할 것이다. 국제관계학 이론에서 '합리적'이라는 것은 어떤 이론의 좁게 정의된 변수 내에서 행위자가 예측한 대로 행동한다는 의미이다. 물론 '우리'는 항상 합리적이라고 가정된다. 즉, 우리는 학구적이고, 따라서 합리적인 방식으로 논쟁하고 글을 쓰며, 일관된 논리를 쭉 유지한다(내가 추측하기로는 이런 맥락에서 종종 사용되는 '엄격한'이라는 말이 바로 이런 의미인 것 같다). 하지만 대학의 학과가 세분화되면서, 짐작건대 내가 마주친 학생이나 실무자의 90퍼센트는 합리적선택이론의 비평을 본 적 없음은 물론 심리학을 공부한 적도 없는 듯하다. 그 결과 매번 이 논의를 검토할 수밖에 없다. 이 책의 의도는 그것을 돕는 것이다.

우리가 가지고 있는 편향(비합리적 접근법)도 마찬가지다. 이런 편향은 심리학자들이 연구하고 강조하고 있는데, 심리학을 하나도 모르는 역사학자들의 특수한 역사 연구에서도 몇몇 편향이 이전부터 발견되어왔다.[3] 하지만 편향은 주요 고전적 국제관계학 이론(현실주의, 자유주의 혹은 제도주의, 마르크스주의, 그리고 무엇보다도 합리적선택이론)에서는 그다지 눈에 띄지 않는다. 심지어 이상주의, 구성주의, 비판이론도 입장의 선택이 무의식적 편향에서 비롯되기보다는 의식적으로 일어난다고 가정한다.[4] 따라서 이런 편향의 검토가 이어지는 분석에서 가장 중요한 부분을 구성할 것이다.

우리가 상대방이 무슨 생각을 하고 우리의 행동에 어떻게 반응할지 알 수 있는지 없는지, 그리고 우리 자신이 비합리적인지 아닌지는 현실에 영향을 미치지만, 최근 국제관계학 분야의 이론가들은 대부분 현실에 미치는 영향에 관심을 잃은 듯하다. 대신 대부분이 유리알 유희 Glasperlenspiel(헤르만 헤세)에만 정신이 팔린 것처럼 보인다. 마치 실무자들에게 타당한 조언을 해줄 수 있는지보다는 이론이 중요하다는 듯, 현실과 유리된 이론을 가지고 노는 순수한 학문적 행위 말이다.

이 책이 전략분석에서의 편향을 다루는 유일한 책은 아니라는 점을 짚고 넘어가야겠다. 이 책은 미국 해병대전쟁대학 Marine Corps War College에서 발행하는 2021년판 『전략지침서 Strategy Primer』(좋은 전략을 짜는 방법을 안내하는 입문서)의 (종종 잘못된 혹은 오도하는) 가정과 편향을 다룬 부록에서 큰 도움을 얻었다.[5] 영국 정보기관에서 경력을 쌓고 영국 정부통신 본부Government Communications Headquarters, GCHQ*의 본부장에 올랐던 데이비드 오맨드 경도 매우 흥미로운 저서『스파이의 사고방식How Spies Think』에서 이런 편향을 다룬 바 있다.[6] 두 경우 모두 편향을 확인하면 그것과 싸울 수 있을 거라는 희망을 담고 있지만, 두 책 모두 인간의 약점을 제거하려는 포부로 쓰인 것은 아니다. 이 책 역시 독자에게 **모든** 분석 오류를 피할 비법을 보여줄 수는 없다. 하지만 왜 똑똑하고 아는 게 많은 듯한 지도자들이 무분별한 판단으로 형편없는 전략을 채택해서 기껏해야 미미한 영향을 미치는 데 그치거나, 최악의 경우 역사의 흐름과 사람들의 삶에 부정적 영향을 미칠 결과를 초래하는지 더 깊이 이해하는 데 도움이 될 것이다.

---

*   MI5, MI6와 함께 영국의 3대 정보기관

머리말

전쟁은 무력분쟁으로 발전할 수 있는 비폭력 분쟁과 마찬가지로 (최소 둘 이상의 당사자 간의) 상호 행위다. 각 측은 자신의 전략을 통해, 카를 폰 클라우제비츠의 말처럼, 적이 내 의지에 따라 행동하도록 강요하려 한다. 적이 완전히 패배해 우리의 뜻에 따를 수밖에 없는 시점이 **올 수도** 있다. 하지만 이런 상황이 아닌 한, 각 측은 상대방의 행위에 영향을 미쳐 상대방이 포기하고, 항복하고, 휴전협정이나 그 외 다른 형태의 타협에 응하도록 만들려 한다. 전략(무력 사용, 또는 비폭력적 수단)을 통해 상대방에게 영향을 미치는 것은 작용반작용 메커니즘을 가정한다. 이에 따르면 우리는 우리에게 유리한 상대방의 반작용을 유도할 수 있고, 우리에게 해로운, 아마도 치명적일 수도 있는 반작용을 피할 수 있다. 특히 핵무기로 무장한 상대방과 맞설 때는 물론이고, 다른 상황에서도 전략을 짜는 것은 위기 시와 실제 전쟁 시 우리의 모든 움직임에 대한 상대의 반응을 반드시 예상해야 하는 아슬아슬한 줄타기다. 그러므로 우리는 전쟁에서, 그리고 전쟁으로 이어질 수 있는 위태로운 관계를 다루기 위해서 상대방이 무엇을 생각하고 원하고 어떤 행동을 하는지 이해해야 한다. 우리는 그들의 전략과 전략 논리를 이해해야 한다. 아무리 비상한 지략을 가지고 있어도 **우리가 어떤 목표를 염두에 두고 있는지를 아는 것만으로는 아무 소용이 없다.** 우리 입장에서 생각하는 것은 잘못된 전략, 지도자의 좋지 않은 결정으로 이어져 때로는 심각한 국내적, 국제적 결과를 초래할 수 있다.

핵으로 무장한 상대방에 대응하는 것은 물론 극단적인 예다. 무력분쟁도 극단적인 경우다. 국제관계에서는 국가 지도자들이나 정부 대표들 또는 국제기구가 비폭력적인 방식으로 서로를 상대하고, 상대방을 자신의 뜻대로 움직이게 하기보다는 상호 이익이 되는 결과, '윈윈' 상황으로 이어질 수 있도록 문제를 협상하는 경우가 훨씬 흔하다. 하지만 이때도 각자의 접근법과 태도가 다를 때 도움이 되는 (영국 외교관 네빌존스 남작부인이 일컫는) '요령'은 상대방이 어떤 관점을 가지고 있고, 어떻게 생각하고, 왜 그렇게 생각하는지 아는 것이다.

상대방을 이해하는 첫 단계는 대개 그들의 입장이 되어 공감하고 그들의 입장에서 우리가 어떻게 생각하고 행동할지 상상해보는 것이다. 하지만 상대방이 우리처럼 생각하거나 행동하면서 우리를 도와주지 않는 경우가 너무나 많고, 그러다 보니 우리 쪽에서는 어리둥절할 수밖에 없다. 동화 신데렐라에서처럼 신발에 발을 끼워 넣으려면 우리는 아마도 발가락이나 뒤꿈치를, 즉, 우리의 예상이나 가정을 잘라내야 할지도 모른다.

핵 시대에 진입한 이래 경제학자들이 전략 연구에 미친 지대한 영향력 때문에 지금까지도 전략에 관한 대부분의 문헌에서는 분쟁의 양측에 '합리적 행위자'가 있다고 가정한다. 전략 연구는 대개 정부 간 상호작용 연구의 하위 분야로 여겨진다. 국제관계학에서 국가 간의 관계를 다루는 경우가 매우 드물게 있기는 하지만, 국가들이 전 국민을 동원해 서로 '전면전'을 벌이지 않는 한 우리가 국제관계학이라고 부르는 학문 분야의 본질은 정부 간 상호작용이기 때문이다. 국제관계학의 핵심 이론들, 특히 게임이론에 직접적으로 영향을 받은 이론들은 의사결정을 예측 가능한 게임이라고 가정한다. 경제학자들은 어떤 커피 기계를 살지 혹은 어떤 대학에 지원할지를 광범위한 시장조사를 통해 선택하고, 오직 가격, 고객 리뷰, 대학 순위표 같은 기준만을 근거로 결정을 내리는 호모에코노미쿠스Homo economicus가 있다고 가정한다. 국제관계학의 핵심 이론들은 정책결정자들이 다른 국가를 침공할지 또는 핵무기를 사용할지 숙고할 때도 이와 비슷한 비용편익 기준이 적용된다고 가정한다. 억지, 단념, 강압, 강제 같은 전략개념이나 위기관리라는 개념 전체도 행위자가 체스 게임이나 체스와 비슷하게 엄격히 규칙을 따라야 하는 게임을 하고 있으며(따라서 경제학에서 가져온 게임이론이 중요하다), 이 게임에서의 움직임은 합리적이고 계산된 반응을 일으킬 것이라고 예상된다는 가정에 기초한다. 현실에서 이런 이론과 개념은 사상누각에 불과하다. 우리는 생각해본 적도 없지만 상대방은 가지고 있을 수 있는 수많은 고려 사항은 물론이고, 우리는 가지고 있지 않은 상대방의 근본적인 신념 체계가 이런 가정에 엄청난 도전을 제기한다.[1] 게다가 이어지는 내용에서 살펴볼 것처럼, 집단의사결정 과정 자체가 하나의 논리나 합리적인 추론을 따르기 어렵게 만든다.

    반면 국제관계학 이론을 접한 역사학자들은 대개 이런 이론들이 단일한 원인에 근거한 설명을 제공할 수 있다는 주장에 경악한다.[2] 투키디데스 이래 역사학자들은 전략적 의사결정은 하나의 쟁점에 기반하지 않는다는 사실을 알고 있었다. 전략 수립의 핵심은 예상되는 결과를 비교해보고 우선순위를 정해 그나마 덜 해로운 결과를 가져올 것으로 생각되는 전략을 선택하는 것이다. 게다가 역사학자들은 물론 자만과 평판이라는 감정과 개념이 정책결정자의 사고에 영향을 미치고 판단을 왜곡시킨다는 사실도 너무나 잘 알고 있다. 이미 투키디데스는 인간이 전쟁을 일으키는 **세 가지 주요 원인으로** '두려움, 명예, 이익'을 꼽았다. 따라서 외부에서 보기에는 합리적인 비용편익 계산으로 보일 수 있는 결정은 맹목적인 분노, 두려움, 사적이익에서 나온 것이고, 어떻게 봐도 국민 전체를 위한 것은 아니다.[3] 이반 블로흐의 책을 읽었거나 노먼 에인절의 주장을 접한 사람들은 이미 오래전에 이 교훈을 얻었다. 블로흐는 제1차세계대전 직전, 부강하고 상업적으로 상호 연결된 유럽 국가들이 서로 전쟁을 벌이는 것이 얼마나 터무니없이 비합리적이고 자기파괴적인지 설명했다.[4] 노먼 에인절은 어떤 국가든 이런 전쟁에서 진정으로 이익을 얻을 수 있다고 생각하는 것은 '거대한 환상great illusion'이라고 주장했다.[5]

외교 역사학자들(종종 특정 전쟁의 원인이나 강화講和를 가로막는 장애물을 이해하려는 목적으로 정부 문헌을 깊이 파고드는 역사학자들)은 결정을 내리는 최고위층이 상대방에 대해 완전히 알지 못한다는 사실을 오래전부터 알고 있었다. 그들은 상대방에게 어떤 수단이 있는지, 무엇을 하려 하는지, 상대의 팽창주의를 지금 혹은 나중에 막을 때 자기 편의 상대적인 비용과 편익은 어느 정도인지 알지 못한다. 제1차세계대전의 기원을 다룬 최근 베스트셀러의 제목 『몽유병자들Sleepwalkers』[6]은 이것을 깔끔하게 압축해서 보여준다. 그리고 영국과 프랑스가 독일 국방군Wehrmacht*이 체코슬로바키아 전체를 점령하고 체코슬로바키아 동부를 '보호령'으로 만든 후 폴란드를 침공한 후에야 독일에 선전포고를 하는 대신, 1938년 말 체코슬로바키아가 주데텐란트를 인접국 독일에 양도해야 한다는 히틀러의 요구를 거부했더라면 상황이 더 나아졌을지에 대한 논쟁도 계속되고 있다.[7]

---

*   나치 독일의 정규군

머리말

[참고 0.1] 제2차세계대전 전야

제1차세계대전 이후 민주주의 독일은 점차 주변국들의 신뢰를 얻고 있었는데, 1929년 월스트리트 대폭락에 이은 경제위기로 극좌와 극우 세력이 대두했다. 인종차별주의를 내세운 국가사회(나치Nazi)당을 이끈 히틀러는 1933년 독일의 정권을 잡았다. 프랑스 정부는 연이어 우려를 표했지만 영국 정부는 계속해서 독일에 호의를 보였고, 베르사유궁전에서 제1차세계대전 전후 처리를 위해 체결된 강화조약이 독일에 부과한 제약을 히틀러가 조금씩 해체하는데도 그를 달래기 위해 내버려두었다.

1936년 독일은 라인란트를 합병했고(베르사유조약에 따르면 라인란트는 비무장지대로 남아 있어야 했다), 1938년에는 (타국인) 오스트리아를 합병했다. 그러고 나서 히틀러는 주데텐란트*를 독일에 할양하라고 체코슬로바키아에 요구했다. 주데텐란트는 체코와 독일 국경에 위치한 산악지대로 일부 지역에 오스트리아 문화를 가진 독일어 사용 인구가 살고 있었다. 영국 총리 네빌 체임벌린 경과 체임벌린에게 설득된 프랑스 총리 에두아르 달라디에는 1938년 9월 열린 뮌헨회담에서 체코 대통령 에드바르트 베네시를 압박해 히틀러의 요구에 따르게 했다.

이번이 마지막 영토 요구라고 약속했던 히틀러는 몇 주 만에 체코슬로바키아를 전부 '집어삼킬' 계획을 짜라고 지시했다. 1939년 3월, 이 계획은 실행에 옮겨졌다. 독일 국방군은 체코슬로바키아를 침공했다. 체코슬로바키아는 이제 주데텐란트의 서쪽과 북쪽 언덕을 타고

---

* 체코어로는 수데티Sudety

> 밀려드는 우세한 병력에 맞서 제대로 방어할 수 없었다. 그제야 체임벌린과 달라디에는 유화정책을 그만두기로 하고 대신 레드라인*을 그었다. 독일이 선전하듯 폴란드를 다음 제물로 공격하면 영국과 프랑스는 독일에 선전포고하겠다는 것이었다. 히틀러는 영국과 프랑스의 경고를 믿지 않았고 1939년 9월 1일 폴란드를 침공했다. 그리고 영국과 프랑스의 당연한 선전포고에 놀랐다.

당시의 심리학자들, 그중에서도 노벨상 수상자 대니얼 카너먼은 합리적 행위자 가설 또는 합리적선택이론(이후 이 두 용어는 같은 뜻으로 사용될 것이다)의 바탕이 되는 가정들에 경악을 금치 못했다.[8] 심리학자들은 우리가 아무리 똑똑하다 해도 우리 중 누구도 완전히 '합리적 행위자'는 아니라고 밝혔다. 우리가 (그리고 정부가) 가지고 있는 광범위한 편향이 세상과 우리의 행동을 어떻게 해석할지에 영향을 미치기 때문이다.[9] 그 결과, 똑똑한 지도자들과 그들의 대변자들이 때때로 현명하지 못한 결정을 내리게 된다.

경제학자들의 이론에 등장하는, 모든 행위자는 합리적이라는 고전경제학의 가정에 근본적인 의문이 제기되었고, 특히 1990년대부터 경제학자들과 심리학자들 사이에 많은 토론이 있었다.[10] 이 비판의 압박을 받아 일부 국제관계학자들까지도 자기 분야, 특히 상대방에게 영향을 미치는 방법에 집중한 연구의 많은 전제에 의문을 제기했다. 이런 연구는 상대방의 반응을 예측하고 계산할 수 있다고 가정하며, 심지어 때로는 상대방에 대해 자세히 알 필요 없이 단순히 우리가 어떻게 반응할지 상상하면 상대의 반응을 추측할 수 있다고 가정하기 때문이다.

---

* 외교관계에서 사용하는 말로 넘지 말아야 할 선을 가리킨다.

더 최근에는 억제 성명과 최후통첩에 관한 많은 연구를 통해 억지를 목적으로 하는 행위나 태도에 대한 상대의 반응을 예측하기 어렵다는 사실이 밝혀졌다. 여러 가지 이유로 억지가 항상 의도한 대로 작용하지는 않기 때문이다.[11] 억지, 강압, 강제를 중심으로 한 이론들이 전략 연구에서 아주 중요한 위치에 있음을 감안하면, 이것은 국제관계학의 매우 중요한 이론인 '억지이론'의 숨겨진 약점에 치명적인 타격이 될 수 있다.[12] 2023년 10월 7일 시작된 하마스-이스라엘 전쟁에서 지역 행위자들이 취할 수 있는 억지 조치와 대응에 관한 논의에서 (억지 관련 논문의 핵심 기여자 중 하나인) 로런스 프리드먼은 억지이론에 대한 이른바 '탈합리주의 접근법'에서는 핵무기가 없는 상황에서 억지에 대한 대응이 다양할 수 있다고 논한다.[13] 프리드먼은 이 복잡한 맥락에서는 간결한 억지이론이 교과서에 나오는 것처럼 작동하지 않을 수 있다고 주장했다. 어떤 전략적 움직임이 지역의 평화에 '효과가 있을지'는 불확실하며, 전략적 움직임은 효과를 낼 수도 있고, 기대와는 반대되는 효과를 일으킬 수도 있다.[14] 그러므로 우리의 예측과 요구에 맞게 상대방이 행동하도록 강요할 수 있는 확실한 전략을 고안할 수는 없다는 회의론은 유효하다.

이어지는 장들에서, 의사결정이 편향과 비합리적인 선택으로 가득하다는 나의 이 깨달음을 전쟁 위험이 있거나 실제 전쟁 중인 위기 상황 분석과 의사결정에 적용할 것이다. 1장은 역사적 사례를 통해 '합리적 행위자'라는 개념을 비판하고 이 개념에 얼마나 문제가 많은지 다룬다. 이 개념이 무너지면 그와 함께 우리가 갈등 상황에서 상대방에 대한 전략을 신중하게 통제하고 조정할 수 있다는 생각도 모두 무너질 것이다. 우리가 '합리성'이라는 최고의 기준에 따라 생각하고 행동하며, 우리가 그들 입장이라면 보일 반응과 상대가 같은 반응을 할 것이며, 무엇보다 상대도 우리처럼 생각할 거라는 기대는 버려야 한다. 2장에서는 스스로 '합리적'이라고 생각하길 좋아하는 우리가, 특히나 갈등적인 국제관계 속에서 다른 행위자들의 행동을 해석할 때 영향을 미치는 많은 편향을 살펴볼 것이다.

3장에서는 좋은 결정을 내리기 위해 알아야 할 것을 아는 데서 겪는 문제와 우리가 아는 것들을 어떻게 적용할 것인지를 논할 것이다. 4장에서는 정책이 어떻게 도출된다고 가정하는지와 이것이 현실에서 어떻게 작동하는지 논할 것이다. 이로써 미래의 결과를 예측하거나, 나아가 그것들을 평가하는 능력에 한계가 있다는 점을 고려해 우리가 내릴 수 있는 선택의 범위를 명확히 할 것이다.

마지막으로 에필로그에서는 학생, 외교 및 안보 정책 분석가, 외교관, 전략 수립가뿐 아니라 언론인이나 의식 있는 시민이 조심해야 할, 널리 퍼진 오류와 편향을 요약하며 마무리할 것이다.

*****

국제사(특히 20세기 국제사) 분야 학자들의 지식 및 활발한 전쟁 및 위기 연구에서 이전 세대가 얻은 교훈과 우리 기억에서 사라져 가는 관련 사건들에 대해, 현재 실무자들과 젊은 세대들이 알고 있는 것 사이에 격차가 커지고 있다. 국제관계(국제관계학, 특히 국제관계학 이론들)를 공부하는 학생들도 20세기 역사를 다루는 과목을 듣지 않았다면 20세기의 중요한 전쟁과 위기를 들어본 적이 없을 수도 있다. 그러므로 비전문가와 젊은 독자들을 위해 '참고 0.1'(p.16)처럼 역사적 맥락을 요약한 예시를 담은 글 상자를 수록했다.

1장 합리적/비합리적 행위자 오류

적어도 투키디데스 이래 역사학자들은 영리하고 통찰력 있는 독자들이 보기에 합리적인 관점에서 전시와 평시의 정책결정을 설명하려 노력해왔다. 이런 관점에서는 일반적 논리와 합리성이 정책결정을 이끈다고 추정하고, 저자와 독자 모두가 납득할 수 있는 방식으로 설명하려 한다. (이제 국제관계학 수업을 듣는 학생들의 안내서가 될 정도로 확립된 분석 도구상자로 간주되는) 외교정책 분석Foreign Policy Analysis의 일반적인 가정에 따르면, 비록 각기 다른 전제, 믿음, 가치, 추정에 기반하더라도 모두 공통으로 가진 **논리**가 있고 어느 편에든 '합리적 행위자'가 있다.

합리적 행위자라는 용어의 기원은 경제학의 아버지라 불리는 영국 글래스고 출신의 위대한 경제학자 애덤 스미스까지 한참을 거슬러 올라간다. 스미스는 행위자가 비용편익 분석에 기초해 의사결정을 한다는 가정을 토대로 경제학 이론을 구축했다. 일찍이 이 개념을 비판한 허버트 사이먼은 '실질적으로 고전경제학이론 전체가 [합리적 행위자] 이론의 틀 안에 구축되었다'고 언급했다.[1] 그럼에도 합리적 행위자 가설은 정보처리, 문제해결, 의사결정, 인공지능 연구와 조직이론 및 복잡계 이론을 비롯해 사이먼이 영향을 미치고자 했던 현대의 많은 영역에서 기반을 형성했다.

경제학에서 합리적 행위자 혹은 합리적선택이론의 가정은 다음과 같다.

1. 사회의 기본 행위자는 개인이다.
2. 개별적인 행위자는 지속적으로 일관되게 자신의 이익을 반영하는 목표를 추구한다.
3. 개인은 하나의 주요 목표를 정하고 그 후 모든 결정은 그 목표를 위해 이루어진다.
4. 의사결정(또는 '선택') 시 행위자들은 가능한 모든 대안, 그 비용과 편익, 선택에 따른 결과에 대해 필요한 모든 정보를 가지고 있다.
5. 만약 대안이 여러 개라면 그들은 자신들에게 이로운 목표를 달성하는 데 있어 실현 가능성 및 유용성이 가장 높은 대안을 선택할 것이다.[2]

따라서 만약 이 모든 전제가 옳다고 가정하고 행위자가 선택 가능한 대안들을 모두 알고 있다면, 그가 어떤 선택을 할지 예측할 수 있다는 이론이 성립한다.

정치학과 국제(더 정확히는 정부 간)관계학의 특정 영역으로 옮겨가면 이 가정에서 몇 가지 문제가 발견된다.

1. 한 개인이 최고 결정권자인 국가는 매우 드물다. 많은 독재국가나 왕정국가에서도 최고 결정권자는 현명한 고문들의 조언을 듣도록 되어 있다. 이 고문들이 권력 기반을 갖추고 있는 경우(조직 전체를 운영하고 있거나 넓은 세력권 또는 다른 자산을 가진 경우) 최고 결정권자가 계속해서 이들의

조언을 무시하다가는 이에 불만을 품고 독재라고 판단해 대항하려 들 수도 있다. 정부의 정책결정은 대개, 최소한 어느 정도는, 집단적으로 이루어진다.

2. 따라서 결정을 뒷받침하는 논거는 대체로 다양한 목표와 이해에 영향을 받으며, 명백히 규정된 하나의 목표를 일관적이고 논리적으로 추구하는 이론상의 의사결정에서 어느 정도 벗어나 절충을 향한다. 게다가 모든 행위자가 전적으로 자신의 이익만을 고려해서 행동하는 것은 아니다.

3. 뒤에서 더 자세히 논하겠지만 정책결정에 관여하는 개인과 집단은 다양한 목표를 가지고 있는데, 이 목표들의 중요성은 변동될 수 있고 상호 연관되어 있거나 상호 의존적이다.

4. 따라서 서론에서 언급했듯, 현실 세계에서 정책결정자들이 최선의 선택을 내리는 데 필요한 모든 정보를 가지고 있고 선택에 따른 결과를 완전히 인지하고 있는 경우는 거의 없다.

5. 목표가 다양하고 목표를 추구하는 데 이용 가능한 수단이 제한된 상황에 더해, 상대방 반응에 대한 예측, 여론, 협력자와 동반자, 그 외 다른 요소들을 고려하면 결정된 선택이 엄밀한 의미에서 가장 유용성 높은 선택이 아닐 수 있다. 이런 선택의 정치적 결과가 달성해야 할 목표와 상충할 수도 있기 때문이다. 실제로 많은 운영상의 문제를 궁극적으로 해결했을 텐데도 불구하고, 1945년 이래 어떤 핵보유국도, 심지어 전쟁 중에도 핵무기를 사용하지 않았다는 사실을 생각해보라.

모든 행위자가 같은 가치를 우선해 예측 가능한 방식으로 결정을 내릴 거라는 가정 자체에 오류가 있다. 자기 이익의 정의에 대해서도 무엇이 자기 이익인지에 대해 의견이 엇갈릴 것이다. 정치학자 윌리엄 라이커의 말대로 '사람들이 원하는 것은 사적이익이나 타인을 지배하는 힘, 부에 대한 탐욕에서부터 극단적으로는 자기 생명을 희생하면서까지 타인을 도우려는 마음까지, 매우 다양하다. … 인간이 늘 수입 극대화에만 관심을 두는 것은 아니다'.[3] 수많은 정치 이론에서 정치의 핵심이라고 상정하는 '권력'의 추구를 생각해보자. 무엇을 위한 권력인가? 타인을 지배하는 데서 얻는 일종의 이기적 만족감을 채우기 위한 것인가? 아니면 관료주의의 타성을 극복하고 좋은 일을 해내기 위한 권력인가? 특정 대의를 위한 맹목적 헌신을 위한 것인가? 아니면 세속적인 사회에 종교적 규율을 강요하거나 국민 모두에게 객관적으로 이로운 정책(예를 들어 모든 독일 고속도로의 속도를 시속 130킬로미터 이하로 제한하는 것)을 위해 다른 행위자들의 이기적 반대를 극복하기 위한 권력인가? 압제 정권에 대항한 시위로 투옥을 무릅쓰는 것부터 특정 대의를 위해 자살폭탄테러를 감행하는 것까지, 이런 헌신은 아무런 사심 없이 이타적일 수 있다. 요컨대 라이커의 동료 크리스틴 먼로의 말처럼 합리적 행위자 가설은 '일단 정치 영역에 들어가면 일관되게 적용되지 않는다'.[4]

상대방이 결정하는 하나의 목표를 규정하거나 하나의 쟁점을 분리해내는 것이 항상 가능하지도 않다. 세계 초강대국 미국도 제한된 수단으로 목표를 좇는 세상에서 전략을 수립한다는 것은 특정 목표를 다른 목표보다 우선순위에 놓는다는 의미다. 하지만 그렇다고 해서 다른 목표(또는 다뤄야 하는 문제)가 사라지는 것은 아니다. 여러 방향에서 쏟아지는 위협과 직면하고, 또 억제하면서, 또는 국가 수입의 상당 부분을 집어삼킬 다른 위협에 대응하면서 군사적 위협을 피하는 동안 균형을 찾아야 한다. 오늘날 유럽에서 코로나19 대응과 기후변화 완화를 위한 청정에너지 투자가 남긴 재정적자를 해결하는 문제는, 러시아의 추가적 팽창을 막고 러시아의 침략에 맞서 싸우는 우크라이나를 원조하는 문제와 전쟁과 기타 위기로 세계 각지에서 몰려드는 난민 문제에 비추어서 고려해야 한다. 이 문제 중 하나에서 내린 결정이 다른 문제의 결정에 영향을 미친다.

즉, 우리는 경제학을 위해 만들어진 기준도 유권자의 행동 방식을 다루는 정치학 일부의 기준도, 상대방이 원하는 것이 무엇인지 알아내는 기준이 될 수 없다는 사실을 확실히 알게 된다. 우리는 다른 접근법을 시험해보면서 거기서 기인하는 추가적인 오류를 피해야 한다.

합리성 대 논리

일부 정치학자들은 각기 다른 문화의 기본 가치와 윤리적 전제의 근본적 차이에 집중한다. 이런 차이가 국제관계학의 영역에서 합리적 행위자 가설의 유용성을 감소시킨다고 생각하기 때문이다. 록산 유번은 그 예로 이슬람근본주의를 연구했다. 이슬람근본주의를 추종하는 자들은 자기 이익을 채우기 위해서가 아니라 그들이 생각하는 신의 뜻을 실현하기 위해 행동한다. 몇몇 해석에 따르면 코란에서는 (순교를 포함해) 선행을 하면 하늘의 보상이 따라온다고 보장하지 않으며, 어떤 보상이든 신의 뜻에 달려 있다고 말한다.[5]

타인이 보기에 매우 비합리적으로 보이는 것일지라도, 이런 신념을 고려해 정책결정자가 **논리적이고 일관되게** 행동하는 한 기본 신념의 차이는 정권의 정책을 확인하는 데 도움이 될 수 있다. 중요한 것은 행위자들이 우리가 비합리적이라고 여기는 신념을 갖고 있는지 아닌지가 아니다. 현재 다른 사람들이나 후세들은 **우리의 신념 일부 혹은 전부**가 매우 비합리적이라고 생각할 수 있다. 문제는 상대국(혹은 동맹국이나 다른 정부)이 우리가 보기에 '합리적'이든 아니든, 자신들의 신념을 토대로 **논리적이고 일**

관되게 행동하는가 아닌가다. 심리학자들이 깨달았듯 '흔한' 미친 짓에도 논리가 있을 수 있다. 조국의 세계적 입지를 강화하기 위해서 무엇이든 해야 한다는 전제가 일반적으로 인정된다면 이런 문화가 있는 나라의 지도자들이 조국의 입지가 강화된다고 보일 때 전쟁에 나서는 것은 **논리적일** 것이다. 이 경우 국가가 완전히 파멸할 위험을 감수할 수도 있다(논리적으로 국가의 세계적 '입지'가 강화되는 것이 **절대적** 가치로 여겨진다면 무슨 일이 있어도 그것을 달성하려 할 것이다).『나의 투쟁Mein Kampf』에서 히틀러는 이렇게 썼다. '독일은 세계적 강대국이 되거나 아니면 아무것도 되지 못할 것이다'(독일어 garnicht sein에는 '소멸한다'는 의미가 담겨 있다).[6] 이 후자의 결과는, 국가의 입지가 **상대적** 가치일 뿐이고 국가의 생존이 더 큰 가치라고 여기는 사람에게는 **비합리적** 위험 감수로 보일 것이다. (히틀러는 받아들일 수 없었던) 약소국의 지위에서도 국가가 생존한다면 미래에 위대한 국가가 될 가능성이 남지만, 완전 소멸 시에는 그런 가능성이 사라질 것이다. 따라서 히틀러의 경우는, 이데올로기 또는 종교를 앞세운 정부와 그 외 행위자가 항상 국가 또는 민족의 생존(미어샤이머와 로사토는 '합리성'을 이렇게 정의하고, 이런 합리성이 정부의 의사결정에 보편적으로 적용된다고 주장한다[7])을 가장 큰 가치로 여기지는 않는다는 증거다. 죽음보다 더 비참한 운명에 대한 두려움(가치의 면에서 그렇게 여겨지거나 입에 담을 수 없을 정도로 비인간적인 강제노동 수용소의 대우와 환경의 형태로 실존하는) 때문에 결국 정권은 국가의 완전한 소멸 위험을 무릅쓰게 될 것이다.[8]

마찬가지로 유고슬라비아 대통령 슬로보단 밀로셰비치가 1998~1999년 코소보 지역에 사는 알바니아인들의 독립운동을 저지할 목적으로, 코소보 인구의 90퍼센트를 추방하거나 이주시키려 한 것은 영국의 '상식'과는 양립할 수 없었겠지만, 세르비아 민족주의자들의 세계관에서 볼 때는 확실한 논리가 있었다. 밀로셰비치가 대大세르비아주의에 완전히 전념했고,

이를 위해서 세르비아 문화의 '요람'인 코소보에 대한 지배권을 코소보 알바니아인의 독립운동으로 잃어서는 안 된다고 생각했던 것을 고려하면, 코소보 알바니아인들에 대한 대규모 '인종청소'에는 고유의 논리가 있었다. 정치적 고립, 제재, 나토 연합군 폭격의 형태로 세르비아가 입은 막대한 피해를 고려할 때, 외부인들에게는 이런 전제가 터무니없었고, 그의 행동은 비합리적으로 보였다.

> [참고 1.1] 1998~1999년 코소보 사태
>
> 코소보는 세르비아인이 지배하는 유고슬라비아 연맹의 주였다. 코소보라는 이름은 1389년 오스만제국의 공격에 결연하게 맞서 대패한 전투에서 형성된 세르비아의 정체성에 대한 집단 믿음에서 유래했다. 러시아 문화의 '요람'인 우크라이나의 키이우처럼, 세르비아 민족의 정체성을 형성하게 해준 전장이자 오래된 수도원을 보유한 코소보는, 세르비아인들의 집단의식 속에 특별한 감정과 함께 자리하게 되었다.
>
> 하지만 20세기에 높은 출생률로 인해 알바니아계 무슬림들이 코소보 인구의 다수를 차지하게 되었고, 사실상 지배 엘리트 계층이던 세르비아인들은 소수가 되었다. 코소보의 알바니아인들은 계속해서 이 힘의 배분에 반대하는 시위를 벌였고, 1990년대 말에는 기꺼이 폭력을 사용하려는 준군사조직을 형성해 1990년대 독립을 얻어낸 유고슬라비아의 다른 지역들, 슬로베니아, 크로아티아, 보스니아 헤르체고비나의 뒤를 따르려 했다. 1998~1999년경 세르비아인 유고슬라비아 대통령 슬로보단 밀로셰비치가 보기에는 코소보를 세르비아인들이 지배하는 것이 세르비아 지배하의 유고슬라비아를 유지하는 유

일한 방법인 듯했다. 당시 유고슬라비아는 세르비아, 코소보, 그리고 다른 두 독립국으로 이루어져 있었다. 세르비아 경찰과 군은 코소보 알바니아인들을 공격하고 선택적으로 살해했다. 처음에는 1998년 활동을 시작한 게릴라 집단과 그들의 지지자들만을 표적으로 삼았다. 그러다 1999년 3월에는 대규모 인종청소로 번졌다. 세르비아인들이 코소보 내 특정 지역에서 100만 명이 넘는 알바니아인들을 몰아내기 위해 조직한 운동이었다.

이 인종청소가 집단학살로 변해 몇 년 전 보스니아 헤르체고비나에서 일어난(1995년 스레브레니차 학살로 끝이 난) 것과 비슷한 대학살이 일어날 것을 우려한 북대서양조약기구(나토) 회원국들은 예방조치에 나서야 한다는 강력한 도덕적 압박을 받고 있었다. 이를 뒷받침할 유엔안전보장이사회의 결의안은 나오지 않았다. 상임이사국인 러시아가 거부권을 행사해 밀로세비치를 보호하고 나머지 유고슬라비아 지역을 사실상 러시아의 속국으로 만들었기 때문이다. 나토 회원국들은 1994년의 르완다 집단학살과 스레브레니차 학살을 방관한 죄책감에 망설였으나, 마침내 1999년 밀로세비치가 코소보에서 인종청소를 계속하면 위협을 가하기로 했고, 그래도 그만두지 않는다면 이를 막기 위해 밀로세비치가 머무는 수도 베오그라드를 공습하기로 합의했다. 국제연합의 승인 없이 이루어진 이 개입의 합법성에는 의문이 제기되었지만, 인도적 재앙을 막기 위한 정당한 시도로 여겨졌다. 이 결정은 러시아를 깊이 고립시켰는데, 러시아는 당시만 해도 유엔안전보장이사회의 서방 회원국들과는 물론, 나토와도 상당히 건설적으로 협력하고 있었다.

나토가 개입하지 않았다면 당시 방지된 사건들이 실제 일어났을지 증명하기는 어렵다. 하지만 과거 보스니아에서 비세르비아계 주민

> 에 대한 잔혹한 학대와 탄압을 지시하고, 이를 묵인해온 밀로셰비치
> 의 이력을 감안하면, 그가 비슷한 의도를 가지고 있었을 거라고 추정
> 된다.

때로 행위자들은, 심지어 똑똑한 행위자들도, 우리가 보기엔 비합리적이더라도 자신들의 신념에 따라 논리적이고 일관되게 행동할 수 있다. 또 어떤 때는 이런 일관성이 무너지기도 하는데, 개인이나 문화적 신념과 가치가 그 자체로 합리적인지는 차치하고 논리적으로 일관된 전체를 형성하는 경우는 드물기 때문이다. 개인의 신념들이 서로 상충할 수 있고, 개인이 가진 서로 다른 가치들이 충돌할 수도 있다. 특히 자신들의 신념과 가치를 논리적으로 생각해보지 않은 사람의 경우 더 그렇다. 그러므로 우리는 우리가 상대하는 것이 일관된 '신념 체계'가 아니라 '신념 묶음'이라고 전제해야 한다.[9] 신념 묶음에는 상충되는 다양한 신념들이 담겨 있을 수 있다. 따라서 개인은 어느 날은 하나의 가치 또는 신념을 우선시하지만, 다른 날엔 다른 가치 또는 신념에 더 많은 영향을 받을 수도 있다. 예컨대 기독교는 살인이 정의로운 전쟁의 맥락에서 완전히 무죄일 수 있느냐는 문제에 답을 내린 적이 없다. 또 기독교는 공인 전부터 정당한 대의를 위해 싸우는 자는 복수심은 물론 자살의 욕망도 가져서는 안 되며 복수를 바라서도 안 된다는 전제를 물려받았다. 칼에 베이고 총탄이 날아다니는 전장에서는 이런 정신상태에 이르기란 무척 어렵다. 중세 시대에는 (합법적 권위로서) 영주의 지시에 따라 정당한 대의를 위해 싸웠더라도, 이런 참전 후에는 한동안 참회하고 성찬식에 참석하지 않아야 했다. 적의 전투원을 살해하는 행위가 아무런 죄가 되지 않는다고 여긴 것은 서구 기독교 국가들의 십자군뿐이었다.[10] 그리스정교는 어떤 식으로든 전쟁이 신성할 수 있다는 데 결코 동의하지 않았다.[11] 오늘날까지도 퀘이커 교도나 재

세례파 같은 기독교의 일부 종파는 평화주의자들이다. 즉, 그들은 어떤 이유든, 심지어 정당방위라 하더라도 전쟁을 거부한다.

여러 가치와 신념이 일관된 전체를 이루는 경우는 매우 드문데, 이것들이 각기 다른 이데올로기를 가진 각기 다른 정권의 통치를 받은 여러 세대에 걸쳐 축적되는 경향이 있기 때문이다. 국가권력이 대통령의 손에 크게 집중된 지금의 제5공화국에서 프랑스의 대통령직은 절대왕정의 전통에 뿌리를 두고 있다고 볼 수 있는 반면, 내각책임제에서 영국의 총리들은 17세기 말 확립된 입헌군주제 전통을 대표한다. 더 평범한 수준의 사회적 관습에서는, 미국인들이나 영국인들과 비교해 평등주의자인 프랑스 사람들이 서로의 이름을 부르는 경우가 더 드물다. 영국에는 기사 작위와 상원의 귀족 칭호가 유효한 계급 제도가 있는데도 그렇다. 이론상 독일에는 프랑스와 마찬가지로 귀족이 없다. 하지만 실제로 독일인들은 '백작 부인', '공작' 또는 '대공' 같은 작위를 여권에 이름과 함께 넣을 수 있다. 독일을 포함한 여러 국가들은 헌법에 남자와 여자의 평등을 규정하지만, 병역은 남자에게만 부여된다. 또한 독일연방공화국은 초기에 나치에게서 물려받은 법률을 계속 유지하기도 했다. 예를 들면 동성애는 1935년 국가사회당 지배하에 범죄로 규정되었고 1994년까지 이 법률은 계속되었다. 전략적 충격 이후 문화와 사고방식이 천천히 변하든 빠르게 변하든, 관습, 신념, 가치의 자취는 개혁과 혁명을 거친 후에도 살아남는다.

남의 가치를 이용하기

왜 신념과 그것이 논리적으로 일관되게 적용되는지가 중요할까? 다른 이들이 (특히 국가, 정치 조직체 또는 기타 조직화된 집단이) 소중히 여기는 것이 무엇인지 발견하면, 그들의 태도와 계획을 분석하는 데 있어서 단순히 우리의 생각을 그들에게 투사할 때에 비해 더 정확한 예측이 가능해진다. 이를 통해 우리는 다른 국가의 정부나 중요한 비국가적 실체들이 무엇을 하려 하는지, 무엇을 계획하고 있는지 혹은 어떻게 행동하고 반응할 확률이 높은지 **근거 있는** 추측을 할 수 있다. 그들은 평화적 공존을 선호하는가, 아니면 하나 혹은 둘 이상의 인접국과 오랫동안 앙숙 관계인가, 또는 팽창주의를 향하고 있는가? 우리는 그들이 (혹은 한 정부의 각기 다른 부분들이) 주관적 혹은 객관적으로 볼 때 서로 상충되는 여러 행동을 동시에 하고 있음을 발견할 수도 있다. 만일 우리가 다른 이들의 사고방식을 이해한다면 논리적으로 일관되든 아니든, 그런 행동을 훨씬 정확하게 예측할 수 있다.

전쟁과 평화의 맥락에서 이런 분석은, 정부가 상대가 중요하게 여기는 가치를 선전에 이용하거나, 혹은 협력을 얻기 위해 특정 사안을 양보하는 데 도움을 줄 수 있다. 마케도니아의 알렉산드로스 3세(대왕)는 페르시아와 이집트를 정복할 때 그 지역의 의식과 문화를 포용해 사람들의 마음을 사로잡았다. 페르시아에서 알렉산드로스 3세는 페르시아 왕족들의 복식을 택하고 페르시아인들이 통치자 앞에서 절하거나 무릎을 꿇는 경배 proskynesis도 받아들였다. 마케도니아와 그리스의 동지들은 반발했지만 이런 행동은 그가 페르시아인들에게 자신의 권위를 확고히 하는 데는 분명 도움이 되었다. 그는 이집트에서도 전통적인 이집트 의식을 행하고 자신을 이집트의 신 아몬의 아들이라 칭하며 이집트 문화를 존중했고, 다시 지역민들의 관습과 전통에 어우러졌다. 이것은 연성권력을 현명하게 이용한 사례다.

반면 이집트의 섭정 포티누스는 로마, 특히 카이사르의 사고방식을 완전히 잘못 판단해 이집트로 도망 온 카이사르의 맞수 폼페이우스를 살해하고 카이사르에게 그의 목을 바쳤다. 카이사르는 전에는 친구였다가 맞수가 되어 여러 번의 전투를 치르고 이집트까지 쫓긴 폼페이우스에게 명예롭지 못한 승리를 거두었다고 보았다. 카이사르는 폼페이우스가 암살당하는 걸 원하지 않았고, 훨씬 많은 생명과 재물을 치르더라도 전투에서 그를 이기고 싶었다.

상대방의 믿음과 사고방식을 놀라울 만큼 성공적으로 이용한 사례는 유럽의 '암흑시대'에서 발견할 수 있다. 갈리아에서 로마제국이 무너지고 민간인들이 더는 로마 군단의 보호로 게르만족의 맹공격을 막아낼 수 없게 되었을 때, 로마의 속주였던 여러 도시의 주교들은 이들을 보호할 책임을 떠맡게 되었다. 대개 정규 병력이 없고 엉성한 민병대만 있는 상황에서 주교들은 도시에 가장 큰 위협이 되는, 전리품 약탈을 일삼는 이교도 무리의 침략에 대응할 다른 방법을 찾아야 했다. 그들은 게르만족의 족장들이 더 많은 특권과 추종자들의 더 많은 존경을 원한다는 것을 알고 영리하게 (비폭력적인) 원원 전략을 만들었다. 그들에게 기독교로 개종하라고 권한 것이다. 유대인 전통에서 기독교는 족장들을 왕으로 승격시켰다. 신에게 선택받았고 성직자들이 성유를 발라준, 신성한 맹세를 통해 축복받고 보호받는 왕을 죽이는 것은 물론이고 왕에게 도전하는 것도 금기시되었다. 기독교화는 중요한 전략적 도구가 되어 야만족 침입자들을 지역 주민들과 평화롭게 통합시키고 (약탈, 강간, 살인을 하지 않겠다는 등의) 행동 규칙을 정하고, 이전에는 부족했던 종교적 권위를 부여해 지도자들을 세속적 위계의 정점에 올려주는 대신 법과 질서를 구축하도록 하는 데 도움이 되었다. 여러 핵심 주교들과 다른 교회 지도자들은 족장들을 설득해 전前 로마제국의 마을과 시골을 공격하고 약탈하는 것을 멈추도록 했다. 이런 방식으로 이 현명한 성직자들은 게르만족 침입자들을 사냥터지기로 만들었다. 그리고 이때 정착한 게르만족 전사들은 몇 세대 지나지 않아 아랍인들의 공격에 맞서 갈리아를 방어하게 된다.

그보다 조금 더 세월이 지나 고트족, 불가르족, 슬라브족, 아랍족이 콘스탄티노폴리스의 부를 탐할 때, 비잔티움 제국(동로마제국)의 현명한 황제들도 전략적으로 비폭력 해결책을 시도했다. 그저 막대한 양의 돈을 건네는 것은 상대가 종종 더 많은 돈을 요구하는 결과로 이어졌으므로 최선의 방책은 아니었다. 더 좋은 방책은 그들을 비잔티움 제국의 공주들과 결혼시키고, 우수한 소프트파워를 발휘할 신학자, 장인, 학자, 예술가로 이루어진 문화적 기동대와 함께 새 왕국으로 보내는 것이었다. 황제들은 사위들에게 황제 아래의 왕의 지위(라틴어로 카이사르caesar, 이후 차르tsar로 호칭)를 부여해 황가의 일원으로 받아들이고, (기독교의 왕이라는 신비감과 함께) 황실의 명예를 부여했다. 불가르족의 왕(크냐지knyaz) 보리스 1세는 콘스탄티노폴리스를 공격해 전리품과 노예를 얻는 대신 이 대안을 받아들였다. 서로마제국의 오토 1세와 그의 후손들을 비롯한 다른 이들은 경쟁자에서 동맹이 되었다. 왕조의 정략결혼은 전략의 도구로 사용되었다.[12]

공동의 이해는 팽창주의 전쟁에 나서면서 후방의 안전을 확보하기 위해 연합한 독재자들에게도 유용했다. 유명한 사례는 물론 1930년대의 파시스트 이탈리아와 나치 독일, 군국주의 일본이다. 그들은 상대방이 원하는 것을 이해해서 충돌을 피하고 서로를 지지할 수 있었다. 이처럼 서로 적대하던 국가들이 공동의 적을 이기기 위해 일시적으로 공모할 수도 있다. 히틀러는 이데올로기 때문에 공산주의에 전략적으로 맞섰고, 슬라브족을 열등한 인간Untermenshen으로 여겨 그들의 비옥한 땅을 아리아인 농부에게 내줘야 한다고 주장했다. 소비에트 공산주의도 국가사회주의에 우호적이었던 것은 아니었다. 히틀러의 강제 노동 수용소의 초기 수감자 다수가 독일 공산주의자였던 1930년대에 국가사회주의는 공산주의의 가장 강력한 적이었다. 하지만 히틀러와 스탈린 둘 다 시간을 벌어야 했고, 제1

차세계대전 이전 프로이센과 러시아가 각각 점령했던 폴란드의 영토를 탐냈다. 그 결과 1939년 8월 그들은 불가침조약을 맺었고, 여기에는 양국이 폴란드를 분할한다는 비밀 의정서가 포함되었다.

공산주의는 궁극적으로 인류 전체의 이익은 지켜져야 한다는 가정을 서구 국가들과 공유했다. 스탈린, 마오쩌둥, 폴 포트는 공산주의 지도자로서 (자국민을 포함한) 수백만 명의 죽음을 이른바 살아남은 다수의 더 큰 이익을 위해 기꺼이 수용했을 뿐만 아니라, 심지어 초래하기도 했지만, 다른 공산주의 지도자들은 그렇지 않았다. 1960년대 후반과 이후 수십 년 동안 소련 정부는 핵전쟁의 위험을 두려워한 나머지 미국과 핵 통제에 합의했다.

지금의 러시아와 중국 정권은 더 온건했던 소련 지도자들과 달리 개인의 인권에 관심을 갖지 않는다. 그들은 전 세계에 자신들의 접근법을 서구 가치의 대안 모델로서 홍보한다. 사회 전체의 이익은 소수의 이익보다 우월하고, 소수는 기꺼이 희생해야 한다. '러시아의 정신적, 도덕적 가치의 보전과 강화를 위한 국가정책의 기본 원칙 승인에 대해'라는 2022년 11월 9일 푸틴이 공포한 법령의 어설픈 제목은 이 전략적 우선 사항을 잘 요약하고 있다.[13]

요컨대 객관적으로 비합리적이거나 단순히 우리와 다르다고 해서, 그러한 **신념**(가령, 지구는 평평하다)이나 **가치관**(어떤 상황에서이든 죽을 때까지 무조건적으로 순종하는 것을 가치 있게 여기는 것, 절대복종Kadavergehorsam)이 국제 관계에서 어떻게 적용될지 추론하는 데 장애물이 되어서는 안 된다. 만약 개인이나 집단이 그 신념과 가치관을 **논리적이고 일관되게** 따른다면, 우리는 이를 바탕으로 근거 있는 추정을 할 수 있다. 우리는 그들의 신념이 비합리적인가보다는 그 행위자들이 그들의 신념에 따라 논리적으로 행동하는지 물어야 한다.

사후 관점으로 당시의 결정을 판단하지 말라

일단 다른 국가의 지도자들이 우리가 비합리적이라고 생각하는 가치를 가지고 있고 그것을 우선시할 수도 있다는 사실을 받아들이고 나면, 그들의 판단이 일반적 평가보다 더 논리적이고 일관적이라고 가정하는 편이 오히려 타당하다는 추가적 논거도 제시할 수 있다. 우리는 후세의 역사가들이 비합리적이라고 폄하한 (정치색과 관계없이) 과거의 주요 지도자들의 판단을 대상으로 이를 확인해볼 수 있다. 모든 결정은 당시에 알려진 정보 그리고 기껏해야 제한적일 수밖에 없는 미래의 예측을 근거로 한다. 나중에 보면 우리는 어떤 결정이 좋지 않았거나 명백히 잘못되었고 의도하지 않은 결과를 가져왔는지 알 수 있지만, 당시 의사결정자들이 무엇을 알고 있었으며, 그 결정이 어떤 논리에 근거했는지는 모를 수도 있다.

냉전 초기인 1950년 미국의 해리 S. 트루먼 대통령 행정부는 대규모 재군비 프로젝트를 결정했다. 트루먼을 비판하던 사람들, 특히 1970년대 베트남전쟁에서 최악의 결과를 야기한 배경을 비판하던 사람들은 [미국 국가안전보장회의 보고서 68호(이하 NSC 68)에 요약된] 이 결정이 어리석게도 공산주의에 맞서는 전 지구적 싸움으로 미국을 몰아넣었다고 지적했다. NSC 68로 제2차세계대전 종전 후 현저히 감소했던 유럽 내 미군 병력이 다시 늘어났을 뿐 아니라, 트루먼의 지휘에 따라 전년도에 북대서양조약을 체결한, 같은 우려를 공유하던 당사국들이 이 동맹을 강화하기 위해 나토 '조직'을 설립하는 데 동의했다. 그리고 2년 후, 동맹국들은 나토의 리스본 정상회의에서 처음으로 나토 확대에 동의해 그리스와 튀르키예를 받아들였다. 게다가, 서독의 인력을 서구의 방어 노력에 어떻게 활용할 것인지에 대해 처음으로 논의하기도 했다. 불과 얼마 전까지도 독일의 침략과 점령에 시달렸던 프랑스 및 다른 국가들도 이제 서독 인력을 활용하는 게 합리적이라고 생각했다.

NSC 68이 북한이 남한을 침공하기 전에 작성된 것은 사실이지만 1949~1950년의 미국과 기타 서구의 정보보고서는 이미 북한의 침공 가능성을 명시하고 있었다. 이 보고서들은 독일부터 이란, 태평양 지역에 이르기까지 소련이 지배하는 광대한 땅덩어리의 주변부에서 소련의 지시를 받은 공산군 세력이 선제공격에 나설 가능성을 기술했으며, 심지어 그럴 공산이 충분하다고 보았다. 이런 움직임 중 하나는 '살라미전술'에 따른 여러 정복의 첫 시작이 될 것이라고 여겨졌다. 이 사실은 미국 국립문서보관소가 개방되어 연구자들이 이 정보보고서들에 접근할 수 있게 되었을 때에야 밝혀졌다. 한국전쟁으로 이 예측 중 적어도 하나가 확인되지 않았다면 과연 미국 행정부가 NSC 68과 재군비 계획을 채택했을지 생각해볼 수 있다. 그 직후 공산주의 정권은 더는 공세에 나서지 않았는데, 남한 침공에 대한 서구의 강력한 대응을 고려한 소련이 이란이나 베를린, 유고슬라비아에서 압박을 가하려던 기존 계획을 포기하거나 연기했을지도 모른다. 어느 쪽이든, NSC 68을 채택한 것은 당시의 정보판단으로서는 덜 어리석고 더 이해할 만한 결정인 듯 보인다. 이 대대적인 재군비 계획의 어리석음을 처음 비난한 학자들은 이 서류들에 접근할 수 없었다.[14] 다시 말해 지금의 시각으로 비합리적 결정이었다고 비판받는 결정이 (이 결정은 실제로 동서東西간 긴장을 가중시켰다) 의사결정 당시 접근 가능했던 정보를 재구성하면 덜 비합리적으로 보일 수도 있다. 당시에는 위협이 더 크게 보였을 수도 있고 아니면 실제로는 그렇지 않은데 지도자들이 자신들의 상황을 개선할 기회라고 보았을 수도 있다.

사후 관점에서 볼 때 명백하고 치명적인 평가 오류로 보이는 다른 사례들도 있다. 이런 사례 중 일부도 의사결정자들은 완전히 어리석었던 게 아니라 자신들이 가진 정보를 근거로 내릴 수 있는 결정을 했을 뿐이다.

단일한 행위자 오류

정부를 모든 구성원과 각료들이 일관되게 합심하는, 내부 의견이 완전히 일치하는 '단일한' 실체라고 불합리하게 전제하면, 정부는 '비합리적으로' 이상하게 행동하는 것처럼 보일 수 있다. 실제로는, 확실한 입장을 택한 경우에도 대개 내부의 협의, 토론, 협상이 계속되고 의견 차이가 지속될 수 있다. 그 후 이전 의사결정과정에 관여했던 행위자들이 채택되지 않은 제안이나 비슷한 제안을 다시 지지할 수 있고, 사건이 진행됨에 따라 자신들의 입장이 강화되는 것을 발견할 수도 있다. 집단적 의사결정은 종종 고유의 모순을 가지고 있다. 결정에 반대하는 주장은 사라지지 않고, 같은 적에 대해서나 같은 상황에서 일어나는 다음 의사결정 때 강화될 수 있다. 실제로 첫 결정이 실수였고, 의도하지 않은 부정적 결과를 가져온 것으로 판단되면 의사결정과정에서 무시되었던 주장들이 (그리고 이 주장들과 함께 첫 결정에 반대했던 사람들이) 영향력을 얻을 수도 있다. 이것을 잘 보여주는 사례는 히틀러에 대한 유화정책이다. 영국에서 유화정책에 반대했던 사람들은 제2차세계대전 초기에 정권을 잡았고, '유화론자'들은 꽤 오랫동안 외면당했다.

전략을 짜는 엘리트들의 의견 차이는 특히 독재국가에 대한 대응에서 귀인 오류로 이어진다. 예를 들어 영국이 독일과 전쟁 중이던 1941년 5월 루돌프 헤스가 스코틀랜드로 작은 비행기를 타고 와 평화 협상을 시작하려 한 것은 히틀러의 승인을 받은 것으로 여겨졌지만 실제로는 그렇지 않았다.

유럽에서 제2차세계대전이 끝난 후, 그리스 공산주의자들과 그리스 왕당파 정부 간의 전투가 내전으로 격화되었다. 왕당파 정부를 지원하던 영국은 더는 여력이 없었기에, 고립주의로 물러날 것인지 아니면 미래에 세계 경찰 역할을 할 것인지 사이에서 여전히 망설이던 강대국 미국에 책임을 넘기려 했다. 영국은 그리스와 그 외 지역에서 소련 공산주의의 영향력이 확대되는 것을 막아달라고 미국에 도움을 요청했고, 결국 미국은 1947년 트루먼독트린으로 답하며 내부 혹은 외부에서 공산주의 체제 전복의 위협을 받는 정부를 지지하겠다고 선언했다.

당시 서구 외교관들과 국방 분석가들은 소련의 동유럽 '위성국가'들(폴란드, 헝가리, 체코슬로바키아, 루마니아, 불가리아, 유고슬라비아, 알바니아)과 (그리스 공산당을 포함한) 다른 국가들의 공산당이 모두 소련과 국제공산당 정보기관인 코민포름Communist Information Bureau, Cominform의 지시에 따라 행동하고 있다고 생각했다. 워싱턴, 런던, 파리의 외무부에서는 전 세계의 공산주의가 단일하다고 가정하고 있었다. 그런데 1948년 티토와 스탈린의 대립이 이 가정을 바로잡아주었다. 그들은 그리스 공산당을 지원하는 것은 스탈린이 아니라 티토였고, 스탈린은 둘 다 통제하려 했다는 사실을 알게 되었다.[15] 이를 계기로 서구에서는 동유럽에서 공산주의 정권에 대한 공산주의자들 내부의 반대가 있을 수 있고 그중에는 소련의 지시에 대한 반대도 있을 수 있다는 사실을 깨닫게 되었다. 이윽고 영국 외무·영연방부에서는 외교관들에게 차이를 살피고 이용할 수 있는 경우가 아니면 동유럽 국가들에 위성국가라는 용어를 더 이상 사용하지 말라고 지시했다.

[참고 1.2] 1948년 티토와 스탈린의 대립

제2차세계대전이 끝나고 얼마 되지 않아 스탈린은 전 세계 공산주의자들이 한목소리를 내기를 바랐다. 그는 동맹국의 지도자가 제멋대로 움직이면 분노했다. 그중 한 명이 유고슬라비아의 지도자 요시프 브로즈 티토였다. 그의 방식은 신중한 레닌과 스탈린보다는 트로츠

키의 방식에 가까웠다. 그는 제2차세계대전 중 독일군의 여러 사단을 꼼짝 못 하게 했던 유고슬라비아의 공산주의 저항 조직의 자랑스러운 지도자였고, 전쟁 기간 중 모스크바에 있었던 다른 동유럽 지도자들과 달리 스탈린 덕분이 아니라 자력으로 대통령 자리에 올랐다. 유고슬라비아 국경 너머의 그리스 공산주의자들 또한 제2차세계대전 중 독일뿐 아니라 왕당파 정권과도 싸웠다. 이 내전의 불씨는 꺼지지 않았고, 1946년 다시 타올랐다. 발칸반도에 공산주의를 퍼트리고 싶었던 티토는 그리스 공산주의자들에게 결정적인 지원을 했다. 유고슬라비아의 공산주의자들은 다른 면에서도 스탈린에게 눈엣가시였다. 유고슬라비아는 전쟁 중 가장 용맹하게 독일에 저항했고, 자신들의 전과를 자랑스럽게 여겨 종전 후 군사적 문제에서 소련의 지시를 순순히 따르려 하지 않았다. 1948년 7월 스탈린의 지시로 티토와 유고슬라비아 공산당은 코민포름에서 제명되었다. 스탈린은 이를 계기로 스탈린에게 충성하는 유고슬라비아의 공산주의자들이 티토를 몰아내길 바랐다. 그러나 유고슬라비아에서의 정부 전복 시도는 실패했고 티토와 그에게 충성하는 지지자들은 코민포름에서 제명되었음에도 굴하지 않았다. 결국 유고슬라비아는 주로 미국의 무기 원조 덕분에[16] 계속 공산주의국가로 남으면서도 소련의 감독에서 독립했고 이후 비동맹운동Non-Aligned Movement*의 창설국 중 하나가 되었다.

심지어 독재국가 정부 내에서도 다양한 견해가 존재할 수 있는데, 이 경우에는 대개 분별이 더 어렵다. 단일한 행위자 오류는 또한 미국과 공산

---

* 어떤 강대국과도 동맹이나 연합을 맺지 않고 외교에서 중립노선을 견지하는 국가들의 운동으로 유고슬라비아, 인도, 인도네시아, 가나, 이집트 지도자들이 1961년 조직했다.

권의 또 다른 대치 무대인 극동에서 사건을 잘못 해석하게 만들기도 했다. 한국전쟁이 발발한 해인 1950년 11월, 미국 정보기관은 중국이 북한 편으로 전쟁에 개입할 거라는 사실을 파악하지 못했다. 이미 그해 여름, 북한이 6월 25일 남한을 공격하고 오래지 않아 수만 명의 중공군이 중국과 북한 국경으로 이동했고 10월부터는 소규모 습격이 시작되었다. 미국 중앙정보국CIA은 1950년 7월 8일의 비망록 302호에서 북한이 전쟁을 주도한 것이 아니라 스탈린이 전쟁을 지시했을 거라고 가정했다(개의 꼬리가 몸통을 흔들 수는 없다고 가정되었다). 비망록은 또한 스탈린이 북한을 지원하기 위해 중공군을 투입할 가능성을 논했지만, 스탈린과 마오쩌둥 둘 다 제3차세계대전을 각오하지 않는 한 그럴 가능성은 매우 낮다고 보았다.[17] 대신 스탈린이 자유세계를 야금야금 자기 지배하에 두면서 살라미전술을 펼치고 있다고 가정했다. 이어지는 비망록에서 반대 증거가 추가로 보고되었는데도 미국 정보기관은 '의용병'이 북한을 지원할 수도 있다는 중국 외교부장 저우언라이의 말에 넘어갔던 듯하다. 아마도 저우언라이는 자국이 전쟁에 참여하는 것처럼 보이지 않으려고 이렇게 말했을 것이다.[18] 실제 스탈린은 처음에 마오쩌둥이 베트남에 정규군을 보내는 것을 허가할 때도 망설였고, 중국의 공산당 지도자들 사이에서도 베트남 침공을 두고 격론이 벌어졌다. 결국 마오쩌둥이 스탈린주의자들을 이기고 자신의 의지를 관철시켰지만 공산주의 정권이 성립된 지 고작 1년밖에 안 된 시점에서 이것이 필연적인 결과는 아니었다.[19]

따라서 동맹을 맺은 정권(다른 모든 위성국가들과 마찬가지로 유고슬라비아도 1948년 소련과 상호원조조약을 맺었다)들은 각자 계획이 있었을 것이고, 이런 계획은 적어도 어느 정도는 동맹국의 신경에 거슬렸을 것이다. 4장에서 관료정치를 논하면서 더 자세히 살펴보겠지만 이런 가정은 한 정부의 여러 부처에도 적용될 수 있다. 이런 맥락에서 분석가들은 하나의 동맹 내에서뿐 아니라 아마도 한 국가 내에서도 '같은 편끼리 속고 속이는' 것을 알아채기 어렵다는 사실에 주목할 필요가 있다. 정부 다른 부문 간의 경쟁(소련에서 전형적이었고 모든 공산당에 만연한 요인)이 초래하는 결과는 각기 다른 부문이 서로에게 실제 지출을 숨기는 것부터 다른 핵심 의사결정자에게 알리지 않고 비밀작전을 실행하는 것까지 다양할 수 있다. 개방사회에서도 의사결정자들은 때때로 자기 정부의 구성원들을 의도적으로 제외시키는 것으로 알려져 있다.

국가가 단일체로 행동한다는 가정에 대한 초기 비판은 쿠바미사일위기에 대한 연구에서 그레이엄 앨리슨이 매우 훌륭하게 제기했다.[20] 앨리슨은 많은 사람이 냉전 중 제3차세계대전의 발발에 가장 가까웠다고 보는 1962년의 이 '카리브해 위기'(소련에서 사용한 명칭)의 여러 면을 조명했다. 앨리슨의 검토에 따르면 존 F. 케네디 행정부의 의사결정은 각기 다른 전략을 주장하는 각기 다른 부문(국무부, 국방부, 수석 보좌관, 정보기관의 대표들, 법무장관)의 이해관계를 잘 보여준다. 비슷하게 1980년대 미국의 위기 개입과 대리전에 대한 제임스 스콧의 연구는 여러 사례를 검토하고, 각각의 사례에서 뒤이은 레이건 행정부의 각기 다른 구성원들이 택한 다양한 입장을 보여준다. 쿠바미사일위기 맥락에서 우리가 발견한 차이는 따라서 예외적이라기보다는 전형적이다.[21]

정부의 모든 성명과 행동이 일관된다는 가정은 핵심 전략 결정자들이 중요한 인사들에게 새로운 사태를 의도적으로 숨길 때 특히 오해를 초래한다. 쿠바미사일위기 당시 워싱턴의 주미 소련 대사 도브리닌은 처음에 소련 정부가 쿠바에 핵무기를 배치한다는 사실을 모르고 있었다.[22] 2022년 초 러시아의 대통령 푸틴이 우크라이나 전면 침공 준비를 위해 정규군 군사훈련을 했을 때도 벨라루스의 협력자들과 러시아의 고위 사령관들까지도 아주 늦게까지 이것이 (다소 예외적이기는 하지만) 그저 군사훈런일 뿐이라고 오해하고 있었던 것 같다. 예비 연료가 적었던 데다 실제 침공에 필요한 다른 물자들도 부족했기 때문에 이런 오해가 생긴 듯하다. 물론 실제로 무슨 일이 일어나고 있는지 사령관과 외교관 또는 심지어 각료들까지도 모르게 하기는 민주국가에서보다 독재국가에서 더 쉽다. 하지만 민주국가에서는 이런 일이 결코 일어날 수 없다고 가정해서는 안 된다. 특히 연립정부 그리고 정치적 경쟁이 관련된 경우에는 더욱 그렇다.

> [참고 1.3] 1962년 쿠바미사일위기
>
> 1961년, 존 F. 케네디 대통령이 통치하는 미국은 나토 동맹국인 튀르키예 북동부에 소련 영토까지 닿을 수 있는 주피터 미사일을 배치했다. 당시 지도자로 있던 니키타 흐루쇼프의 소련은 물론 겁에 질렸다. 소련은 결국 피델 카스트로가 이끄는 쿠바의 신생 공산주의 정부를 지원하며 카리브해에 동맹국을 만들었다. 흐루쇼프는 미국의 미사일 배치에 대한 대응으로 1962년 미국 영토까지 닿는 미사일을 쿠바에 배치했고 이는 미국 행정부를 크게 분노하게 했다. 케네디가 쿠바를 '봉쇄'하고 소련의 미사일을 쿠바로 운송하는 선박을 포격하기로 (이것은 미국이 소련과 전쟁을 벌이겠다는 것이나 다름없었다) 결정하면서 일촉즉발의 긴장감이 감돌았다. 이 조치는 각기 견해가 다른 케네디와 그의 수석 보좌관들이 토의한 결과였다. 어떤 전략을 따를 것인지(핵전쟁으로 확대될 위험을 감수하며 대립할 것인지, 아니면 타협하거나 현재에 안주해 장기적으로 미국 동부 해안 도시들이 소련 미사일의 사정거리에 들어간 것을 받아들일 것인지)가 그들의 위험한 추측에 맡겨졌다. 결국 케네디와 흐루쇼프의 비밀 합의로 소련 선박은 되돌아갔고, 미국은 연관성이 명백히 드러나지 않도록 신중하게 기다린 뒤 튀르키예에서

> 미사일을 철수시켰다. 철수 절차는 1963년에 완료되었다.
>
> 미국이 튀르키예에서 무기를 철수한 점을 고려하면 흐루쇼프의 판단이 옳았다고 생각할 수도 있지만, 쿠바미사일위기의 종식 방식을 본 대중들은 흐루쇼프가 이 대립에서 패배했다고 여겼다. 위기로부터 1년 후, 흐루쇼프는 설득 끝에 실각했다. 튀르키예와 소련의 국경에서 주피터 미사일이 철수된 공로를 인정받기에는 너무 이른 때였다.

앨리슨은 케네디 대통령의 협력자들 사이에 견해 차이가 있었고, 미국과 소련 사이에서만이 아니라 미국 행정부 내에서도 협상과 타협이 중요한 요소였음을 보여주었다. 결정 과정에는 극명하게 의견이 엇갈리는 다수의 행위자가 참여했다. 미 헌법에서 규정하는 대통령의 역할에 따라 미국 대통령이 모든 중요한 결정을 내렸고, 핵심 측근 몇몇은 결정 과정에서 제외되었다. 체제가 한 사람의 권력에 매우 크게 좌우되는 대통령제에서는 이러기가 더 쉽다. 미국에서는 의회가 대통령의 권력을 견제하지만 쿠바미사일위기에는 의회가 크게 관여하지 않았다. 다른 대통령제에서는 대통령이 선거 후에 야당이 다수인 의회를 마주하게 될 수 있고, 심지어 프랑스에서는 '동거정부cohabitation'*라고 일컫는 연립정부에서 대통령과 총리가 각각 다른 당에 소속되어 있을 수도 있다. 정의상 연립정부는 단일체가 아니다. 연립정부 출범 시 이루어지는 연립정부 구성 합의가 예측하지 못한 위기를 잘 넘기는 경우는 드물다. 즉, 정부의 일관된 행동은 상당 부분 국가의 헌법 구조에 따라 좌우된다.

---

* 프랑스 같은 이원집정부제에서 여당과 의회 다수당이 다를 경우, 대통령과 총리가 각기 다른 정당에서 배출되어 연립정부를 이루는 형태

'관료정치'가 민주국가나 심지어 독재국가에서도 일관된 전략을 수립하는 데 방해가 된다고 보는 논문이 급증하는 데서 볼 수 있는 것처럼, 관료주의적 논리에 집중하는 게 단일한 행위자 오류에 기초할 때보다 관료정치를 더 잘 설명할 수 있다.[23] (얼마나 똑똑하든, 당면한 위기나 전쟁과는 거의 혹은 전혀 관련이 없는 각기 다른 이해관계를 지키려는 각기 다른 일원들로 구성된 엘리트 조직이 정책을 결정하는) 관료정치는 엄청난 영향을 미칠 수 있다. 이에 대해서는 4장에서 일관된 정책이나 전략을 수립하는 어려움을 이야기할 때 더 자세히 논하겠다.

정부가 단일한 행위자라는 착각과 그에 따른 미묘한 차이에 대한 무지는 표현 습관에 의해 악화된다. 나토가 '국민국가nations'라는 용어를 언급하면서 정부와 그 국가의 국민을 동일시하는 것은 특히 이 맥락에서 오해의 소지가 있다.[24] 독일 군인들이 계속해서 '러시아인들'에 대해 언급하는 것은 (20세기 초 영어권 국가에서는 사람들이 이런 식으로 '제리Jerry'나 '조니 터크Johnny Turk', '이반Ivan'*에 대해 이야기했다) 특히 부적절하다. 전략문화에서 이렇게 국가와 정부 혹은 국민의 차이를 대충 표현하면 미묘한 차이를 담지 못해 분석에 도움이 되지 않는다. 그리고 (지리적으로) 아프가니스탄이나 칠레에서 지진이 일어난다는 말은 할 수 있지만, 우리는 아직도 정부 전체 혹은 일부를 지칭할 때 '에콰도르' 그리고 '태국'이라고 언급한다. 이런 약칭은 편리하지만 복잡한 현실을 숨기고 얼버무려 국가와 그 국가의 정부가 단일하고, 같은 믿음과 목적을 가지고 있다고 생각하게 만들기 쉽다. 설상가상으로 대부분의 (학문적인!) 국제관계학 이론은 국가를 단일한 행위자로 취급해 지도층에서 누가 누구인지, 국민 중 누가 그런 정책에 반대

---

* 열거한 이름들은 모두 양차세계대전 시기, 각각 독일군, 오스만제국(지금의 튀르키예)군, 러시아인을 지칭하던 은어들이다.

할 것인지, 영향력 있는 야당이나 운동 단체들이 있는지를 상세하게 파고 들지 못한다.

구조를 이해하기: 기관, 정당, 개인의 영향

민주주의에서 정책을 결정하는 조직은 실제로 최종 결정에 관여하거나 영향을 미친 사람보다 더 많은 사람과 상의한 듯한 인상을 주는 것이 유리하다. 그 결과 실제로 그럴 수 있었을 사람들보다 훨씬 많은 사람이 자신이 정말로 (성공적인) 전략을 구상했거나 (성공적인) 정책을 제안했다고 주장하는 경향이 있다. 반대로 전략이나 정책이 성공적이지 않으면 사방에서 자신이 애초에 조언한 것을 그대로 받아들였더라면 옳은 해결책이 되었을 텐데, 자신의 조언이 제대로 적용되지 못하고 희석되거나 기각되어 실패로 이어졌다고 주장할 것이다. 이런 맥락에서도 많은 이들이 성공의 아버지를 자칭하는 반면 실패를 낳은 사람은 찾아볼 수 없다.

누가 정말로 힘과 영향력을 가지고 있는지 어떻게 확인할까? 예전 소련 전문가들은 누가 중요한지를 잘 알아냈고, 권력의 중심에 있는 사람들의 승진과 좌천을 가능한 한 자세히 살피고 그들의 특정 견해를 찾아냈다. 이 경우 기관의 영향력과 개인의 영향력, 두 단계로 나누어 분석하는 것이 유용할 것이다(후자가 더 가늠하기 어렵다). 정부 기관, 정당, 다른 강력한 이익단체(가령, 산업), 개인 간 권력의 제도적 분배와 권한의 귀속[25]은 국가별로 크게 다른데 의사결정과정을 알려면 이를 상세히 이해해야 한다. 전통적으로 하나의 당이 정부를 구성하며 대체로 강력한 정부인 영국의 정치체제를 염두에 두면, 이해가 얕은 관찰자는 다른 국가의 정부에서 정당이나 의회가 갖는 중요성을 보지 못할 수 있다. 이와 대조적으로 프랑스와 독일은 이제껏 쭉 연립정부였고 그래서 다른 정당 각료들 사이의 의견 차이가 정치구조에 이미 내재되어 있다. 두 나라 모두 연립의 생존에 매우 중요한 역할을 하는 소규모 정당이 그 규모에 비례하지 않는 힘을 행사하며, 그 당 내부의 정치적 문제에 대한 논쟁이 정부에 투영되면 엄청난 결과를 초래할 수 있다. 1988~1989년 코소보 사태 당시 독일의 녹색당 및 프랑스의 녹색당과 공산당은 발칸 지역에서의 무력 사용에 대한 정부의 입장에 영향을 미치고, 약화시킬 만한 상당한 잠재력을 가지고 있었다. 게다가, 독일연방공화국의 (대개 두 당으로 이루어지는) 연립정부 구조는 전통적으로 총리(정부의 수장)와 국방장관을 더 큰 정당에서, 외무장관을 더 작은 정당에서 선출해, 구조상 필연적으로 정당 간 긴장과 의견 차이가 발생한다. 따라서 독일에서 (대부분 군인으로 이루어진) 국방부와 (외교관으로 이루어진) 외무부의 조직문화 차이는 각 장관들의 정당 이념 차이에 의해 체계적으로 커진다. 실제로 1950년 이후 독일연방공화국의 모든 정부가 그랬다. 결과적으로 두 부처는 서로에게 정책과 계획을 알리지 않는 경향이 있어서 런던에서보다 본이나 베를린에서 공통된 정부 노선을 이루기가 훨씬 더 어렵다. 부처의 위치도 이런 패턴을 강화한다. 런던에서는 군 장교들과 관료들이 길만 건너면(화이트홀 거리*) 다른 부처와 회의가 가능하다. 파리와 베를린, 워싱턴에서는 한 부처에서 다른 부처로 이동하려면 버스나 지하철을 타야 한다.

    미국 정부 특유의 구조는 너무 잘 알려져 있으니, 여기서는 다른 대부분의 민주주의국가들과는 크게 다른 이 민주주의국가의 의사결정과정과 의사결정 권한 분배의 특징을 살펴보는 것으로 충분할 것이다. 바로 종종 별개의 정책결정 기관으로서 행동할 수 있는 의회의 엄청난 권한, 의회

---

*   영국의 정부 관청들이 모여 있는 거리

의 견제만 받는 대통령의 권한, 정책 논의의 개방성이다. 이 마지막 특징 때문에 미국은 특히 함께 일하기 어려운 파트너가 되는데, 워싱턴에서 공개적으로 도달한 교묘한 타협은 동맹국들의 요구와 견해를 고려해 움직일 여지를 거의 전혀 남기지 않기 때문이다. 게다가 국제역사학자 자라 스타이너가 아주 훌륭하게 밝혔듯이 미국에는 개별 정부 기관이 너무 크고 많아 정부 내 기관 간 경쟁이 정책 결정을 지배한다. 결국 워싱턴 안에서 타협이 이루어지기는 하지만 이렇게 결정된 정책은 극도로 불안정해서 국제기관의 미국 대표들에게는 거의 양보의 여지가 없다.[26] 실제로 이런 표면적인 약점은 미국 대표들에게 이상한 힘을 준다. 대개 약해 보이는 미국 대표들은 이 힘을 동맹국들에 휘두른다. 나는 언젠가 밤늦게 열린 한 나토 위원회 회의에서 한 영국 외교관이 격분해서 말하는 것을 들었다. "영국 외무장관 파머스턴 경이 이렇게 빈정댄 적이 있소. '협상을 하고 싶으면 외교관을 보내고, 메시지를 전달하고 싶으면 집배원을 보낸다' 당신은 어느 쪽이오?" 하지만 미국 외교관들은 약해 보이기 때문에 동맹국에 미국의 입장을 강요할 수 있다. 동맹국이 긴 교착상태를 원하지 않는다면 말이다. 나토의 미국 대표들은 약하게 보이는 대신 그저 책상을 쾅쾅 두드리며 동맹국들의 무임승차에 호통을 칠 수도 있지만 이런 거친 방식은 더 많은 분노를 유발하게 되어 있고, 동맹국을 우리 편으로 데려오기에는 별로 우아하지 못한 방식이다. 우리가 이런 특징을 염두에 두고 다른 국가들, 특히 비민주주의국가들에서 더 많은 특징을 찾을 준비가 되어 있다면 정부의 각기 다른 행위자 또는 부문의 속성에 적절한 주의를 기울이게 될 것이고, 제도적으로 누가 실제로 영향력을 가지고 누가 영향력이 없는지에 대해 더 큰 통찰을 얻게 될 것이다.

똑똑한 의사결정자들과 그들의 부하들이 경쟁자들을 '제외시키는' 데 사용하는 기술을 인식하고, 이에 주의를 더욱 강화해야 한다. 혹은 실제로는 소수의 핵심 세력끼리 사전에 결정적인 회의를 해놓고 경쟁자들이 핵심적 결정에 참여하고 있다고 계속 착각하게 만드는, 더 큰 혼란을 야기하는 기술에도 주의를 기울여야 한다. 또 다른 의도적인 조치는 경쟁자들이 자신들과 상의하고 자신들의 의견에 귀 기울였다고 느끼게 하는 것이다. 실제로는 하급 직원만 보내 그들이 얼마나 옳고 그들의 견해에 각료들이 얼마나 많은 관심을 기울이고 있는지 빈말로 얼렁뚱땅 넘기고, 아무에게도 말하지 말라는 흔한 경고를 덧붙이며 초안을 미리 보여준 게 다일 수도 있다. 경쟁자들은 자신들이 '남들보다 사정을 잘 아는' 신성한 핵심 세력의 일부라고 믿으며 만족감에 가득 차 떠날 것이다. 놀랍게도 정말 많은 사람이 이런 함정에 빠진다.

국가들도 마찬가지다. 얄타에서 열린 스탈린, 처칠, 루스벨트의 3자회담에 초대받지 못한 프랑스 레지스탕스 지도자 샤를 드골은 모욕당했다고 느꼈을 뿐 아니라, 자기 모르게 무언가 좋지 않은 일이 일어났다고 의심했다. 그는 이후 루스벨트가 회담에서 스탈린과 함께 '세계를 분할했다'라고 그릇된 비난을 했다. 루스벨트의 보편주의적 가치와 세계관을 고려할 때 그가 그런 합의를 하고 다른 국가들의 민족자결권을 양보했을 리 없다.[27] 실제로는 그 전년도(1944년) 10월, 19세기 강대국 사고방식에서 벗어나지 못한 윈스턴 처칠이 모스크바에 있는 스탈린을 방문해, 나치 독일로부터 해방된 동유럽 국가들, 루마니아, 불가리아, 헝가리, 유고슬라비아, 그리스에 소련과 영국이 각각 어느 정도 비율(또는 퍼센트)의 영향력을 가질 것인지 적었다.[28] 그렇게 미국과 소련 간의 '얄타협정'이라는 미신이 만들어졌다.

냉전의 종식과 바르샤바조약기구 해체 후 처칠과 스탈린이 그랬듯 그들도 모르는 사이에 자신들의 운명이 결정되지 '않도록' 하고, 소련의 지배에서 벗어난 동유럽 국가들을 안심시키기 위해 서구 외교관들은 그들을 국제기구, 특히 유럽연합과 유럽안보협력기구OSCE에 참여시키려 했다. 1990년대와 2000년대 초 동유럽 국가들이 나토 가입을 계속 고집하자 나토는 가능한 한 오래 그들과 적정 거리를 유지하기 위해 가입의 대안으로 평화를 위한 동반자 관계Partnership for Peace를 제창했다. 이것은 적어도 일부는 내용이 거의 없는 끝없는 위원회 회의를 통해 이 국가들이 나토에 관여하고 있다는 느낌을 주는 것이 목적이었다. 결국 동유럽 국가들은 이 속임수에 넘어가지 않고 계속해서 나토의 정식 회원국이 되기를 요구했고, 1998년부터 2004년 사이에 나토는 마지못해 이들의 가입을 허락했다.

집단의 제도적 기득권이 얼마나 영향을 미치는지는 아무리 강조해도 지나치지 않다. 나토가 탈냉전 세계에서 살아남기 위한 집단 투쟁에서 혁신을 꾀한 것은 이 맥락에서 (매우 주목할 만하기는 하지만) 빙산의 일각에 불과하다. 어떤 조직의 어느 부문이든 자신들의 중요성을 입증하고 전체 조직에 크게 기여한다고 주장하는 것이 유리하다(대개 이런 주장은 각 부문의 중요성에 비해 자원과 인력이 부족하다는 주장과 연결된다). 따라서 모든 대사관이 자신들이 태풍의 핵에 있다고 주장하거나, 모든 정부, 국제기구의 일부나 행정부의 다른 부처가 국가, 세계, 심지어 더 중요하게는 정부의 생존이 자신들에게 달려 있다고 주장하는 경향도 존재한다.

이어서 인물로 넘어가면, 이것이 대개 가장 평가하기 어렵다. 프랑스 제5공화국 체제에서는 대통령만이 일반적으로 모든 영역, 특히 국방 분야에서 진정으로 인정받는 최고 결정권자였다. 1997년 조기 총선을 실시하기로 한 중도우파공화국연합당PRP 자크 시라크 대통령의 잘못된 결정이, 야당인 사회당에게 정권을 줘서 그의 입지를 얼마나 약화시킬지 누구도 예상하지 못했다. 그 후 프랑스 정부에서 국방에 관한 결정은 주로 사회당 총리 조스팽과 그의 정부가 내렸고, 공화당의 대통령은 옆에서 서성거리기만 했다. 이것은 관련 인물들과 그들의 개인적 이익에 따라 많은 나라의 총리와 국방장관, 또는 외무장관 사이의 영향력 또는 의무가 변화한다는 것을 보여주는 극단적인 사례다. 역사학자들은 냉전의 핵심적인 결정들을 내린 것이 미국 대통령 아이젠하워인지 국무장관 존 포스터 덜레스인지, 또는 대통령 존 F. 케네디인지 국무장관 로버트 맥너마라인지, 또는 영국의 외무장관 어니스트 베빈인지 총리 클레멘트 애틀리인지, 그리고 앤서니 이든이나 해럴드 맥밀런은 외무장관으로서 어떤 역할을 했는지 등에 대해 많은 글을 남겼다. 인물들은 각자 구조를 사용하는 방식이 다르고, 같은 나라에서도 정부에 따라 정부 구조의 운용 방식이 다르다. 그러므로 새 정부 또는 정부 부처 개편과 함께 그 과정에서 일어나는 변화와 특정 인물 간의 관계 역학 변화에 주의를 기울여야 한다.

또한 정치에서든 어린이집 직원들 사이의 관계에서든 사람 간의 이른바 '상성chemistry'도 행위자들 각각의 관계마다 다르다. 누구든 살다 보면 거슬리는 사람이 있기 마련이고, 물론 그들도 우리가 거슬릴 것이다. 군 및 모든 정부 기관에서와 마찬가지로 정치에서 개인은 상성이 '맞지 않는' 사람과도 종종 협력해야만 한다. 반면 어떤 정책결정자의 조합이나 무리는 이례적으로 사이가 좋아 극도의 신뢰를 기반한 관계로 발전하고, 서로의 움직임과 선호를 정확히 예측하고 전반적으로 좋은 팀을 이룬다. 후자의 사례로는 미국 남북전쟁 시 한편에는 율리시스 그랜트 장군과 미 대통령 에이브러햄 링컨, 다른 한편에는 로버트 E. 리 장군과 연합국 대통령 제퍼슨 데이비스의 관계가 있다. 영국 총리 윈스턴 처칠과 그의 수석 군사보좌관이었던 육군 원수 앨런 브룩(후에 귀족 작위를 받아 앨런 브룩 경이 되었다)의 꽤 험악한 관계도 후자에 해당한다고들 한다. 프랑스 대통령 샤를 드골과 독일 총리 콘라트 아데나워의 협력에도, 1980년대 초 그들의 후임인 지스카르데스탱과 헬무트 슈미트 사이에도, 그리고 프랑수아 미테랑과 헬무트 콜 사이에도 이런 좋은 관계가 있었다.

정책 유산과 외부요인

외부에서 관찰할 수 있는 정부의 정책이나 전략은 '정책 유산'을 포함할 수 있다. 정책 유산은 대개 전 정부에서 제안한 정책들로 전체적인 정책 또는 전략의 포괄적인 수정이 이루어지는 와중에도 종료되지 않고 남아 있는 것들이다. 따라서 미국과 소련이 처음으로 무기 제한을 논하며 각자 핵무기 제한 또는 감소를 목표로 하고 있던 데탕트 시기(1963~1979년)에 양국의 핵무기 연구소는 이전에 승인된 계약에 따라 계속해서 미사일을 대량생산하고 있었다. 그리고 의사결정의 '사일로silo*'가 있을 수도 있다. 이런 부서 내부의 제한된 논의와 의사결정은 조율되지 않은 성명이나 행동을 초래할 수 있고 결국 정부가 부정직하다는 인식으로 이어질 수 있다. '잘못된 인과관계의 오류false causality attribution' 또는 '기본적 귀인 오류fundamental attribution error'는 정부의 일부 기관들이 어떤 일을 하고 있는데 대변인은 그와 반대되는 것을 주장할 때 (때로는 정당하게) 정부 대변인들이 의도적으로 거짓말을 하고 있다는 의혹을 부채질할 수 있다. 때로 왼손은 정말로 오른손이 하는 일을 모르고 계속 조심조심 더듬거리며 불 켜는 스위치를 찾고 있을 수도 있다.

정책결정에 관여하는 사람들의 이익이 갈리고 심지어 충돌하는 것 외에도 정부에 가해지는 보이지 않는 외부의 추가적 압력이 있을 수 있다. 특히 전쟁과 평화와 관련된 한 가지 압력은 비용 계산과, 어느 시점에서는 닫히고 말 기회의 창에 대한 (종종 왜곡된) 인식에서 생겨날 수 있다.[29] 전자는 평시보다 많은 전력이 동원될 때 항상 일어난다. 카이사르 시대에 로

---

* 곡식을 저장하는 원통형 창고를 가리키는 말로, 조직 내 부서들이 서로 소통하지 않고 자신들의 이익을 추구하는 부서 이기주의 현상을 사일로효과라고 한다.

마 경제는 겨울 동안 전쟁터의 병사들을 지원할 수 있었던 반면, 유럽의 중세 전쟁은 대개 계절에 좌우되었는데(가령, 전쟁이 길어지더라도 겨울에는 원정을 중단해야 했다), 훨씬 규모가 작은 중세 국가들의 경제는 그렇게 오랜 기간 군대 원정을 유지할 수 없었기 때문이다. 병사들은 크리스마스에 집으로 돌아와야 했다.

유럽에서는 근대 초기에 이르러서도 포괄적 세수를 확보한 완전한 근대국가는 나타나지 않았는데, 해외 전투를 위해 군대를 일으켜 군사를 수송할 함대를 준비하고 군사와 함대 모두 몇 주 동안 항구에 대기시키는 데는 실제 전쟁에 나가는 것만큼이나 큰 비용이 들었다. 따라서 일단 전투 수단이 모이면 전투를 지지하는 편향이 존재했다. 부수적으로, 군대를 일으키는 결정은 상비군이 없는 경우(17세기 크롬웰이 나타날 때까지 영국이 그랬고, 그 이후에도 적용된다) 엄청난 경제적 도박이었다. 영국은 상비군을 갖출 때까지 모든 전쟁에서 민간투자를 통해 군사와 함선을 일으켰다. 만일 군대가 전투에 가담하지 않고 식량과 자금만 축낸다면 군사 비용을 대고 전쟁에서 군대를 잃는 것만큼이나 투자자들의 손실이 컸다. 전투에서 획득한 전리품으로 함대에 투자한 비용을 회수할 수 있는 해전에서는, 즉 투자자들이 도박에서 이길 수도 있는 맥락에서는 이런 선택이 더 선호되었다. 이런 관행은 1856년 파리선언이 무장한 사유 선박의 해전을 금지하면서야 끝이 났다. 국가 간 지상전에서는 이미 한 세기 전에 몸값을 받으려는 목적으로 포로를 잡는 것이 금지되었다. 하지만 규율이 엉망이고 대우가 좋지 않은 병사들은 계속해서 약탈 행위를 심심풀이로 삼았다.[30] 지금까지도 불법 무장단체나 용병부대에 의해서 혹은 정규군의 보수가 체납될 때 이런 약탈이 자행된다.

또한 최근에는 위기 상황에서 원정군이 어느 정도 준비되면 원정군을 투입해야 한다는 압력이 있을 수 있다. 1944년 9월, 영미 연합군의 공수

부대와 지상부대가 네덜란드에서 독일군을 몰아내고 독일 내륙까지 진격할 목적으로 투입된 마켓가든작전은, 이 지역 독일 국방군 병력이 기존에 추산한 것보다 훨씬 많다는 뒤늦은 첩보 보고에도 불구하고 철회되지 않았다. 이전에 연합군 최고사령관인 미국의 아이젠하워 장군에게서 더 공격적인 전략을 권고받은 바 있는 영국의 지휘관 몽고메리 장군은 작전을 연기하기에는 너무 늦었다고 생각했다. 이 작전은 얻은 것에 비해 특히 큰 손실을 초래했다.[31] 이 책을 집필 중인 지금 시점에서는 이런 고려 사항이 2020~2021년 겨울 러시아군의 군사훈련을 바로 우크라이나 전면 침공으로 전환하지 않고 2022년 초까지 미루기로 한 푸틴의 결정에 어떤 역할을 했는지 추측만 가능할 뿐이다.

언제나 예비군을 동원하는 데는 막대한 비용이 들었다. 20세기와 21세기, 이 침략이 우려되던 시기에도 순전히 방어적 태세만 유지하고 어떤 구체적 공격도 발생하지 않으면 이 큰 비용을 상쇄할 만한 잠재적 이득은 전혀 없었다. 동원은 막대한 비용이 드는 데다 혼란을 일으키기 때문에 정부는 꼭 필요한 경우가 아니면 예비군을 소집하거나 정규군을 먼 곳에 배치하기를 주저한다. 이런 사례 중 하나는 1973년 10월 이집트와 시리아의 침공이 임박했지만 첩보 보고서를 잘못 해석한 이스라엘 정부가 예비군 소집을 주저했던 일이다('참고 2.4 욤 키푸르 전쟁' 참조, p.105). 또 다른 사례는, 시리아의 알아사드 대통령이 화학무기를 사용하면 징벌적 조치를 취하겠다고 위협하며 레드라인을 그은 오바마 대통령이 2013년 8월 시리아 정권에 대한 작전을 철회하기로 결정한 것이다. 사후 관점에서 이런 레드라인을 선언한 것은 매우 영리한 지도자가 내린 좋지 않은 결정이었다. 실제로 알아사드가 자국민인 반란군과 시민들에게 화학무기를 사용했을 때 오바마는 자신의 위협을 실행에 옮기지 않았다. 상황은 불확실해 보였다. 10년 전 시작된 이라크와의 전쟁에서 가상의 정보를 잘못 해석해 흠집이 생긴 미국 정보기관들은 예측을 주저하는 지경에 이르렀고, 성공이라고 부를 만한 명확한 최종 상태가 보이지 않았으며, 군 동원 비용은 날이 갈수록 커지고 있었다.

또한 강대국 또는 초강대국의 지도자들마저 압박할 수 있는 외부 행위자나 상황의 전개도 고려해야 한다. (제1차) 인도차이나전쟁(1946~1954년)에서 프랑스 정부는 사이공*의 부패한 바오다이 정부를 전폭적으로 지지했는데, 이것은 전체적인 전쟁의 대의에 조금도 도움이 되지 않았고 공산주의 세력이 주도하는 반대파를 강화하는 토대를 마련해주었다. 1979년에는 소련 지도부가 아프가니스탄의 공산주의 정권을 원조한다는 약속을 너무 충실히 이행한 나머지 '카불에서 일어난 사건 그 자체'로 소련의 개입이 결정되었다. 영국 외교관이자 소련 전문가인 로드릭 브레이스웨이트 경은 소련의 아프가니스탄 개입에 관한 연구에서 이렇게 요약했다. "실수일지 모른다는 강한 의구심을 품은 소련 지도부는, 매우 주저한 채로 단계적 군사개입을 향해 떠밀리듯 나아갔다. 더 나은 대안을 생각해 낼 수 없었기 때문이다."[32] 이것은 초강대국 소련이 중요하지 않은 제3세계의 맹방 때문에 곤란한 상황에 빠지게 되는 나쁜 전략적 결정이었다.

각기 다른 의제에 이끌리다

전략을 수립한다는 것은 선택을 내린다는 의미다. 정부와 다른 의사결정자들은 많은 경우 동시에 다루어야 하는 각기 다른 문제, 국가가 추구하는 다수의 목표와 다수의 최종 상태를 가지고 있고, 전쟁 시에는 고

---

* 호찌민시의 옛 이름으로 베트남공화국(남베트남)의 수도였다.

려해야 할 전투 현장이 여럿일 가능성이 높다. 한 현장에서는 사정을 봐줘야 하고 다른 현장에서는 전력을 기울이는 게 나을 수도 있다. 따라서 전자에서의 전략은 비논리적이고, 그 상황에 대응하는 최선의 방책이 아닌 것처럼 보일 수도 있겠지만, 이 현장이 그들의 우선순위가 아니었다는 것이 명백해지면 더 이해하기가 쉽다. 특히 분쟁이 자국 영토에서 멀리 떨어진 곳에서 발생하거나, 프랑스인들이 요긴하게 표현한 것처럼 '외부 작전'과 관련될 때 핵심 의사결정자들은 아마도 자국에 직접적으로 영향을 미치는 완전히 다른 것들(실업, 사회적 불안, 환경문제)을 우선해야 한다고 판단할 것이다. 그 결과 외국의 분쟁 현장에 대한 완전히 일관성 없고, 효과적이지 못하며, 따라서 낭비적인 전략이 채택될 수 있다. 이 경우 배치된 병력이 너무 적고 장비도 제대로 갖춰져 있지 않으며, 병력 배치는 너무 늦게 이루어져 상징적 개입을 나타내는 역할을 할 뿐이다. 그러므로 관료들 간의 타협은 일관되지 않고 대단히 비합리적인 결과를 낳겠지만, 전략 수립에 참여하는 모두가 동의해야 한다는 논리를 따른다. 나토, EU, 유엔 안전보장이사회에서는 만장일치거나 적어도 거부권 행사가 없어야 한다는 원칙 유지를 명분으로, 종종 공동의 입장을 아무 효과가 없을 정도까지 약화시키는 게 정당화된다. 결속이라는 가치 자체에 대한 믿음이 종종 다른 고려 사항보다 우위를 차지한다. 특정 위기나 맥락에서의 전략 수립은 따라서 자주 외부의 다른 고려 사항에 끌려다닌다. 과거 경험에서 얻은 교훈이 (적용할 수 있든 아니든) 새로운 위기를 바라보는 왜곡된 렌즈가 될 수 있고, 과거 다른 상황에서 일으킨 실수를 반복하지 않으려는 열망이 강할 수도 있고, 정책결정에 영향을 미치는 완전히 다른 성격의 의제가 있을 수 있다.

1998~1999년 코소보 사태로 되돌아가보자('참고 1.1 코소보 사태' 참조, p.26). 나토와 나토 회원국의 관계자들은 1998년 초부터 보스니아 헤르체

고비나에서 일어났던 것과 비슷한 일이 코소보에서 일어날 것이라고 예측하고 있었다. 그들은 1995년 스레브레니차 학살에 개입하지 않았다는 죄책감에 짓눌려 있었다. 그들은 이런 학살이 반복되는 것을 허용하지 않겠다고 결심했고, 코소보에서 대놓고 전투가 벌어지고 인종청소가 진행되자 개입해야 할 도덕적 의무를 느꼈다.

나토의 국제직원참모부의 어떤 부서도 코소보가 당면한 문제 해결을 위해 실제 필요한 것이 무엇인지에 대한 분석을, 그 어떤 시점에도 하지 않았다(한 가지 답은 나토가 도울 게 별로 없다는 것이었을 테고, 또 다른 답은 슬로베니아와 크로아티아의 사례에서처럼 코소보를 독립국가로 인정하는 것이었을 수 있다. 하지만 1998년에는 그 어느 것도 고려되지 않았다). 어떤 분석 보고서도 나토 또는 나토의 많은 기능 중 하나가 실제로 이 문제에 해결책을 가져다 줄 적정한 도구인지에 의문을 제기하지 않았다. 적정한 도구를 논리적으로 찾기보다는(그랬다면 이용할 수 있는 도구가 없고 이 문제는 사실 매우 다루기 힘들다는 사실을 깨달았을 것이다) 자동적으로 다음과 같은 가정이 만들어졌다. (a) 이 문제에는 해결책이 있다. (b) 그 해결책은 나토여야 한다. 사실 언론의 여러 사설과 논평이 이런 가정을 부추겼다. 냉전이 끝난 지금 유럽 구석에서 일어난 작은 문제도 해결할 수 없다면 나토가 무슨 소용인가라는 질문이 여기저기서 제기되었다. 이런 식의 질문은 논리적으로 파리도 잡을 수 없다면 망치가 무슨 소용이냐고 묻는 것과 같다.

그 이후 의사결정은 해당 사안에 무엇이 필요한가라는 분석이 아니라 서구의 선호에 따라 이루어졌다. 서구의 선호는 다음과 같았다.

• 무슨 일이 있든 나토의 신뢰성을 유지하고, 코소보의 운명보다 훨씬 중요한 단계에서 일어날 수 있는 상황 전개에 대한 안전망으로서 동맹의 존속을 유지한다.

• 조약 제5조의 만일의 사태(나토 회원국에 대한 무력 공격)[33] 외의 영역에서도 나토의 유용성을 입증한다. 따라서 위기에 개입해야 할 압박이 있을 때는 빠르게 제한된 범위에서 개입한다.

• 지상군 투입이나 나토 병력의 사상자 발생을 감수하면서까지 코소보와 유고슬라비아 영토를 전면 침공할 필요는 없다.

• 지리적인 조건 및 이용할 수 있는 항공기의 수와 활주로의 길이를 고려할 때 1948~1949년의 베를린 공수작전보다 작전 수행이 훨씬 어려울 것으로 보이므로, 공수작전을 통해 지상군에 물자를 보급하는 상황이 일어나지 않도록 한다.

• 무제한 개입에 휩쓸리지 않는다.

• 원칙적으로 (관료주의적 관성의 필수적 부분인 관료의 추진력으로) 새로운 절차를 고안하기보다는(이 경우 예외 없이 법적 문제가 제기되고 묵은 논쟁이 불거지고 시위까지도 일어날 수 있다) 선례를 따른다. 가장 가까운 선례는 보스니아 헤르체고비나에 평화강제/안정화군IFOR/SFOR을 배치한 것이다.

• **가능하다면** 나토 개입 전, 갈등 당사자가 모두 서명한 포괄적 평화협정의 위임을 받은 **후에** 평화유지군을 배치해서 유엔안전보장이사회, 특히 러시아와 법적 문제를 일으키지 않는 게 좋다.

몇몇 국가에는 코소보 사태를 이용해 '인도주의적 재앙'을 막기 위해 개입하는 선례를 세우고, 국제연합 및 국제연합의 헌장과 안전보장이사회에 예속되도록 스스로 채운 족쇄를 떨쳐버리려는 다른 선호가 있었다.

가능한 여러 시나리오가 검토되어야 했지만, 나토의 정치적 지시와 그에 따른 군사 계획은 나토의 선호에 따라 IFOR/SFOR 유형의 지상군 배치에 앞선 데이턴협정 유형[34]의 평화 정착 시나리오로 계속해서 회귀했다. 밀로셰비치와 세르비아인이 양 분쟁에서 모두 일방 당사자라는 점은 같아도 코소보의 상황은 보스니아 헤르체고비나와는 상당히 다르다는 주장은 환영받지 못했다. 누군가 이런 주장을 제기한 적이 있기나 하다면 말이다. 데이턴협정으로부터 3년 후, 민족 분리주의자들의 마음과 행동을 바꾸려는 시도에서 '국제사회'가 거둔 성과는 보스니아 헤르체고비나에 쏟아부은 막대한 자원과 비교하면 터무니없이 작았다. 따라서 의사결정은 문제 중심 분석이 아닌 기구의 선호에 따라 논리적으로 진행되었다. 온갖 노력을 다해 보스니아 헤르체고비나의 독립을 확인하는 데이턴협정에 밀로셰비치가 서명하게 했지만, 이 협정은 보스니아 헤르체고비나 안에 반#격리된 민족 독립체의 공존을 보장하는 복잡한 지리적 구조를 남겼다. (1995년 보스니아 헤르체고비나 전쟁을 끝내기 위해 '세르비아인들을 데이턴에 있는 협상 테이블에 끌어 앉힌 것'으로 알려진) 공습은, 과거에나 지금에나 독재자의 생각을 바꾸고 독재자가 누렸을지 모르는 대중의 모든 지지를 파괴하는 데 매우 효과적이라는 잘못된 믿음이 있기 때문에 위협 수단으로 사용되었다. 나토 연합군의 사상자 발생 위험이 낮다는 것도 이유였다.[35] (정확하고 신속하고 퇴각 전략이 내재되어 있는) 공습은 서구가 기꺼이 내밀 수 있는 도구였고, 문제가 이 도구에 맞춰져야 했다. 알바니아계 코소보인 대표단이 조약에 서명하도록 강제하기 위해 나토가 무엇을 할지에 대해서는 아무도 좋은 생각을 내지 못했다. 데이턴협정과 같은 합법적 개입 근거에 대한 동의가 이루어지지 않자, 재앙을 막는 인도주의적 이유로 코소보 개입이 정당화될 수 있다는 주장이 나토 회원국들 사이에서 인기를 얻었다. 하지만 나토와 회원국 모두 국내적, 국제적 지지를 얻기 위해 이 정책들의 공개 발표에 놀라울 정도의 지략을 발휘했음에도 불구하고, 공습이라는 도구가 어떤 방식으로 코소보의 민족 간 갈등을 해결할 수 있는지는 여전히 설명하기 어려웠다. 이런 결정을 대중에 공표할 때는 물론 기구의 선호가 아닌 문제 중심적 근거로서 정당화하고 설명하려는 노력이 수반된다.

아마도 역사가들은 기록보관소에서 1999년 봄, 나토 공습의 배경이 된 기구의 선호를 인정하는 자료를 아무리 찾아도 아무것도 발견할 수 없을 것이다. 기구의 선호에 이끌린 이 의사결정과정 사례를 염두에 두고 다른 의사결정과정을 이해하려 하는 것은 매우 유용하다. 이를 통해 있지도 않은 논리를 찾으려 하지 않고 더 큰 원동력인 근본적 논거, 이름 없는 방 안의 코끼리를 놓치지 않을 수 있다.

코소보 사례를 마무리하면서 언급하자면, 이 사례는 서구와 러시아 관계에서 전환점이었다고 볼 수 있다.[36] 키릴문자와 동슬라브족 문화를 공유하는 러시아정교회와 세르비아정교회의 관계는 티토의 사망 이후 러시아와 세르비아 정부 간의 후원자-피후원자 관계로 변화했다. 이 관계는 실제 문화적 관련성과 러시아 지도자들의 지정학적 이해관계에 기반했다. 따라서 유엔안전보장이사회의 러시아 대표는 세르비아만 남은 유고슬라비아에 대한 나토의 군사작전을 거부했다. 하지만 나토 회원국들은 오랜 숙고 끝에 유엔의 승인 없이 국제법 위반 소지가 있는 채로 공습을 감행했다(나토 회원국의 법률고문들은 집단학살을 막으려는 개입이 완전히 합법적이지는 않더라도 정당화될 수 있다고 주장했다). 나토의 개입을 막으려는 러시아의 시도는 결과적으로 성공하지 못했지만, 그 과정에서 핵심적으로 고려된 것은 유엔안전보장이사회에서 거부권을 갖는 다섯 상임이사국(강대국을 상징하는 지위)의 하나인 러시아의 위신이 걸려 있다는 점이었다. 러시아 지도부는 피후원국을 보호할 수 없었던 것에 굴욕감을 느꼈다. 나토 공습 이후 얼마 되지 않아 정권을 잡은 블라디미르 푸틴은 나토의 공습은 불법이었다는 사실을 끊임없이 상기시켰다. 그 이후 푸틴의 의제를 지배한 것은 서구의 조치를 막을 수 있을 만큼 러시아의 강대국 지위를 되살리고 강화하려는 욕망이었다. 러시아에 코소보 주민들의 운명은 결코 가장 중요한 문제가 아니었다.

특정 위기에서 외부 의제가 증거의 합리적 평가를 어렵게 한 더 심각한 사례는, 미국과 영국 정부가 이라크를 침공해 사담 후세인 정권을 끝장내기로 마음먹은 2003년 사태에서 볼 수 있다. 이에 대해 자주 제기되는 여러 이유 중 하나는 당시 미국 대통령이었던 아들 조지 부시가 아버지 부시가 '완수하지 못한 일'을 완수하려 했다는 것이다. 10년 전 대통령이었던 아버지 부시는 이라크의 침공을 받은 쿠웨이트의 해방을 승인했지만, 미군 병력을 바그다드로 보내 사담 후세인을 몰아내기 전에 멈춰야 했다.[37] 미 중앙정보국의 한 분석가가 이라크가 생화학무기를 제조한다는 정보의 신뢰성에 의문을 제기했을 때 그의 직속 상사는 말했다. "커브볼이 무슨 말을 했든 이 전쟁은 진행될 것이고, 높으신 분들은 커브볼 스스로 무슨 말을 하는지 알고나 있는지에는 관심도 없을 거라는 걸 명심하게."[38]

[참고 1.4] 커브볼과 2003년 이라크전쟁

'커브볼Curveball'은 이라크가 생화학무기를 제조한다는 정보를 가지고 독일 정보국에 접근한 이라크인 정보제공자의 암호명이다. 2003년 2월 미국 국무장관 콜린 파월이 유엔에서 설명한 이라크 침공 이유를 고려할 때 커브볼이 지어낸 이야기가 중요한 근거였을 수 있다.[39] 이라크의 생화학무기 공장이 어떻게 생겼는지 그려보라는 압박을 받아 자칭 정보원이라는 자가 종이에다 한 낙서는, 숙련된 설계자들의 손을 거쳐 한 트럭에 실린 생산설비의 그럴듯한 그림으로 바뀌었고, 그 기동성 덕분에 서구의 감시를 피했던 것으로 추정되었다. 커브볼을 다루던 독일 정보원들은 특정 단계에서 이상한 낌새를 눈치챘지만 동맹국들에 밝힐 엄두를 내지 못했다. 미국과 영국 정부는 그해 미국 및 영국의 이라크 침공(제2차 걸프전쟁)의 정당성을 입증하

1장 합리적/비합리적 행위자 오류

> 기 위해 커브볼의 진술을 몹시 활용하고 싶어 했다. 양국 모두 국내에서 반대가 심했고 가까운 우방인 프랑스와 독일이 이 조치의 적법성과 정당성에 우려를 표하며 손을 뗐기 때문이었다. 이라크 침공으로 결국 이라크 내부의 갈등이 드러나고 그것이 폭발해 내전이 일어났다. 외부 개입과 내전으로 도합 21만 명의 이라크인이 목숨을 잃은 것으로 추정된다. 대부분이 민간인이었다.[40]

지금까지 이야기한 다수의 행위자, 다수의 고려 사항, 정책 유산, 문제의 외부적 동인, 그리고 어느 정부든 어느 시점에선가 다뤄야 하는, 너무 많은 방향으로 주의와 자원을 끄는 문제의 다양성을 고려하면 일관된 정책이나 전략이 나올 거라고 예상하지 않을 이유가 충분하다. 결과적으로 미국의 안보전문가 스티브 예티브가 자신의 책 『대전략의 부재Absence of Grand Strategy』에서 정확하게 설명한 것처럼, 국제정치학 교수 대부분이 그렇게나 좋아하는 이론들은 종종 전략 수립을 제대로 설명하지 못한다. 그는 1972년부터 2005년까지 이란과 이라크에 대한 미국의 전략을 분석하면서 이 점을 확인했다. 이 분석에서 드러난 전략은 대부분 이론에서 허용하는 것보다 훨씬 무작위적이고 이질적이고 일관성이 없었다.[41]

핵 억지

마지막으로, 합리적 행위자를 다룰 때, 핵 억지라는 주제는 특별한 고려 대상이다. 핵무기를 이용해 상대방의 재래식무기 혹은 핵무기 공격을 막는다는 것은 위험을 감수한다는 의미다. 바로 대규모 재래식 전쟁 혹은 핵전쟁을 막기 위한 무기가 전쟁을 초래할 수도 있다는 위험이다. 로버트 저비스의 적절한 언급처럼 '위험 통제에 대한 믿음에서 핵심적 요소는 인간사에 내재된 속임수와 예측 한계에 관한 판단이다'. 정책결정자들이 '마찰, 불확실성, 실행 실패, 전장의 안개*가 중요한 역할을 하지 않고', '자신의 하급자들이 복잡한 지시를 수행할 수 있다고 믿고 있으며, 상대편이 우리의 의도대로 메시지를 받아들일 것'이라고 가정한다면, 위협이든 심지어 폭파시키는 형태로든 억지, 강압, 강요, 회유의 수단으로 핵무기를 사용할 수 있다. 하지만 만약 이 모든 변수가 유리한 방식으로 통제된다는 믿음이 부족하다면 핵무기는 오직 (기껏해야) 다른 핵무기의 사용을 억제할 수 있을 뿐이다.[42]

소련이 대륙간탄도미사일을 보유하게 되자 그 어느 때보다도 많은 학자들이 핵무기 사용의 위험을 예상했다. 몇몇은 소련 지도부가 미국 도시를 파괴하는 보복 행위를 할 수 있다는 점을 고려할 때, 미국 또는 프랑스 대통령이나 영국 총리가 핵무기를 사용하겠다고 위협하는 것은 그 어느 때보다도 신빙성이 없다고 인정했다. 미국의 전략가 한스 모겐소는 핵 시대에 전쟁을 일으킬 수 있는 조건은 대개 다음과 같다고 언급했다.

> 쟁점이 처음부터 아주 중요하거나, 사고나 잘못된 계산 또는 갈등 자체의 역학으로 인해 중요성을 얻게 되면, 어느 쪽도 무력을 최대한 사용해 이를 저지하지 않고서는 패배를 인정하지 않는다. 이때 작은 규모라도 그런 쟁점에 일단 무력을 행사하면 갈등이 격화될 위험이 상존하게 된다. 먼저 재래식 무력 내에서 양적 확대가 일어나고 그 다음으로 재래식 무력에서 핵 무력으로 질적 확대가 발생할 위험이 있는 것이다. 따라서 (우리가 보아왔듯 핵 무력 사용을 억지하는) 핵전쟁

---

* 카를 폰 클라우제비츠가 제시한 개념으로 전쟁의 불확실한 요소를 의미한다.

의 비합리성을 인식하는 일은 재래식 무력 사용이 언제든지 핵 무력 사용으로 이어질 수 있다는 점에서, 전자의 사용도 억지시킨다.[43]

따라서 모겐소는 핵무기가 핵보유국 사이의 모든 전쟁을 막을 것이라고 생각했다. 하지만 아마도 이것은 서구 지도자들에게만 해당될 뿐 다른 가치를 가지고 있는 소련 정권에는 해당되지 않았던 듯하다. 인간 개개인의 생명을 훨씬 덜 우려하는 소련은 세계 공산주의사회라는 최종 상태를 가져오기 위해서라면 자신들 쪽의 대규모 희생도 감수했을 것이다. 그렇다면 이런 식의 사고思考는 모든 전쟁을 예방하기보다는 서구가 소련과 바르샤바조약기구의 재래식 공격에 대응하지 못하게 만들었을 것이다.

그러므로 미국의 핵 억지 분야 전문가 토머스 셸링과 로저 모건은 핵 억지가 작동하려면 억지자의 비합리성을 가정해야 한다고 주장한다. 핵전쟁은 이성적인 사람이 일으키기에는 대단히 파괴적이기 때문이다. 토머스 셸링은 억지가 신빙성을 얻으려면 무언가를 운에 맡겨야 할 필요가 있다고 인정했다.[44] 로저 모건에 따르면 유사시 다른 핵보유국에 핵무기를 사용하고, 그 결과 자국이 핵 보복의 위험에 놓이게 하면서까지 타국을 지키겠다는 특정 국가의 약속을 '본질적으로 신빙성 있게' 만드는 '충분히 가치 있는 근본적 이익은 없다'. 또 모건은 이렇게 덧붙였다. '만약 억지력이 종종 억지자 스스로 합리성을 제한, 금지, 유보하는 능력이나 홧김에 비합리적인 행동을 하지 않겠다고 약속하지 못하는 능력에 달려 있다면, 정부가 실제 억지력을 행사하는 방식을 … 합리적 의사결정자 모델이 제대로 포착할 가능성은 작아 보인다.'[45]

하지만 우리는 또다시 우리에게 비합리적으로 보이는 전략(특히, 핵전쟁으로의 확대 위험을 높이는 전략)이 상대방에게는 합리적으로 보일 수 있는가라는 질문과 마주하게 된다. 상대방이 우리의 자기 억제 self-deterrence를 확신하고, 유럽 전체를 날려버리지는 않더라도 그들 입장에서 승리라고 할 만한 무언가로 이어질 수 있는 제한된 핵 사용으로 우리를 위협해 굴복하게 만들 수 있다고 가정할 수도 있다. 그러므로 핵 억지 태도는 유진 버딕과 하비 휠러가 주장하듯, 1962년에 저술되어 이후 영화화되기도 한 소설 제목처럼 '안전보장 장치fail-safe'가 아니다. 핵전략 논의에 들어가기에 적합하지는 않지만, 이 분야의 전략 수립은 합리적 및 비합리적 행위자에 대한 추측에 영향받는다는 사실을 강조할 필요가 있다.

관점

로버트 저비스는 과거 국제관계에서 무엇이 잘못되어 오해로 이어지고 최악의 경우 전쟁으로까지 격화되었는지에 대해 매우 통찰력 있는 연구를 계속해왔다. 이 연구들에서 그는 무슨 일이 일어나고 있는지에 대한 인식은, 각 정부, 각 행위자와 관찰자의 시점에 따라 매우 다를 가능성이 높다고 반복해 강조했다.[46] 미국 관료 루퍼스 마일스는 1940년대에 특정 사안을 두고 '어느 입장에 설지'는 정부에서 '당신이 어디에 앉아 있는지'에 달려 있다는 말로 이 주제를 깔끔하게 요약했다.

저비스의 주장을 입증하는 좋은 사례는 영국 일간지 《가디언Guardian》이 1986년부터 시작한 '관점' 광고다. 영화관과 텔레비전에서 방영된 이 짧은 광고는 각기 다른 시점에서 다른 카메라로 일련의 동일한 행동을 비추었다. 카메라가 각기 다른 위치에서 달리는 남자를 포착하는데, 그것만으로는 그가 어째서 달리는지 알 수 없다. 남자의 머리와 옷을 보면 스킨헤드족처럼 보인다. 다음 프레임에서는 그 남자가 보수적인 옷차림에 서류가방을 든 한 남자(우리는 아마도 회사원이라고 생각할 것이다)를 향해 달려가는 게 보이는데, 후자는 마치 공격을 당하기 직전이라는 듯 서류 가방을 방패처럼 든다. 그렇다면 달리는 남자는 서류 가방을 든 남자를 공격하려는 것일까? 마지막으로, 가장 넓은 초점의 카메라를 통해 우리는 공사장에 아무렇게나 쌓아둔 벽돌 더미가 서류 가방을 든 남자에게 떨어지려 하자, 그를 구하기 위해 남자가 달렸다는 것을 알게 된다.[47] 다른 관점에서 사건이 다르게 보이는 것은 어느 정도 필연적이다. 다른 곳에 서면 서로의 목적에 대해 각기 다른 정보와 지식을 얻게 될 뿐 아니라 각자의 세계, 나와 상대방에 대한 인식도 달라지기 때문이다. 그리고 이 관점은 편향에 영향을 받는데, 심리학자들이 충분히 입증했듯, 이 편향은 우리 모두가 최선의 상태일 때도 합리적 행위자가 될 수 없게 만든다.

2장 우리의 편향

이제 우리에게 일어나는 편향을 살펴보자. 이 편향들은 우리의 연구 대상이나 우리가 합리적 행위자 가설이 규정하는 것처럼 완전히 합리적이긴커녕 심지어 논리적 일관성마저 없다는 증거를 제공한다. 우리의 분석을 채색하고 왜곡하고 오도하는 편향을 확인하면서 우리는 자신의 비합리성을 되돌아보아야 한다. 우리의 생각과 행동도 우리의 인지적 오류, 우리가 가진 편향의 '제한'을 받는다. 이런 편향들은 우리에게만 영향을 끼치는 게 아니다. 몇몇 편향은 인류 전체에 영향을 미치고 있는 듯하다. 하지만 다른 문화에서보다 특정 문화에서 더 눈에 띄는 편향들도 있다.

거울 이미지

우리의 사고에서 발생하는 근본적인 오류는 우리가 무언가를 하거나 하지 않을 거라고 해서 다른 사람도 그것을 하거나 하지 않을 거라고 가정하는 것이다. 1941년 6월 히틀러가 소련을 침공하는 바르바로사 작전을 개시하기 사흘 전, 베를린 주재 영국 대사는 소련에 있는 동료에게 독일군이 동쪽에서 병력을 증강하고 있다고 이야기했다. 그는 현재 관찰된 군사준비가 그저 "히틀러의 '신경전' 중 하나"일 뿐이라고 의견을 밝혔다. 그는 이것이 소련을 공격하기 위한 준비라는 생각을 일축했다. "나는 그렇게 생각하지 않소. 그건 미친 짓이오!" 소련 주재 영국 대사는 이에 동의했다.[1] 여담으로 1945년 2월, 당시 독일의 침공으로 받은 충격에서 회복하고 최고 전략 결정권자로 완전히 복귀한 스탈린은 크림반도의 얄타로 처칠과 루스벨트를 초대해 전후 세계에 대한 공동 구상을 논했다. 이 회담에 자리했던 모스크바 주재 대사 애버럴 해리먼의 딸이 회상하는 다음 일화는 시사하는 바가 크다. 세 지도자가 만난 리바디아 궁전은 차르의 여름 별장으로 고풍스럽고 우아했지만 최신 설비가 제대로 갖춰져 있지 않았다. 최신 편의시설을 찾아다니던 스탈린은 근처에 있는 한 장소를 발견했지만 이미 사용 중이었고, 그때 해리먼이 궁전 맨 끝에 있는 다른 시설을 알려주자 용무가 급했던 스탈린은 그의 말에 따랐다. 그 와중에 스탈린을 놓친 소련 정보기관KGB 관계자들은 허둥지둥했고 그가 (소련의 지도자가 자기 나라에서, 가장 가까운 공항이 차로 다섯 시간 거리에 있는 곳에서!)[2] 미국인들과 영국인들에게 납치된 것은 아닌지 우려했다. 이론의 여지는 있겠지만, 당시 그들이 우려한 상황은 당시 영국이나 미국보다는 소련의 정보기관이 취할 만한 행동에 더 가까웠다.

[참고 2.1] 1941년 6월 22일 바르바로사 작전을 예상하지 못한 스탈린

1939년 늦여름, 영국·프랑스와 독일 사이의 전쟁 위험이 갈수록 커지면서 영국과 프랑스는 어쩔 수 없이 스탈린을 설득해 독일에 대항

하는 조약을 맺으려 했다. 하지만 히틀러의 외무장관 요아힘 폰 리벤트로프가 한발 더 빨랐고, 1939년 8월 23일 공산주의 소련과 나치 독일 사이에 불가침조약의 형태로 믿기 어려운 편의상의 동맹 조약이 체결되었다. 이 조약의 비밀 의정서에서 두 조인국은 폴란드를 침공해 분할하고 소련이 발트해 연안 국가들을 점령하는 것에 합의했다. 하지만 두 이데올로기의 근본적 대립을 고려할 때 10년 기한의 이 조약이 그전에 파기될 것으로 예상할 법했고, 양측 모두 약속 위반을 고려했다는 암시도 있다. 히틀러는 이미 1940년 12월에 소련 침공 계획을 지시했다.[3] 어쨌든 스탈린은 히틀러가 소련을 침공할 준비를 하고 있다는 수많은 경고에도 불구하고 어째서인지 1941년 히틀러의 배신을 예상하지 못하고 있었다. 바르바로사라는 이름의 독일의 소련 침공 작전은 1941년 6월 22일 개시되었다.

그전 몇 주 동안 스탈린은 독일의 침공 준비를 알리는 첩보원들의 100건 넘는 보고서를 (심지어 영국 정부의 경고도) 무시했다. 소련의 첩보원 리하르트 조르게는 1941년 3월 소련 정부에 독일의 침공 준비를 알렸고, 6월 15일에는 6월 22일에 침공이 개시될 거라는 전보를 보냈다.[4] 스탈린은 이 정보를 묵살했을 뿐 아니라 자신이 전혀 예상하지 못한 채 히틀러에게 당했다는 것을 너무나 확고하게 부정하고 있었다. 그는 우울증에 빠졌고 1941년 7월 3일까지 공식 석상에 모습을 드러내지 않았다. 그동안 독일 국방군은 전격전Blitzkrieg*으로 빠르게 진격했다. 이 사례는 역사상 최악의 분석 실패 사례라고 할 수 있다.

---

* 공군과 기계화부대를 앞세워 기동성을 최대화하는 기습 전술로 제2차세계대전에서 독일이 도입했다.

더 심각한 건은 1962년 미 중앙정보국이 소련과 터키 국경에 배치한 미국 핵미사일에 위협을 느낀 소련 지도부가 미국 국경 근처(쿠바)에 핵미사일을 배치할 가능성을 (1947년에 창설된) 미 중앙정보국이 예견하지 못한 일이었다. 이후 예일대학교 교수로서 역사학을 가르친 한 미국 정보 분석가는 이 사건을 간단히 이렇게 정리했다. '우리는 쿠바에 미사일을 배치하기로 한 소련의 결정을 파악하지 못했다. 흐루쇼프가 그런 실수를 할 수 있다는 걸 믿을 수 없었기 때문이다.'[5] 물론 흐루쇼프의 결정은 실수였다. 모든 면에서 매우 영리한 지도자인 흐루쇼프가 미국 대통령 케네디와 그 보좌관들의 반응을 완전히 잘못 판단했기 때문이다. 이 편향은 자신의 추론을 다른 사람에게 투사하는 '전이된 판단transferred judgement 오류'라고 부른다.

1981년 영국의 전 정보장교 더글러스 니컬은 과거 여러 번 군사작전 준비를 제때 알아채지 못한 합동정보위원회Joint Intelligence Committee, JIC가 작성한 영국의 정보 평가를 논평해 기소당했다. 여기에는 1968년 프라하의 봄을 진압하기 위한 소련 및 바르샤바조약기구의 체코슬로바키아 침공, 1973년 욤 키푸르 전쟁, 1979년 중국의 베트남 침공, 1979년 중국과 소련 사이에서 일어날 뻔했던 충돌, 1979년 12월 소련의 아프가니스탄 침공, 1980년 침공 계획을 철회한 소련과 이란, 이란과 이라크 사이의 긴장, 1980년과 1981년 바르샤바조약기구의 폴란드 연대Solidarność 운동 진압 준비가 포함된다. 니컬의 논평이 10년 후에 작성되었다면 1990년 이라크의 쿠웨이트 공격을 예견하지 못한 사례도 추가되었을 것이다('참고 2.2' 참조, p.69). 영국의 분석가들은 영국의 의사결정에서 적용되었을 논리를 근거로 이 중 몇몇 군사작전은 가능성이 작다고 보았다. 하지만 실제로 체코슬로바키아 침공, 중국의 베트남 개입, 소련의 아프가니스탄 침공 사례에서 각국의 일당one-party 정부는 세계 여론이나 두 초강대국 중 한 국가의 특정 반응을 우려하지 않았다.[6] 영국 분석가들과 같은 방식으로 생각한 많은 서구의 해설가들 또한 2022년 2월 24일 러시아의 푸틴이 우크라이나 전면 침공을 지시할 것이라고는 차마 믿지 않았다.

소통에 대한 믿음

거울 이미지(또는 최소한 상대방이 자신과 세상을 비슷하게 이해하고 있고 공통 언어를 찾을 수 있을 것이라는 가정)는 언어적 신호 전달과 소통에 대한 믿음에서 핵심이다. 우리는 일상에서도 소통 오류로 인한 위험이 크다는 것을 배우지만, 인명 피해 면에서 정말 참혹한 사고는 정부 간 소통에서 발생한 오해로 일어났고, 지금도 계속 일어나고 있다. 특히 유명한 사례는 1990년 7월 25일 바그다드 회담에서 생긴 이라크 대통령 사담 후세인과 미국 대사 에이프릴 글래스피 사이의 오해다. 사담이 쿠웨이트의 부와 (작은 나라인) 쿠웨이트가 이라크에 가하는 위협에 대해 불평하는 걸 듣고, 양국 간의 긴장으로 인한 고유가를 주로 염려했음이 분명한 글래스피 대사는 "우리는 지금 이라크와 쿠웨이트의 국경분쟁 같은 아랍 국가 간의 분쟁에는 관심 없다"라고 말하고 이렇게 덧붙였다. "우리는 오직 이런 문제가 빨리 해결되기를 바랄 뿐이다." 쿠웨이트와의 빠른 문제해결을 이야기할 때 글래스피는 아마도 이집트 대통령 호스니 무바라크의 중재를 통한 해결을 말한 것이었을 테고,[7] 사담 후세인이 이 메시지를 유가 하락을 위해 이 지역에서 쿠웨이트 '문제'를 빨리 '해결'하라고 촉구한 것으로 이해했다는 사실은 몰랐다. 일주일 후 이라크군은 쿠웨이트를 침공했다.

[참고 2.2] 1990~2001년 이라크의 쿠웨이트 침공과 제1차 걸프전쟁

> 1990년 8월 2일 이라크군은 작지만 부유한 산유국인 이웃 국가 쿠웨이트를 침공했다. 서구는 이를 전혀 예상하지 못했다. 특히 이라크의 지도자 사담 후세인과 서구 외교관들의 관계가 좋아 보였고, 침공이 쿠웨이트와의 국경에서 실시한 이라크의 군사훈련으로 둔갑해서 시작되었기 때문이다. 그렇기는 해도 사담 후세인은 시기를 잘못 골랐다. 이 전쟁은 미하일 고르바초프 대통령 아래 수명이 다해가는 소련과 유엔안전보장이사회의 서구 쪽 세 상임이사국*이 이례적으로 잘 협력하던 시기에 일어났고, 안보리는 이라크의 침공이 국제법 위반이라고 판결하고 이라크에 대한 공동작전을 승인했다. 미국이 쿠웨이트를 해방하는 전쟁을 이끌었고 41개국의 군대가 합류했다.

    2003년 두 번째 걸프전은 진술을 잘못 이해하고 행동을 잘못 해석한 결과로서 발발했다. 우리는 이미 앞에서 커브볼의 이야기를 살펴보았다('참고 1.4' 참조, p.59). 미국과 서구의 일류 분석가들이 이 이야기에 넘어간 것은 이 진술이 사담 후세인이 이미 여러 해 규정 준수를 미루고 있는 시기에 나온 데다 그가 국제원자력기구IAEA 조사관들의 일부 현장사찰을 계속해서 꺼리고 있었기 때문이었다. 서구에서 생각하기에 이것은 그가 (사실은 그렇지 않은데) 무언가 숨기고 있다는 것을 암시했고, 미국과 영국 정부에서는 사담을 막기 위해 특정 조치를 취해야 한다는 위기의식이 커졌다. 갈등적인 국제관계에 대한 수년에 걸친 연구들을 기반으로 로버트 저비스는 이렇게 언급했다. 관계자들은 '서로의 관점, 목표 또는 특정한 행동을 거의 전혀 이해하지 못한다. 보내는 쪽에서는 명백하다고 여기는 신호를 받는 쪽에서는 놓치거나 잘못 해석한다. 어떤 인상을 주려는 행동은

---

* 미국, 영국, 프랑스

종종 상당히 다른 인상을 남긴다. 억지 시도는 종종 격분을 일으키고, 침착한 힘을 보여주려는 시도는 유약함으로 보일 수 있다'.[8]

또한 소통에 대한 잘못된 믿음은 냉전의 마지막 절정기가 될 뻔했던 1980년대 초의 긴장 고조 상황에서도 핵심이었다. 이것은 스파이 토파즈와 본의 서독 정부와 브뤼셀의 나토 본부에 있던 (주로 동독의) 첩보원들에 대한 이야기다. 서부 정보기관은 그들 대부분을 파악하고 있었고, 이 첩보원들을 통해 일급 기밀문서를 동독(주로 동베를린)에 전하는 것을 동서독 간 오해를 가라앉힐 좋은 방법으로 보았다. 만약 (모두 소련의 최고위 장군, 제독, 원수로 이루어진) 바르샤바조약기구 지도부가 이런 극비문서를 보고 나토가 바르샤바조약기구 회원국을 공격할 계획이 없고 소련 정부가 그런 계획을 품고 있다고도 생각하지 않는다는 것을 알게 된다면 분명히 긴장이 완화될 것이다. 그러나 서구 분석가들의 이런 가정은 적어도 소련과 바르샤바조약기구의 군사 지도자들에 관해서는 잘못된 것이었다. 최근 연구에 따르면 동베를린과 모스크바 정보기관 사이의 소통은 원활하지 않았다. 글래스고대학교에 재학 중인 프랭크 프링글이 기록 연구에서 시사한 것처럼 브뤼셀의 정보는 모스크바에 전혀 닿지 않았을 수도 있다.[9] 위에서 언급했듯 소련의 매파들은 최악의 시나리오와 거울 이미지, 음모론의 망상에 사로잡혀 있었다(다행히도 소련의 민간 미국 전문가들이 마침내 미하일 고르바초프의 주의를 끌었고, 이들은 미국 정부는 어떤 공격도 계획하고 있지 않다고 고르바초프를 설득할 수 있었다).

우리는 동독의 군 정보부가 서구의 군사훈련을 철저하게 감시했다는 사실도 알고 있다. 여기에는 철통같은 벙커에서 진행하는 모의훈련이 포함되는데, 예를 들면 나토의 연례 국제 군사훈련인 에이블아처Able Archer에서 핵무기 발사 요청 절차를 연습한 것이 해당된다. 1983년, 바르샤바조약기구의 군 지도부는 이런 훈련 중 하나가 전쟁 준비일 수도 있다는 생각에 놀랐을 수도 있다. 동독군 정보부에서 훈련에 대해 어떤 특이한 점도 보고하지 않았는데도 핵 탑재 항공기를 준비할 정도로 말이다.[10] 진정시키는 역할을 해야 했을 (서부전선에 아무런 일도 없다는) 첩보가 브뤼셀에서 동베를린으로 흘러들어갔지만 바르샤바조약기구의 '매파' 장군들과 제독들이 (동독을 포함해서!) 공개적으로, 그리고 바르샤바조약기구의 국방부 장관들과 대통령 비서실장들의 일급 기밀 회의에서도 서구의 군사훈련이 제기하는 기습 공격의 위험에 대해 불안을 조장하는 발언을 계속하는 것을 막지는 못했다.[11] 소련뿐 아니라 이라크의 사담 후세인과 같은 소련의 피보호자들도 군사훈련을 가장해 실제 공격을 준비하는 전략을 채택했던 것을 고려하면, 이것은 가장 순수한 형태의 거울 이미지였다('참고 2.2' 참조, p.69).

유물론적 편향

지금은 마르크스·레닌주의가 중국과 북한 말고는 인기가 없지만, 세상의 유물론적 해석이라는 면에서는 서구에 신기할 정도로 강력한 유산을 남겼다. 예컨대 수십 년간 학생들을 가르치면서 나는 영국, 프랑스, 독일 등의 학생들이 기본적으로 십자군전쟁은 오로지 부의 획득만이 목적인 최초의 식민주의적이고 자본주의적 전쟁이었다고 생각한다는 것을 알게 되었다. 현대의 학생들은 자신들 세계의 (실제 또는 생각 속의) 세속주의와 물질주의를 과거에 투사하고, 십자군전쟁(또는 다른 군사적 모험들)이 명시하는 이유는 모두 핑계고 헛소리이며 거짓말이라고 가정한다. 그들 자신은 더 이상적인 관점으로 삶에 접근하면서도 다른 모든 사람에 대해서는 최악을 가정한다.

하지만 늦어도 1980년대 이래 조너선 라일리스미스와 다수의 연구논문을 낸 그의 제자들로부터 시작된 광범위한 연구와 발표는, 몇몇 예외가 있기는 해도 실제는 학생들의 생각과 다르다는 것을 입증했다. 십자군원정에서는 자신의 목숨을 걸고 같은 기독교도들을 구함으로써 자신의 영혼을 구원받으려는 목표가 무엇보다도 중요했다.[12] 하지만 십자군전쟁이 십자군에 물질적 이득과 경제적 혜택을 가져다주거나 중동(기억하라, 이 지역들은 아랍이 침략하기 전에 기독교를 공인한 로마제국의 영토였다!)에 서구의 식민주의를 강요하려고 계획된 원정이 아니라는 사실을 학생들(또는 일반 대중)이 받아들이게 하기는, 적어도 처음에는 굉장히 어렵다. 오늘날의 학생이나 대중에게 이 사실을 전달하기란 쉽지 않다.

> [참고 2.3] 초기 십자군전쟁과 십자군의 동기
>
> 십자군원정은 11세기 후반부터 셀주크튀르크(셀주크 제국)의 공격을 받은 비잔티움 제국과 아르메니아 왕국이 원군을 요청한 데서 기원했다. 처음 7세기와 8세기 초의 무자비한 정복에 뒤이어 300여 년에 걸친 아랍 무슬림의 관대한 통치 후에 중앙아시아에서 온 셀주크튀르크가 중동을 침공해 아랍인들을 몰아내고 통치자가 되었다. 그들은 페르시아와 레반트를 정복했고 아르메니아 왕국에 승리했으며 남아 있는 비잔티움 제국을 잠식했다. 튀르크족은 함락한 영토와 도시의 기독교도들에게 개종을 강요했고 이에 따르지 않으면 죽이거나 고문하거나 노예로 팔았다. 게다가 튀르크족은 아랍인들이 점령했던 때는 열려 있던 성지(예루살렘, 베들레헴)로 가는 순례길을 막았다.[13]
> 서로 모순되어 보이는 기독교 이전 게르만족의 전사 숭배와 기독교가 기이하게 혼합되어 하위 봉신부터 공작과 군주까지 대부분의 귀족들이 대죄, 특히 살인(정의로운 전쟁의 일부로 용서되더라도 어떤 형태의 속

죄가 필요한 것으로 여긴 행위)을 저지르는 폭력적인 문화가 만들어졌다. 1095년 교황 우르바노 2세와 뒤이은 후계자들이 우리가 십자군전쟁이라고 부르는 무장 순례를 요청한 것의 기발한 점은, 유럽의 전사들에게 (기독교도의 형제애를 보여주는 행위로서) 동쪽으로 가서 그곳의 신도들을 도우라고 부추겼을 뿐만 아니라 사람들이 느끼는 속죄의 필요성에 초점을 맞추고 명예와 (예수로 투영되는) 봉건영주에 대한 봉사라는 개념에 호소하며, 이 극도로 위험한 모험에 대한 보상으로 죄 많은 영혼에게 구원받을 유일무이한 가능성을 제공했다는 점이다.[14] 대부분의 십자군원정에서, 십자군 전사들은 원정에 막대한 재산을 투자했다. 2년 넘도록 수많은 가신을 거느리고 육로와 해로로 수천 미터를 여행하면서 자신과 가신들과 말들을 먹이고 물자를 공급하는 데 얼마나 많은 비용이 들지 상상해보라! 동시에 전투 혹은 사고나 병으로 죽을 수도 있다는 두려움도 항상 따라다녔다. 십자군의 총사망자 수는 추산할 수 없다. 특히 초기 십자군의 경우에는 헤아리기가 더 어려운데, 평민들의 사망에 대한 자료가 드물고 매우 불완전하기 때문이다.* 프랑스의 왕과 신성로마제국의 황제를 비롯한 많은 귀족도 원정에 나섰다가 돌아오지 못했다. 유언장 연구는 십자군원정에 나서는 이들이 가족들과 영지를 위해, 자신이 전사할 경우를 대비한 대책에 매우 신경 썼다는 것을 보여준다. 십자군원정은 십자군 전사들의 엄청난 재정적 손실이 예상되는 위험천만한 모험이었다.[15]

반면 베네치아, 제노바, 피사는 엄청난 이득을 얻었다. 특히 제4차 십자군원정대는 베네치아의 꼬임에 넘어가 성지를 탈환한다는 본래의

---

* 제1차 십자군 부대에 앞서 원정에 나선 민중 십자군은 하급기사, 농부, 노인, 여자, 빈자들로 구성되었다.

> 목적을 버리고 훨씬 큰 이득을 좇아 기독교도들의 도시 콘스탄티노폴리스를 정복하고, 남은 비잔티움 제국 영토를 점령했다. 이 자본주의적 모험의 중심에 돈이 있었다는 것은 반론의 여지가 없는 사실이다. 십자군이 창출한 군대 수송 수요와 동쪽 시장의 개방으로 이익을 얻은 이탈리아 도시국가들은 아마도 '최초의 식민주의자'들이라고 부를 수 있을 것이다.[16]

이 유물론적 인식은 '현실주의'의 핵심이기도 했다. 국제관계학 이론의 학파인 현실주의는 최악의 이기적 동기를 전부 적에게 돌리는 19세기 독일의 민족주의와 사회진화론에 뿌리를 둔다. 국제관계학의 현실주의 이론에서 유물론적 인식은 약간 다른 형태를 취한다. 현실주의의 가정에 따르면 모든 국가의 지도자들이 자신들의 힘을 강화하고 극대화하려는 야심을 품고 있는 (혹은 타국의 이런 야심에 위협을 느끼고 이런 위협에 대한 자국 보호를 극대화하려는) 반면, (강대국의 침해에서 오는 안보 외의) 국가 지도자들이 국민에게 희생을 요구하는 명분이 될 수 있는 이상은 전혀 중요하지 않고, 허풍이거나 선전에 지나지 않는다. 적에 대한 (특히 계급의 적인 자본가들과 제국주의자들에 대한) 이런 인식은 마르크스도 가지고 있었고 그의 추종자들에 의해 지금까지도 계속해서 이어져 오고 있다. 이런 인식을 잘 보여주는 오해가 1990년대 중화인민공화국의 외교관들이 영국 외교관들과 영국의 홍콩 반환 조건을 협상할 때 발생했다. 홍콩은 150여 년에 걸친 영국의 지배 후 중국에 반환될 예정이었다. 나중에 내가 직접 목격한 세미나에서 영국 외교관들이 언급한 바에 따르면, 중국은 영국과 영국 업체들이 손실에 대비해 홍콩에 투자한 모든 돈을 빼내는 것을 최우선으로 삼을 것이라고 굳게 믿고 있었다고 한다. 반면 영국 외교정책의 최우선 사항은 홍콩의 정치와 일상 전반에 걸쳐 지속적으로 특별한 (더 민주적인) 지위를 확

보하고자 가능한 많은 투자와 접촉을 유지하는 것이었다.[17]

편협한 유물론적 관점은 많은 서구인들의 사고 또한 지배한다. 유물론적 관점과 함께 이데올로기의 영향을 더 많이 받는 문화와 정권을 이해하는 데 방해가 되는 것이 있다. 이것은 베이징 주재 영국 대사를 지낸 외교관 데이비드 코츠가 지나가듯 던진 농담에 담겨 있다. 중국인들과의 협상에 관해 이야기하던 중 그는 말했다. '우리는 영국인이고, 원칙이 아니라' 외교적 분쟁의 '디테일을 본다'.[18] 그러므로 서구의 유물론은 영국인은 '상식'을 가지고 있는 반면 외국인들은 '이데올로기'를 가지고 있다는 것을 다소 인정하면서도, 이상이 원동력이 될 수 없다고 생각한다. (종종 미국인에게서도 보이는) 이런 태도는 일반적으로 상대의 동기에서 이데올로기의 중요성을 무시하고 종교나 국가의 영광을 위해 엄청난 개인적 희생을 기꺼이 감수하려는 의지를 과소평가하는 결과를 낳는다.

오늘날 많은 서구인은 종교적 믿음의 힘을 잘 이해하지 못한다. 오락거리가 넘쳐나는 서구 사회에서 일요일마다 지루한 예배가 끝날 때까지 앉아 있으라는 건 어떤 사람들에게는 무리한 요구다. 그래서 우리는 다른 사회에서는 매일 미사 드린다거나 하루에 다섯 번 기도하는 게 당연할 수 있다는 걸 이해하기 어렵다. 그러니 종교적인 이유로 저지르는 자살폭탄테러를 이해하기는 얼마나 더 어렵겠는가! 로버트 저비스는 왜 미국 정보 요원들이 1979년 혁명 직후 이슬람 세력의 정권 장악을 미리 알아채지 못했는지에 대한 연구에서, 그 핵심적인 이유 중 하나가 '당시 (미국의) 모든 사람처럼 분석가들도, 많은 사회에서 종교가 가지는 잠재력과 그런 종교적 역할의 존재 자체를 과소평가'했기 때문이라고 했다. '종교, 특히 근본주의적 종교처럼 시대에 역행하는 것이 중요할 수도 있다고는 생각도 할 수 없었다.'[19]

그들은 이슬람 원리주의자들이 왕정에 반대하는 수많은 정파들을 어떻게 규합할지도 예상하지 못했다. 공산주의자들도 이와 비슷하게 유럽,

아프리카, 아시아, 라틴아메리카에서 과거 발생한 저항과 독립운동에서 주도권을 잡았다. 이슬람주의자들은 2011~2012년 아랍의 봄에서도 다시 주도권을 잡는다.[20]

러시아에서는 민족주의 및 정교회의 메시아 신앙과 문화적 자부심이 2010년대 내내 성장하고 확산하는 것이 관찰되었다. 하지만 2021~2022년 겨울, 많은 비평가들은 푸틴이 우크라이나 침공을 원할 리는 없다고 생각했다. 우크라이나 침공은, 적어도 상트페테르부르크와 모스크바의 교육 수준이 높은 상류층과 중류층에게는, 지난 30년간 러시아가 경제적으로 그리고 생활 방식 면에서 쌓아온 것들을 전부 파괴하게 될 것이기 때문이었다. 서방의 관찰자들에게는 푸틴의 우크라이나 침공 결정이 러시아의 **물질적** 이익에 전혀 부합하지 않는 것처럼 보일 수 있지만, 이것이 러시아인들이 조국의 영광과 지위를 위해 희생을 감수할 가치가 없다는 것을 의미하지는 않는다. 러시아의 명예와 영광은, 특히 1990년대와 2000년대 러시아의 서구 개방으로 아무런 혜택을 보지 못해 생활수준이 나아지지 않은 주요 도시 외곽에 사는 사람들의 관심을 끌었다. 지식인 엘리트들이 형이상학적 가치에 영향을 받을 수 있다는 사실도 간과해서는 안 된다. 그리고 마지막으로 2019년 러시아 인구의 69퍼센트가 타국(미국, 나토)이 러시아가 진정으로 위대한 성취를 이루지 못하도록 적극적으로 방해하고 있다는 푸틴의 주장을 믿었다(그렇게 믿지 않은 사람들은 29퍼센트였다). 그리고 러시아인의 84퍼센트는 '조국의 외교정책은 제한 없이 자국의 이해관계를 대변해야 한다'라고 생각했다. 여론조사에 따르면 러시아인 대부분은 인권을 강화하는 수단으로서의 외교정책에 아무런 관심이 없었다(35퍼센트는 관심이 있다고, 62퍼센트는 관심이 없다고 대답했다).[21] 하지만 그렇다고 해서 러시아인들이 국제적 협조의 가능성을 완전히 배제한 것은 아니었다. 2021년 말의 한 설문조사에서 정부는 러시아의 가치를 공유하지 않는 국가와도 협력해야 한다고 답한 응답자가 75퍼센트였다.[22] 2019년 해외 군사 개입을 반대하는 비율과 찬성하는 비율은 동등했다(양쪽 모두 48퍼센트).[23] 2021년의 또 다른 설문조사의 응답자들은 국제적 문제의 해결에 러시아가 적극적으로 개입하는 것에 2019년 조사(83퍼센트)에 비해 덜 열성적이었다(68퍼센트).[24] 나이 든 세대들이 정치적 질문에는 입을 열어서는 안 된다는 걸 기억하는 점을 고려하면 러시아인들의 견해를 파악하기는 어렵다. 미국에 대한 러시아인들의 태도를 조사한 레바다센터Levada Centre*의 통계가 아래와 같이 급격한 변동을 보이는 이유 중 하나도 이것일 것이다. 어느 쪽이든 이 질문들에 대한 러시아인들의 견해는, 예를 들어 프랑스나 독일 응답자들의 견해와는 상당한 차이가 있다.[25] 따라서 우리의 견해를 러시아인들에게 투사하는 것은 이치에 맞지 않는다.

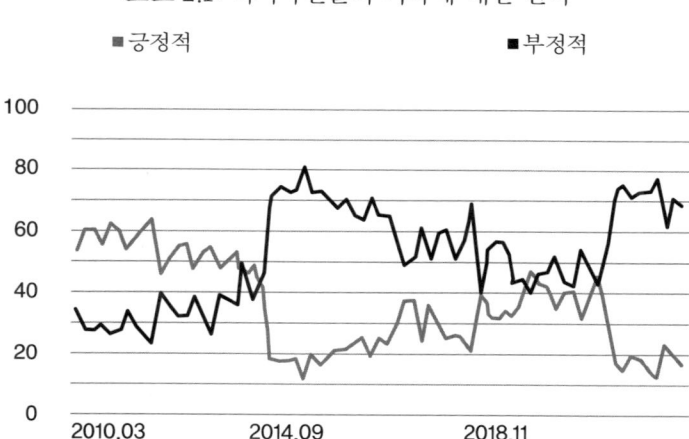

도표 2.1: 러시아인들의 미국에 대한 인식

출처: 레바다센터[26]

* 러시아의 민간 여론조사기관

거울 이미지 또한 소련과 러시아 지도자들에게 특히 영향을 미친 편향이다. 나토 회원국들은 1979년 12월 나토 회담을 통해 이듬해부터 유로미사일Euromissile*을 배치하기로 결정했다. 이에 대해 소련은, 나토 일급 기밀문서에 나토 대변인들이 자신들의 원칙에 대해 언급한 내용이 있었음에도 불구하고(그것들은 **정말로 감쪽같은** 속임수였을 수도 있고 아니었을 수도 있다), **소련의 전략가들**이라면 그 미사일들을 경보즉시발사launch-on-warning** 무기로 이용할 것이므로 나토도 그럴 것이라고 보았다. 러시아인들은 2010년대 동유럽에서의 나토 미사일방어체제의 배치에서도 동일한 해석적 접근법을 채택했다. 이에 대해 나토 회원국들은 특히 이란이 핵무기를 보유하게 되면서, 이란에서 올 수 있는 소수의 미사일을 막아내는 것이 목적이라고 선언했다. 러시아의 군사평론가들은 미사일방어체제의 기술을 보고 요격미사일에 핵탄두를 실어 중거리핵전력Intermediate-Range Nuclear Forces, INF으로 이용할 수 **있으므로** 사실상 나토가 1997년의 중거리핵전력 폐기 조약을 위반한 것이라고 의견을 밝혔다. 러시아 전략가들은 최악의 시나리오를 적용하고 서구가 틀림없이 **진짜** 의도를 숨기고 거짓말을 하고 있다고 가정했다.

서구 분석가들이 1975년 튀르키예의 키프로스 침공이나 1990년 사담 후세인의 쿠웨이트 침공을 예측하지 못했더라도, 또는 일부 러시아 전문가들 사이에서도 푸틴이 2022년 우크라이나 전면 침공을 개시할 거라고 믿지 않았다고 해도, 아무도 이 정권들이 행동에 나선 이유를 이해하지 못했던 것은 아니었다. 문제의 정권들이 나쁜 결과로 이어질 가능성을 보지 못했던 것도 아니다. 하지만 많은 서구 논평가들은 이 공격들은 부

---

*   서유럽에 배치한 핵미사일
**   적의 미사일 발사를 감지하면 곧바로 적국에 미사일을 발사한다는 미국과 소련의 핵전략

정적인 결과가 예상되므로 정권 차원에서 공격 행위를 단념할 거라고 생각했던 반면, 문제의 정권들은 다른 **우선순위**를 가지고 있었다. 그들은 아마도 예상했을 모든 부정적 반응에도 **불구하고** 공격을 감행했다. 그리고 키프로스의 경우, 북키프로스가 여전히 튀르키예의 수중에 있다는 점을 고려하면 튀르키예의 침공은 성공적이었다.

확증편향

확증편향confirmation bias은 외교문제와 국방 분석에서뿐 아니라 우리의 일상에서도 마주하는 편향이다. 확증편향은 짧은 시간 내에 상황이 어떻게 돌아가는지 빠르게 파악할 필요에서 생겨난다. 하나의 하위 카테고리는 아마도 '예전 그대로same as before' 편향이라고 부를 수 있을 것이다. 내가 특히 좋아하는 이 편향의 사례는 로버트 저비스가 설명한 한 실험이다. 이 실험에서는 스페이드 10이나 하트 7, 다이아몬드 에이스 같은 트럼프카드를 참가자에게 연속해서 빠른 속도로 보여주고, 그게 어떤 카드였는지 맞추게 한다. 잠시 후 참가자들이 이 방식에 익숙해지면 실험자는 붉은색 스페이드 킹, 검은색 하트 10 등, 색을 이상하게 조합한 카드들을 보여준다. 그러면 실험 참가자들은 뭔가 비정상적이라는 걸 시간이 좀 지난 후에야 깨닫고, 이걸 깨닫기 전에는 정상적인 색을 본 것처럼 계속해서 카드의 이름을 외친다. 우리는 이렇게 빠르게 상황을 이해하도록 훈련되어 있어 압박 상황에서는 우리가 기대하는 것만 보게 될 수도 있다.[27]

우리는 우리 환경에 대해 가정을 내리고 다른 사람들에 대해 성급한 판단을 내리는데, 후자의 경우에는 빠르게 좋고 싫음을 결정하고 종종 그대로 고수한다. 의문이 제기되면 우리는 이 편향을 강화하는 증거만 찾아내고 반대 증거는 지워버린다. 설상가상으로 역사학자들과 문화평론가들 사이에는 드물지 않게 이른바 '자신의 이론과 사랑에 빠지는' 패턴이 존재한다. 나는 내 전문 분야에 모호하게 포함되는 주제에 대해 아무런 의견이 없지만 (학회의 Q&A 시간이나 인터뷰에서) 그것들에 대한 논평이나 어떤 입장에 대한 지지를 불쑥 요청받으면 그 주제를 옹호하는 경향이 있다는 것을 발견했다. 결국 그 대답이 내 평판과 연관되었으므로, 내게는 내 대답이 '옳아야만' 했다. 공개적으로 틀렸다고 인정하는 것은 물론이고 그 견해를 버리는 것조차 내 체면, 평판, 지위를 손상시킬 것이었다(비록 아무도 신경 쓰지 않더라도). 존 메이너드 케인스가 말한 '사실이 변하면 내 생각도 바뀐다. 당신은 어떤가?'라는 원칙을 고수하려면 진실성뿐 아니라 자신감도 필요하다.

확증편향은 상대방의 의도 예상은 물론이고 의도 분석에서 특히 해롭다. 분석가들은 이것들이 무엇인지에 대해 견해를 형성할 때, 확증적인 증거만 살피고 반대되거나 모호한 증거는 지워버리는 경향을 보일 것이다. 분석가들은 대개 자신의 초기 해석을 버리고 새로운 패러다임을 받아들이기 어려워한다. 한 사례에 대해 형성된 첫인상이나 주어진 첫 정보가 이후의 해석 방식을 좌우하며, 그에 일탈하는 증거가 있더라도 그것을 고려해 생각을 바꾸는 걸 주저하게 되는 '기준점anchoring 효과'*가 이런 현상에 속한다.

이와 관련해 외국어의 번역과 해석에 대해서도 말할 수 있을 것이다. 외국어를 배워본 사람이라면 누구나 알겠지만 한 언어의 단어가 언제나 다른 언어로 정확하게 번역되는 것은 아니며, 하나의 단어는 다양한 함축적 의미를 담고 있는 경향이 있다. 번역은 각기 다른 수많은 어감과 의미

---

* 닻내림효과라고도 한다.

를 덮어버리고 그저 한 단어로 정리한다. 원문의 단어나 표현을 계속해서 읽어야만(물론 읽을 수 있을 때의 이야기다!) 다른 맥락에서는 상당히 다른 어감일 수도 있음을 알 수 있다. 그 결과 러시아 전문가 디미트리 미닉과 디마 아담스키가 최근 발견한 것처럼 러시아의 군사 저널을 영어 번역문으로만 읽으면 오해를 낳게 된다. 미닉은 영어로는 대개 '전략적 억지'라고 해석되는 стратегическое сдерживание라는 용어의 사용을 강조한다. 러시아어에서 이 말은 공격적이고 예방적이라는 함축적 의미를 담을 수 있는데, 우리가 '강압coercion'이라고 부르는 것에 더 가깝다.[28] 이것은 상당히 중요한 차이다. 확증편향(또는 그 단어를 인식하고 이해한다는 자기 망상적 가정, 인지 편향이라고 말할 수도 있다)은 이런 차이를 모호하게 만든다. 영어로 번역하면 억지를 의미한다고 추정되는 표현을 접해도, 그 의미를 다시 생각하지 못한다.

내가 발견한 것처럼, 예컨대 영어나 프랑스어, 러시아어 군사 문헌에서 그전의 프로이센이나 스위스 사상가가 소개한 개념을 그대로 되풀이하는 표현을 찾아낸다고 해도 정확한 의미를 전달하기에는 충분하지 않다. 정확한 병력을 정확한 시간에 정확한 장소로 데려가고 적절하게 보급하는 것과 관련된 나폴레옹 시대의 용어 Ökonomie der Kräfte 또는 économie des forces의 변화에서 볼 수 있듯, 개념은 종종 번역을 거치면서 미묘하게 다른 의미를 얻기도 한다. 이후 이 용어는 영어에서 병력 절약이라는 함축된 의미를 갖게 되었다(그리고 비판적인 이들에게는 지나친 확장의 위험을 상기시킨다). 시간이 흐르고 여러 언어로 번역되면서 하나의 개념은 새로운 맥락에 적응할 것이다. 글을 해석하는 데 있어 그 무엇도, 심지어 딥엘DeepL 번역기*도 그것이 쓰인 시대에 사용된 원어의 상세한 의미를 완전히

---

* '세상에서 가장 정확한 번역기'를 표방하는 독일의 AI 번역 서비스

대신할 수는 없다. 우리는 결코 다른 사람의 마음을 읽을 수 없지만 그들의 언어와 문화를 잘 알게 되면 그들과 훨씬 가까워진다. 이 사실은 정보 수집과 그 외 특정 국가에 대한 분석 업무를 맡은 이들이 외교관의 빠른 순환근무나 그보다 훨씬 빠른 군 인력의 순환 배치로 여러 국가와 문화를 옮겨 다니는 관행과 어긋난다.

들어오는 정보를 기존의 해석 패턴에 따라 처리하고 틀에 맞추는 것은 사건을 마주할 때 조립식 규격품 같은 대응에 의존하는 것과 비슷하다고 말할 수도 있을 것이다. 어떤 절차와 관련해 시간과 생각을 절약하는 지름길은 주어진 일이 이전과 동일하거나 동일한 원칙에 근거해 작동된다고 가정하는 것이다. 그래서 군대에는 표준운영절차SOPs가 있어서 매번 새로운 절차를 만들어낼 필요가 없고, 절차를 적용하기 전에 이를 미리 배워두면 추가 훈련 없이도 모두가 적용할 수 있다(참고로 우리 또는 적의 표준운영절차는 분석가들에게는 거저먹기다. 소련군 인력이 쿠바에 미사일을 배치할 때 적용한 핵미사일 배치의 표준운영절차 덕분에 미국 분석가들은 미국의 U2 정찰기가 찍은 사진을 면밀히 검토해 미사일의 존재를 파악할 수 있었다. 짓궂게도 미국의 전략가 에드워드 루트왁은 표준운영절차를 따르면 적이 예측할 수 있으므로 우리의 의도가 무엇인지 적을 혼란스럽게 할 수 있는 무질서와 잘못된 운영이 좋을 수도 있다고 지적했다).[29]

온갖 종류의 브리핑 보고서는 정책결정자들이 정보를 더 빠르게 파악할 수 있도록 맨 앞에 개요서를 담고 있다. 단시간에 가장 중요한 메시지를 얻어야 하는 바쁜 정책결정자들을 위한 관행이다. 유감스럽게도 이런 관행에서는 결국 처음에 오는 내용이(핵심 내용을 먼저) 실은 처음이 아니라 주장이 철저히 검토된 후 **마지막**에 와야 할 수도 있다는 점을 놓치게 된다. 확증편향은 사회과학에 퍼진 전염병과 같다. 그래서 정치학을 공부하는 학생들은 종종 차후의 연구를 통해서만 드러날 수 있는 논문의 초록과 구조를 논문계획서나 박사과정 지원서에서 작성한다. 이런 면에서 내가 가장 재미있어하는 어리석은 짓은 보조금을 수여하는 당국이나 기관들이 지원자에게 연구를 통해 어떤 발견을 예상하는지 묻는 것이다. 이런 질문에는 물론, 지원자가 이 질문에 진부한 답밖에 할 수 없다면, 이 연구는 더 이상 필요하지 않다거나 아니면 답을 확증하거나 조작하는 이분법적 편향으로 연구가 엉망이 될 거라는 답이 나올 수밖에 없다. 이런 편향은 연구자의 눈을 가려 연구 중 드러나는 완전히 다른 주제들을 보지 못하게 할 것이다. 이런 주제들은 지금 다루는 문제와는 매우 다른 개념화를 요구하기 때문이다. 사회과학의 이런 접근법은 확증편향을 제공해 학생들과 분석가들은 이제 무언갈 '보여주고', '주장하고', '입증하는' 데 나선다. 이것은 마치 2002~2003년 블레어 정부가 미국과 영국의 정보기관에 사담 후세인이 대량살상무기를 가지고 있다는 것을 '보여주라고' 설득했던 것과 비슷하다. 이것은 학문적 탐구라는 목적과 상충하며, 위의 사례에서는 심지어 비도덕적이기도 하다. 그래서 이후 칠콧 경이 이끄는 이라크전쟁조사위원회는 2003년 이라크전쟁에 대한 조사에서, 이런 편향이 2003년 영국 정부가 이라크전 개입을 결정하는 계기가 되었다며 매우 상세하게 분석하고 비판했다.[30] 그럼에도 불구하고 국제관계학과에서는 여전히 이런 접근법이 지배적이다.

'예전 그대로' 오류란, 대개 이전과 같지 **않은** 새로운 것을 확인하는 노력을 소홀히 한다는 의미다. 이 오류는 사담 후세인과 관련된 또 다른 사례가 보여주듯 끔찍한 결과를 낳을 수 있다. 1990년 7월 25일 사담 후세인과 함께한 인터뷰에서 미국 대사 글래스피는 국무장관 제임스 베이커에게 (이라크와의 관계를 개선하려 하면서도 지역 정치에는 관여하지 않기 위해) 전달을 요청받은 메시지는 1960년대에 바그다드에 파견되었을 때 받은 메시지와 동일하다고 분명하게 말했다.[31] 아마도 비슷한 상황에서 이전과 같은 임무를 맡았다는 이 가정 때문에 글래스피는 사담 후세인의 말을 주의 깊게 듣지 못했고, '침공'과 '위협', '방어'라는 용어에 담긴 신호를 포착하지 못했다. 이것은 단순히 1960년대의 반복이 아니라 그녀의 뒤통수를 칠 수 있는 안보 관련 상황이었으므로 경보를 울려야 했다.

영국 합동정보위원회가 무력 침공을 예상하지 못한 것을 분석한 더 글러스 니컬의 보고서도 (때로는 '고집'이라고도 알려진) 확증편향이 그 이유였다고 확인했다. 예를 들어 합동정보위원회는 침공 준비 중이라는 증거가 쌓이고 있는데도 1968년 소련이 체코슬로바키아를 침공하지 않을 것이라는 추정을 고수했다.[32] 물론 잠재적 공격자의 군사력 및 전투 준비태세 및 잠재적 피해자의 군사력에 대한 우리의 추정이 공격자의 추정과 다른 경우는 확증편향의 탓이라고 할 수 없다. 잠재적 공격자가 계산을 잘못한 것이기 때문이다. 니컬이 1981년 언급했듯, '우리의 군사력 평가는 대체로 정확했겠지만 그렇더라도 잠재적 공격자는 우리와 같은 평가를 내리지 않을 수 있고, 아니면 같은 평가를 토대로 다른 결론을 도출할 수도 있다.'[33]

기준점을 흔드는 혼란

기준점 효과는 특정한 형태의 확증편향으로 이어진다. 이 용어는 무대에 새로 나타난 행위자나 사건에 대한 초기 해석이 내려지면, 뒤이은 해석들이 이 초기 해석과 일치하는지 상충하는지에 따라 받아들여지거나 무시되는 현상을 말한다. 여기에는 누군가 또는 무언가에 대한 확신이 새 정보에 의해 여러 차례 잘못된 것으로 드러났음에도, 여전히 그 확신에 집착하는 태도를 설명하기도 한다. 최근 사례로는 2006년 선거를 통해 팔레스타인인들이 거주하는 가자 지구에서 정권을 잡은 테러리스트 정당 하마스Hamas가 마침내 '정상적인' 정당으로 변하고 있고 정부의 의무에 적응하고 있다는 믿음을 이스라엘 정보부가 기준점으로 삼은 것이다. 이런 믿음이 생겨난 계기는 2022년 8월과 2023년 5월 이스라엘 방위군Israeli Defence Forces, IDF이 하마스의 경쟁 조직인 팔레스타인이슬라믹지하드Palestinian Islamic Jihad 지도부를 가자 지구 안에서 공격했을 때 하마스가 개입하지 않았던 것이었다. 심지어 그들은 하마스가 2021년 5월 하마스에 대한 이스라엘 방위군의 조치로 입은 피해에서 회복하는 중이며 이스라엘에 대한 추가 공격을 단념했다고 가정했다. 하지만 사실은 그 반대였다. 하마스는 거의 즉시 2023년 10월 7일에 벌일 이스라엘에 대한 대대적 공격을 계획하기 시작했던 것으로 보인다. 2023년 가을, 가자 지구에 설치된 센서에서 수집된 지표와 가자 지구와 이스라엘 국경에서 관찰된 것들은 이스라엘 탱크, 군사기지, 키부츠kibbutz* 모형을 공격하는 훈련처럼 하마스의 이례적인 활동이었다. 그러나 하마스가 아무것도 꾸미지 않고 있다는 믿음을 고수한 결과 이런 증거들은 무시된 것으로 보인다.[34]

　러시아의 텔레비전 시청자들은 체계적으로 혼란을 겪는다고 할 수 있을 것이다. 러시아 방송사들은 뉴스를 다룰 때 시청자들이 사건의 가장 명백한 해석으로부터 멀어지게 하는 특정한 정보를 제공하는 관행을 보이기 때문이다. 마샤 보르주노바가 정확히 분석하듯, 러시아 텔레비전이 2023년 8월 23일 러시아의 유명한 용병부대 바그너의 수장인 예브게니 프리고진을 사망케 한 비행기 사고를 다룬 방식이 이를 매우 잘 보여준다.[35] 사고가 있기 얼마 전 프리고진은 군사쿠데타를 시도했다. 알려진 것처럼 그가 그저 '국방'장관이 되고 싶었을 뿐이었더라도, 프리고진은 일부

---

*　이스라엘의 농업 및 생활공동체

용병들과 함께 모스크바를 향해 나아가며 지도자 푸틴에게 도전했다. 비행기 사고의 매우 명백한 해석(즉, 푸틴의 직접적 또는 간접적 지시에 따른 보복이나 처벌 행위로서 격추되었다는 해석)은 여러 해설자들의 추측에 가려져 러시아 시청자들에게 닿지 못했다. 우선 서구의 신문에서 제기한 이 매우 명백한 해석에 대해 러시아 방송 프로그램의 해설자들은 서구 언론에 무엇을 보도할지 지시하는 중앙 뉴스 기관 같은 것이 쓴 '대본'이라고 의심했다(음모다! 뒤에 비밀 세력이 있다!). 이것은 서구 정부의 언론 통제력을 매우 과대평가한 것이다. 그리고 나서 러시아 해설자들은 일련의 대안적인 설명을 늘어놓았다. 프리고진과 그와 동승한 탑승객들은 군인들이었다, 군인들은 폭발물을 가지고 다니지 않는가? 수화물에 담긴 수류탄이 우연히 폭발했을 수도 있지 않은가? 또는 이건 외국 항공기였고 수급되지 않은 외국 부품이 있어서 제대로 정비되지 않았다. 누구의 이익인가?cui bono 주로 누가 이득을 보는가? 러시아인가? 아니다. 프리고진의 용병들은 러시아에 매우 중요했으므로 미국인들과 영국인들이 우크라이나인들의 저하된 사기를 북돋기 위해 우크라이나 독립기념일 전날 프리고진의 죽음을 우크라이나에 '선물'로 준 것이다, 등등. 여기 사용된 수사적인 속임수는 'A와 B를 연관 지으려는 건 아니지만 매우 놀라운 우연이다'(전형적인 음모론의 수법)라고 말하고, 그럼으로써 시청자의 마음에 연관성을 심으려는 (즉, 고착시키려는) 것이다.[36] 사건에 대한 이 수많은 대안적 설명에 혼란스러워진 시청자들이 이 많은 해석을 이해하는 데 도움이 되는 것은 단 하나의 이야기다. 바로 미국/나토/영국이 간접적인 수단을 통해 러시아와 전쟁을 벌이고 있고, 할 수 있는 모든 방법으로 러시아를 약화시키고 모욕하려 한다는 커다란 맥락의 거대서사다.

가능한 한 많은 해석을 탐구하는 관행은 정보기관의 요원들에게는 유익한 훈련이지만, 이때도 혼란이 야기될 위험이 있다. 도착하는 항공기나 미사일 주변에 의도적으로 채프*를 뿌려 위치를 파악할 수 없게 레이더 전파를 교란시키듯, 분석가들은 실제로 일어나고 있는 일을 감추기 위해 의도적으로 퍼트린 잘못된 정보를 받게 될 수도 있다(이를 염두에 둘 필요가 있다).

유인원의 공놀이와 짖지 않는 개

분석가들은 새로이 전개되는 사건들을 해석할 때 객관적 기준을 얻기 위해 살필 일련의 지표들을 개발하는 경향이 있는데, 이는 일반적으로 매우 유용하다. 정보기관의 업무처리 방식을 학문적으로 조사해 정보기관과 학계를 연결한 영국의 선구자 고故 마이클 허먼은 냉전 종식 직후 이것을 내게 설명해주었다. 커다란 판에 초록색, 노란색, 빨간색의 작은 신호등이 여러 개 있어 연료 비축량 증가, 특정 지역으로의 탱크 이동, 예비군 소집 등의 관찰 가능한 행동과 새로운 사건을 보여준다고 상상해보자. 분석가들은 상황에 따라 초록색(정상), 노란색(증가), 빨간색(매우 우려되는 증가)으로 변화하는 이 지표들을 볼 것이다. 상황이 우려되거나 심지어 매우 위험한 경우에는 제어판에 있는 신호등의 전체적인 패턴이 이 판 전체를 관찰하는 사람에게 그 위험을 보여줄 것이다.[37] 1980년대 초, 소련은 나토 회원국들이 바르샤바조약기구 회원국에 기습 핵 공격을 준비하고 있는지를 정보 요원들이 알아내게 하는 정보작전 라이언RYAN에 이 지표 관찰을 적용한 것으로 유명하다. 지표 중 하나는 화이트홀 거리에 있는 국방부 본부에 불이 켜져 있는지(직원들이 평소와 달리 늦게까지 일하고 있는지) 관찰하

---

* 레이더 탐지를 방해하기 위해 공중에 뿌리는 금속 파편

는 것이었다. 또 다른 지표는 병원의 혈액 보유량 증가였다. 총 194개의 지표가 목록에 올랐다.[38] 당시 영국 국방부에 근무했던 한 친구가 내게 이야기한 것처럼, 이 작전은 소련이 무엇을 하려는 것인지 이해할 수 없는 영국 분석가들을 두렵게 했다(당시 지표들은 전쟁 준비 패턴을 보이지 않았다).

상황을 주시하는 전문가에게 무언가 일어나려 한다는 적색경보를 주는 또 다른 공개적인 지표의 아주 좋은 사례는, 2014년 초 러시아가 비밀리에 전쟁을 시작하기 직전 두 나라가 다투던 우크라이나 동부에 대한 러시아의 수출과 관련이 있다. 칼라시니코프*의 구형 무기(AKM, AK-74 등) 제품 설명에 따르면 리시버는 '핀과 리벳으로 고정된 1밀리미터 두께의 U자형 프레스 가공 강판'이다. 리베카 하딩 박사와 잭 하딩 박사(민간 부문 분석가)는 공개된 수출 통계자료를 이용해 러시아의 대對우크라이나 리시버 수출을 연구했다. 그 결과 크림반도가 병합되기 전인 2013년에는 수출이 58.3퍼센트 증가했고, 이어서 크림반도 병합 이후부터 돈바스 지역에서 전투가 확대되기 전까지는 300퍼센트 넘게 증가했다는 것을 확인했다. 러시아의 (수출 문서에 덜 명확하게 기록된 것처럼) '별도로 명시되지 않은 상품'의 대우크라이나 수출은 2013년 1월부터 2014년 5월까지 우크라이나 위기 시작 3년 전(2010년 1월부터 2012년 12월)에 비해 무려 1만 5000퍼센트나 더 높았다.[39]

하지만 기존의 이론을 뒷받침하는 증거를 열심히 찾다 보면 자신이 찾고 있던 것보다 잠재적으로 훨씬 중요한 다른 증거를 보지 못할 수도 있다. 데이비드 사이먼스가 유튜브에 영상으로 올린 '몽키 비즈니스Monkey Business' 실험에서 이와 관련된 재미있는 연구가 진행되었다. 이 실험에서 학생들은 흰색 옷을 입은 팀이 공놀이에서 패스를 몇 번 주고받았는지 세

---

* 러시아의 무기 제조사

라는 지시를 받았다. 다른 팀은 검은색 옷을 입고 있어서, 이 실험 참가자들은 이 팀을 무시하는 편향이 있었다. 실험이 끝나고 대부분의 학생과 관중 들은 도중에 (검은색) 고릴라가 걸어들어와 가슴을 두드리고 사라진 것을 눈치채지 못한 듯했다.[40] 하나에 너무 집중하면 실제로 더 중요한 다른 것을 (아마도 방 안의 코끼리까지도) 발견하지 못할 수도 있다.

이것은 심층 연구에도 적용된다. 런던정치경제대학교에서의 내 석사논문은 튀르키예가 제2차세계대전에 개입하지 못하게 막으려 한 영국, 프랑스, 독일의 정책에 관한 것이었고, 나는 언제나 그랬듯 1938~1939년이라는 짧은 기간에 관련된 이용 가능한 모든 외교문서를 빈틈없이 찾아 읽었다. 그런데 훗날 내 논문에 대해 자랑스럽게 논하던 중 나는 앙카라의 영국 대사관에서 근무했던 알바니아인 엘리사 바즈나에 대한 정보를 발견했느냐는 질문을 받았다. 엘리사 바즈나는 키케로Cicero라는 암호명으로 활동하며 독일 대사관에 정보를 넘겼던 인물이다. 돌이켜 보면 이 간첩 스캔들이 훨씬 더 유명한 이야기였는데 내가 좁은 시간과 주제에 집중하느라 완전히 놓쳤던 것이다. 처음부터 내가 조금만 더 넓게 자료를 읽어보았더라면, 독일 외무부가 키케로가 제공한 정보를 통해 프랑스와 영국 외무·영연방부의 활동을 파악하고 있었는지, 그럼에도 튀르키예의 중립이 모두에게 이익이 되었으므로 아무런 대응을 하지 않았던 것인지가 훨씬 더 흥미로운 질문이라는 걸 깨달았을 것이다.

이와 관련된 문제는 발생하지 않은 중요한 일을 알아차리는 것이다. 이것은 찾을 수 있는 사건보다 훨씬 발견하기 어렵다. 아서 코넌 도일 경의 단편에서 그의 명탐정은, 말이 도난당했을 때 모르는 사람이었다면 짖었을 경비견이 짖지 않았다는 사실을 단서로 마구간에서 일하는 누군가가 접근했음이 틀림없다는 걸 깨닫고 '범인'을 찾는다.[41] 그런데 우리가 어떤 중요한 일이 일어나지 **않았는**지 어떻게 알 수 있겠는가?

음모론

러시아인들은 일반적으로 음모론을 좋아한다. 일당제나 신권정치에 기반을 둔 다른 문화에서도 음모론을 좋아한다. 이런 문화에서는 성직자나 인민 위원, 율법학자로 이루어진 조직이 가르치는 하나의 신념 체계, 혹은 하나의 종교가 모든 것을 선과 악으로 나누는 마키아벨리식 이분법으로 세상을 설명하려 한다. 음모와 음모론은 역사가 길다. 그렇다고 비밀결사가 존재한 적이 없다든가 정부 전복 시도나 쿠데타가 일어난 적이 없다든가 영향력 있는 소수의 공모자들이 정부를 전복한 적이 없다는 것은 아니다. 실제로 다른 유럽 국가들에 비해 엘리트층의 민주화 거부가 오래 지속되었던 러시아에서는 1825년 데카브리스트Dekabrists*의 난 이래 많은 음모가 있었다. 하지만 종종 이런 음모들은 이반 뇌제(이반 4세)가 아들을 죽이게 만든 이유처럼 상상에 불과했다.**

러시아인 다수가 만성적이고 병적인 음모론적 시각을 통해 세상을 바라본다. 이런 시각은 개인의 행위 주체성agency과 불만을 품은 사람들의 무리가 정부에 대항해 일어나게 할 수 있는 동인을 심하게 과소평가한다. 이런 동인은 1991년 이후 동유럽에서 일어난 '색깔 혁명'과 아랍의 봄에서 본질적 요소였는데, 러시아의 군사 문서와 정부 문서는 이 사건들이 모두 미국의 교묘한 책략으로 일어난 것이라고 주장했다.[42] 하지만 냉전 도중이나 냉전 이후 서구 민주주의에서도 불만을 품은 시민들이 시위를 벌였거나 벌이고 있고, 이스라엘에서도 2023년 봄과 여름 내내 시위가 일어났다.

---

*   1825년 12월 러시아 최초의 근대적 혁명을 일으킨 자유주의자 청년 장교들을 가리키는 말로, 러시아어로 12월을 뜻하는 데카브리에서 유래했다.

**   이반 4세는 임신한 며느리의 복장이 적절치 못하다고 보고 자신과 황실을 능멸하려 한다는 망상에 사로잡혀 며느리를 때려 유산시켰고, 이에 항의하는 아들을 때려죽였다.

냉전기 소련이 동독의 공산주의 정권을 통해 서구에서 일어나는 반핵 시위에 자금을 지원했고[43], 러시아 정권이 2016년 영국의 브렉시트 국민투표와 2017년 도널드 트럼프의 대통령 선출에 개입했던 것으로 보이지만, 이런 개입이 민주화운동과 시위 같은 추세나 동향의 **원인**이 되지는 않는다. 대개는 그저 이런 추세나 동향을 아주 조금 증가시키는 데 그칠 뿐이다.

음모론에 대한 이런 믿음은 (특히 주요 장군들과 그 외 군사 사상가들을 비롯한) 러시아 지도부가 서구 민주주의국가들의 정치적 의사결정이 어떻게 이루어지는지(매우 더딘 의사결정, 관료정치의 특징으로 존재하는 내부 갈등 등) 보지 못하게 만들었다. 그 결과, 디미트리 미닉이 보여주었듯, 푸틴과 그의 대변인 그리고 러시아의 군 지도자들은 모두 한결같이 미국 및 나토가 공산주의 이후의 러시아에 해를 끼치려 하고, 심지어 지금의 러시아연방을 해체하려는 음모를 꾸미고 있다고 묘사한다. 1980년대 초 소련의 군 지도부(매파)는 [나토가 핵무기 수와 핵무기 생산을 대대적으로 감축하고, 폭발력이 더 작고 원형공산오차circular error probables*도 더 낮은 순항 미사일(크루즈미사일)과 퍼싱Pershing II 미사일로 대체한 것을 포함해] 나토의 평화적 의도의 증거로 서구가 내놓는 모든 정보는 공격 계획을 가리려는 것이라고 확신했고, 다른 사람들도 이를 믿도록 설득하려 했다.[44] 러시아에서 공산주의가 몰락한 이후 이런 태도는 이른바 미국 및 나토의 기본 계획(서구의 '하이브리드전** 전략')은 세계에서 러시아의 영향력을 감소시키는 것이라는 러시아 '매파'식 해석의 전형적 틀로서 계속 활용되어왔다. 서구와 세계를 바라보는 러시아 매파들의 시각에 들어 있는 이 필터는 너무나 견고해서 서구가 무엇을 해도 그 필터를 통과해 그들의 관점을 바꿀

---

* 사탄 산포가 원형으로 나타나는 무기체계 사용 시, 표적 타격 정확도를 표시하는 기준
** 재래식 전쟁과 정보전, 여론전, 사이버테러 등이 혼재된 새로운 유형의 전쟁을 일컫는다.

수는 없다. 1980년대에는 다행스럽게도 '비둘기파'들도 있었다. 주로 민간 외교 전문가들로, 이들은 브레즈네프와 안드로포프 정권에서 고르바초프 정권 이양기에 고르바초프에게 영향을 미쳐 평화와 데탕트를 가져오는 데 일조했다. 40여 년이 지난 지금 모스크바에서 그런 비둘기파의 흔적은 찾을 수 없다.

이런 음모론의 가장 큰 문제는 다른 해석의 여지를 막는 확증편향을 무엇으로도 깰 수 없다는 것이다. 음모론적 해석에 의문을 제기할 수 있는 모든 증거가 의도적인 속임수이자 상황을 모호하게 하고 실제 의도를 가리려는 적의 시도로 일축될 수 있다.

이론, 패턴, 통계

정식으로 국제관계학 이론을 배운 적이 없는 역사학자로서 나는 국제관계학 이론에 깊은 관심을 보였던 나의 옛 박사과정 학생들에게 부채감을 가지고 있다. 나는 학생들이 내게 그들이 연구하려는 사건이나 생각이 이론 A 또는 이론 B 또는 이론 C로 어떻게 설명되는지를 담은 내용을 보여주면 몹시 나무랐다. 나는 어떤 이론가도 이 이론 중 단 하나로 진실 전체를 밝힐 수 있다고, '이 교회 밖에는 어떤 구원도 없다'라고 생각할 정도로 어리석지 않을 거라고 말했다. 국제관계학자들은 분명히 여러 이론을 종합적으로 고려해 거대한 사건이나 새로운 국면으로 이어지는 다양한 원인의 상호작용을 설명해야 한다는 것을 알고 있을 거라고 했다. 역사학자들은 바로 그런 식으로 설명을 시작할 것이기 때문이다. 역사학자들은 예컨대 1914년 7월 제1차세계대전의 발발을 설명할 때 전쟁을 촉발했을 수 있는 전쟁 전의 여러 위기 중 하나에 집중하기보다는 전쟁을 일으킨 다양한 요인, 역학, 동인, 억제 요인을 조명할 것이다. 또는 제2차세계대전의 주요 교전국이 모두 관여한 스페인 내전(1936년 7월~1939년 4월)이 제2차세계대전을 실제 촉발하지는 않았던 이유를 복합적으로 찾아볼 것이다.

하지만 실제로 국제관계학 이론가들은 이런 방식으로 주제에 접근하지 않는다. 국제관계학 이론가들은 사실 하나의 이론, 하나의 인과관계, 하나의 설명에만 초점을 둔다. 역사학자들은 경악하겠지만, 국제관계학 학생들의 소논문과 학위논문도 마찬가지다. 학생들은 하나의 이론에서 시작해 (흔히 영어로 된 2차문헌을 토대로) 피상적인 사례연구를 통해 실제 사건이 그 이론에 맞는지 살펴보라고 배운다. 그러고 나면 칼 포퍼의 경험적 발견법heuristics*의 논리, 즉 그의 지식론에 따라 이론이 옳다는 것이 입증되거나 '반증되어' 폐기된다.** 제3의 선택지는 이론을 구성하는 작은 톱니바퀴들을 조정해 이론이 새로운 사례에 부합하게 만드는 것이다(그러고 나면 대개 '신-무슨-주의'로 불린다). (이것은 물론 '몽키 비즈니스' 사례에서 볼 수 있듯, 그 특정 주제를 더 적절한 관점에서 접근하는 매우 다른 설명을 보지 못하게 할 수 있다). 무엇보다도 세 개의 사례연구(예를 들어 반란 진압 사례)에서 새로운 (또는 조정된, 신~주의) 이론이 나타나면 이 이론은 이제 다른 모든 사례(예컨대 반란 진압 작전 사례)에 적용될 것이라는 대담한 주장으로 이어진다.

국제관계학 이론가들은 대개 포퍼의 방식대로 이론 반증 사례를 찾아 이론을 시험하는 방법이 형식적 접근법일 뿐이라는 것을 알고 있다. 이 접근법은 실무자들이 어떻게 행동할지에 대해서는 아무 조언도 주지 않는

---

*   휴리스틱은 빠른 시간 안에 추론하기 위해 논리적 분석보다는 어림짐작이나 주먹구구식 판단에 의존하는 기제를 말한다. 여기서 휴리스틱은 사실과 논리보다는 경험적 지식에 의존해 판단한다는 의미로 썼다.
** 칼 포퍼는 귀납적으로 이론을 입증할 수는 없어도 하나의 사례로 이론을 '반증'할 수는 있고 그렇게 반증된 가설은 폐기된다고 보았다.

일종의 게임이다. 이것이 그저 이론적 연습일 뿐이라는 사실을 인지하는 학자들은 겸손하게 자신들의 연구는 실제 정책결정에는 적용할 수 없다고 주장한다. 더 나아가 어떤 학자들은 국제관계학 연구의 실증적 결과를 전부 부정하기도 하는데, 우리가 다루는 모든 것이 어쨌든 인간의 머릿속에서 구성되기 때문이다. 하지만 그러면 왜 이런 연구를 계속해야 하느냐는 질문이 제기된다. 어쨌든 실무자들은 (요즘 갈수록 더 많이 그렇듯이) 자신들이 제안하는 특정한 행동 방침(가령, 반란 진압 전략)을 뒷받침할 연구 결과를 찾아야 할 때 이론의 시험이 형식적인 접근법일 뿐이라고 보지 않는다. 따라서 실무자가 반란 진압에 대한 이론과 세 가지 사례연구를 담은 어떤 학위논문을 발견하고, 그것을 근거로 논문과는 모든 변수가 다른 눈앞의 새로운 사례에 대한 전략을 수립한다면 어떤 위험이 있을지 생각해보라(반란 진압 대신 핵 억지나 테러 방지, 개발원조, 전쟁 지역의 민간인 긴급 구호물자 배포가 사례라고 생각해보라).

나는 새로운 분석법을 제안하려 한다. **패턴을 발견하고, 이것이 당면한 새로운 사례에 적용될 수 있는지 묻는 방법이다.** 패턴이 존재하고 그것이 중요성을 가지기 위해 모든 사례에서 발견되어야 하거나 항상 적용되어야 하는 것도 아니다. 예컨대 무릎에 문제가 있을 때, 슬개골을 건드리지 않고 관절을 교체할 수 있다. **85퍼센트의 환자에게는 이것으로 충분하기 때문이다.** 하지만 불행히도 나머지 15퍼센트는 슬개골 수술을 추가로 해야 한다. 슬개골 수술이 **15퍼센트의 환자에게만** 적용된다는 사실이 당신이 그중 하나일 가능성을 배제하지는 않는다. 당신의 담당의가 순전히 통계(기저율*)를 근거로 보존적 수술을 선택하는 대신 당신이 이 15퍼센트에 해당한다는 다른 증거를 찾아야 할 가능성을 배제하는 것도 아니다.

---

*   어떤 사건이 발생할 통계적확률

따라서 위에 언급된 것 같은 **패턴**도 모든 경우에 적용되지는 않지만, 그래도 당면한 문제에서는 패턴이 중요할 것이다. 그리고 패턴은 만일의 사태를 감안한다. 어떤 것에서 나타나는 패턴은 다른 요인들이 존재해야만 적용되어 더 복잡한 진단이 필요할 수도 있다. 또 (항상은 아니지만) 종종 관절과 함께 슬개골도 수술해야 하는 15퍼센트에 해당하는 요인 중, 어떤 환자는 특정 요인은 높고 다른 요인은 낮게 나타날 수도 있다(그렇다, 내 경험에서 하는 말이다).

통계적 접근법이 잘못 적용되면 개별 사례의 해결에는 물론이고 사례의 분석에도 많은 해를 끼칠 수 있다. 대다수 사례에 초점을 두는 것은 타당하다. 아마도 보건 서비스나 의료시설 계획 설계자들이 자원을 분배할 때는 그럴 수밖에 없을 것이다. 설계자들은 **평균적으로** 얼마나 많은 집중치료실이 필요할지, 얼마나 많은 수술실이 필요할지, 산부인과 병동에는 얼마나 많은 병상이 필요할지 등을 알아야 한다. 그들은 어쩌면 병상을 감소시키라는 정부의 지시로 수술 후 평균 입원 기간을 줄여야만 할 수도 있다. 하지만 의사 개개인은 어떤 환자들이 더 오래 입원해야 하는지 판단할 권한을 가지고 있는 것이 좋다.

그럴듯한 진단을 내리고 다른 질병의 가능성을 배제하기 위한 추가적 검사를 지시하지 않는 것이 비용 대비 효율이 높아 보이겠지만, 잘못 진단된 환자들은 목숨을 잃을 수도 있다. 다음의 예시를 생각해보자. 자궁경부암을 앓는 여성들은 대부분 30대 이후에 발병한다. 그렇다면 통계적으로 30세 이하의 여성이 자궁경부암에 걸릴 확률은 낮으니, 뭐 하러 돈을 더 들여 검사하겠는가? 그래서 가끔 젊은 여성들이 복부 불편감이나 통증으로 도움을 구할 때 자궁경부암일 확률이 통계적으로 낮다는 이유로 (그리고 검사 비용을 아끼기 위해서) 적절한 검사를 받지 못하기도 한다. 그래서 매우 위험하게도 그들의 자궁경부암은 발견되지 않고 치료되지 않은 채 방치된다.[45] 이것이 우리가 전체적인 의료시설이나 보건 서비스 계획 예산이 아니라 개별적 사례들을 고려할 때 발생하는 '기저율 오류base rate fallacy'다. 국가 입장에서는 더 큰 틀에서 볼 때 그 정도의 치사율은 감수할 만하다고 생각할 수도 있다. 하지만 당사자에게는 크나큰 비극이다.

이것을 오류나 실수가 순식간에 수천, 수만, 수십만 명의 사망을 초래할 수 있는 전쟁과 평화에 관한 결정에 비추어보자. 이때 통계적확률의 계산은 개별적인 위기나 전쟁을 분석하기에 매우 부적절하다. '보통의 전쟁이란 건 없다'는 롤프 도벨리의 말은 지당하다.[46] 또는 로버트 저비스가 강조했듯 '이미 발발했거나 발발을 피한 전쟁에 관해 이야기할 때 우리는 특정 사례에 관심을 가진다'. 그리고 전쟁이 일어날 수 있는 가장 그럴듯한 방식에 집중할 수도 있지만, 핵 시대의 주요 전쟁은 전부 너무나 예외적이어서 당연하게도 어떤 확률의 법칙에도 맞지 않을 것이다.[47] 또한 심지어 더 가능성이 높은 형태의 전쟁을 분석하는 분석가가 이렇게 말하는 것을 상상해보라. '죄송하지만 이 전쟁(위기)의 결과는 통계적으로 예측 불가능합니다. 정책 권고의 바탕이 된 세 가지 사례연구와 달랐습니다!' 한 실무자가 내게 말했듯이 '정성스레 모은 비교 가능한 자료 집합이 실제 정부 안보 결정에 중요한 자원이거나 그래야만 한다는 믿음은 합리주의자의 망상이 될 것이다'.[48]

그러므로 이론이나 **통계**를 살펴보는 대신 **패턴**을 찾는 것이 더 이로울 수 있다. 몇몇, 이상적으로는 많은, 사례의 비교에서 알 수 있는 것은 **어떤 패턴**이 반복된다는 것이다. 새로운 사례, 즉 n+1번째 사례에 대해 이런 비교가 제안할 수 있는 것은 다음과 같은 질문뿐이다. 현재 사례에서 이전의 패턴이 발견되는가? 어쩌면 그럴 수도 있겠지만 대체로 그렇지 않을 수도 있다. 알려진 패턴이 모든 사례에 항상 적용된다고 가정해서는 **안 된**다. 분석하고 있는 사례에서 어떤 패턴이 나타나는 것을 포착하면 다음과 같은 질문을 던지는 두 번째 단계로 넘어가게 될 것이다. (그런 경우가 있었다면) 과거에는 비슷한 환경에서 무엇이 작용했는가? 그것은 이 사례에서도 작용될 것인가? 하지만 패턴을 발견하더라도 현재 상황에 관한 상세한 연구는 반드시 이루어져야만 하고 무엇으로도 이를 대체할 수는 없다.

독자들에게 패턴 찾아보기를 권했는데, 여기에는 주의할 점이 있다. 우리는 실제로는 떠 있는 물방울에 지나지 않는 구름에서 패턴을 발견할 수도 있다. 의대생 대부분은 어느 시점에 건강염려증에 빠지는 경향이 있다. 질병의 증상이 묘사되면 의대생들은 조만간 그 증상을 자기 안에서 찾는다. 마찬가지로 비교적 드문 일이 일어날 때, 그 일을 최근에 겪지 않았다면 다른 일이 이와 잠재적으로 비슷하다고 해석하기 쉽다. 심리학자들은 이런 현상을 '가용성 휴리스틱Availability heuristics'*이라는 용어로 설명한다.

우리는 이미 모든 독재자가 히틀러와 똑같은 팽창 계획을 품었다고 가정하는 오류를 언급했다. 살인과 납치사건을 담당하는 한 형사는, 전부 과거 다른 사건에서 봤다고 말하는 동료들을 경계한다고 언급했다(물론 연쇄범의 범행인 경우를 제외하고). 그는 이렇게 생각하면 사건 간 차이를 보지 못하고, 차후 단서들이 머릿속에 떠오르는 이전 사건의 단서와 다르다면 배제하게 된다고 주장한다. 그는 말했다. '한 사건을 다른 사건과 동일시하는 것을 일절 삼가야 하고 한 방향으로만 나아가서는 안 된다. 그러면 다른 많은 지표들을 무시하게 되기 때문이다. 계속 열린 마음으로' 개별 사건을 분석해야 한다.[49] 이 노련한 실무자에 따르면 우리는 기억 속 유사한 상황에 비추어 살인자를 찾아내는 애거사 크리스티의 미스 마플을 따라 해서는 **안 된다**.

---

* 더 쉽게 연상되는 정보에 근거해 특정 사건이 일어날 확률이 높다고 여기는 현상

역사는 반복되는가?

확증편향은 나와 같은 역사학자들이 좋아하는 역사적 비교에서도 발견될 수 있다. '비슷한 사례'는 무엇이고, 그 사례들은 얼마나 비슷한가? 그것들은 피상적으로 관찰할 때면 '비슷'하고 추가적인 연구에서는 결정적 차이가 나타날 수도 있는가? 자세히 검토할 만한 한 가지 사례는 1939년부터 제2차세계대전 막바지까지 스탈린이 마치 히틀러의 쌍둥이처럼 똑같이 행동하고, 1945년 이후에는 히틀러처럼 추가적 팽창에 착수한 사례다.

제2차세계대전에서 나치 독일에 함께 맞서 싸운 후 (마르크스가 말하는 역사적 필연성을 믿고 공산주의를 전 세계에 확산하는 전략에 착수한) 소련과 서구 민주주의 및 시장경제 국가들은 어떤 형태로든 충돌할 수밖에 없었다. 하지만 (이 기본적인 이해관계의 충돌이 명백해졌을 때도 더 신중했고, 제2차세계대전이 끝날 즈음에는 1941년의 히틀러보다 미국에 더 강한 인상을 받은) 스탈린이 단순히 히틀러와 똑같다고 가정하는 것은 도움이 되지 않았다. 이런 가정이 냉전의 시작(또는 어쩌면 이를 1920년대와 1930년대의 전 세계적인 공산주의와 '자본주의' 국가 간의 갈등이 다시 돌아온 것으로 생각해야 할 수도 있다)을 더 위험하게, 제3차세계대전으로 치닫기 더 쉽게 만들었다. 다행히도 초기에는 양측 모두가, 그리고 트루먼과 아이젠하워 행정부보다도 스탈린이 먼저 이 위험을 인지하고 있었다. 이미 1946년 스탈린은 미국의 힘이 두려울 정도라고 언급한 바 있다.[50] 서구인의 사고방식에 히틀러와 스탈린의 유사성이 자리 잡으면서 동서 관계가 조기에, 그리고 이후에는 과도하게, 군사 '안보화securitization'로 이어졌다.

히틀러는 영토를 야금야금 차지하는 살라미전술로 제3제국을 확장해나갔다. 먼저 비무장지대인 라인란트에 군대를 진주시키고, 다음으로는 오스트리아를 병합하고, 그다음으로는 체코슬로바키아의 영토인 주데텐란트를 요구하고, 이어서 전광석화 같은 작전으로 체코슬로바키아 전체를 점령하고, 그러고 나서는 폴란드로 관심을 돌렸다. 히틀러와 스탈린의 비교에서 핵심은 스탈린이 예전에 히틀러와 같은 방식으로 팽창을 추진했고, 계속해서 그렇게 추진해나갈 것이라는 믿음이었다. 스탈린은 히틀러와 공모하면서 제2차세계대전 동안 실제로 그와 매우 비슷하게 행동했다. 소련군은 1939년 말 폴란드의 절반을 점령했고, 다음으로는 발트해 국가들을, 그다음으로는 핀란드를 침공했다. 독일이 1941년 중반 소련을 공격했지만 1943년 모스크바 외곽과 스탈린그라드*에서 후퇴하자, 소련의 붉은 군대는 소련에서 베를린과 빈 사이의 모든 영토를 점령했다. 하지만 1945년 5월 8일 전승기념일(러시아 시간으로는 5월 9일) 이후, 스탈린은 자신의 접근법을 바꾸었다. 스탈린은 정말로 앞서 언급한 1944년 10월의 '퍼센트 합의'에서 윈스턴 처칠과 합의한 내용 대부분을 지켰던 듯하다. 그런데도 미국과 영국의 정보 분석가들은 세계 곳곳에서 이루어진 모든 공산주의 확장과 정부 전복 전략이 스탈린의 지시에 따른 것이라고 가정했다.[51] 사실 어떤 상황들은 우리가 이미 보았듯이 완전히 스탈린의 통제 밖이었다('참고 1.2 1948년 티토와 스탈린의 대립' 참조, p.37).

공산 진영이 하나로 결속된 실체가 아니고, 평화 시 전략에 있어 스탈린이 제2의 히틀러가 아니라는 사실을 점차 깨달았음에도 서구의 국방 분석가들은 이후 등장한 일련의 독재자들(가말 압델 나세르부터 갈티에리 장군, 사담 후세인 그리고 지금의 푸틴까지)을 막연히 히틀러와 비교했다. 이것은 그들에게 양보하면 히틀러의 경우처럼 팽창주의를 부추기게 될 뿐이라고 가정했다는 의미다. 그러므로 그들의 팽창주의는 평화적인 방법으로는 막을

---

*   지금의 볼고그라드

수 없고 위협을 가하거나 전쟁을 개시해 막을 수밖에 없다고 여겼다. 과연 이 독재자들과 히틀러 사이에 비슷한 점이 전혀 없었을까? 물론 그들 모두 허영심, 성공적인 팽창을 멈추면 자신들의 권력이 약화될 거라는 두려움 등, 인간에게서 나타나는 일반적인 결점을 가지고 있었다. 그리고 정복에 성공한 지도자가 더 큰 팽창 욕구를 키우는, 혹은 우리 할머니 말씀에 따르면 먹을수록 식욕이 돋는 l'appétit vient en mangeant 패턴이 발견되기도 한다. 알렉산드로스대왕, 카이사르, 칭기즈칸, 정복자 메흐메트, 대항해시대 초기 스페인의 왕들, 구스타프 2세 아돌프, 프로이센의 프리드리히 2세, 나폴레옹, 1930년대의 일본 군부 정권, 히틀러, 그리고 **제2차세계대전 중의 스탈린**까지 모두가 상황이 자신들에게 유리할 때 더 나아가려는 유혹을 느꼈다. 하지만 이 중 누구도 '세계'를 정복하는 건 고사하고 어디까지 정복할 건지 처음부터 명확히 정해놓았다는 증거는 거의 없다. 모두 어느 정도 기회주의자였고 일단 자신들이 착수한 정복 전쟁의 제한된 목표(페르시아의 아테네 약탈에 대한 복수이든 갈리아 지방에 평화를 가져오는 것이든 '황금 사과' 콘스탄티노폴리스를 차지하는 것이든)를 달성하고 나서 나타난 유리한 기회를 잡았을 뿐이다.

하지만 그들이 의식적으로 누군가를 본받으려 했을 수도 있다. 알렉산드로스대왕은 새로운 아킬레우스가 되고 싶었고, 일련의 근대 통치자들은 새로운 알렉산드로스대왕이나 카이사르로 비치길 원했다. 이 고대 정복자들의 모습이 담긴 그림과 조각이 군주들의 궁전 곳곳에 놓여 있다는 사실이 이 점을 입증한다. 이 고대의 롤모델처럼 되는 데 성공했는가는 전투에서의 승리와 군사적 정복으로 평가되었다.

마찬가지로, 다른 정권들도 의식적으로 역사의 선례를 상기시킨다. 2010년대와 2020년대 초 연이은 보수당 정권 아래 영국이 세계 무대의 주역이라는 빅토리아시대와 유사한 태도로 돌아간 것은 이런 사례 중 하나다. 식민제국을 잃은 지 오랜 시간이 지난 데다 러시아의 추가적 팽창을 막으려는 공동 노력에 명백하게 병력이 편중된 차상위 강대국이 세계 무대의 주역이라는 게 말이 되는지 안 되는지는 차치하고 본다면 말이다. 튀르키예의 대통령 에르도안은 의식적으로 오스만제국을 상기시킨다. 오스만제국의 황제는 이슬람 세계의 지도자인 칼리파를 자칭했다. 2020년경 튀르키예 국방부 대변인이 말했듯 '위대하고 강력한 튀르키예는 … 억압받는 많은 사람에게 몸을 피할 수 있는 그늘을 내어주는 거대한 나무다. 지브롤터부터 헤자즈(사우디아라비아)까지, 발칸반도에서 아시아까지 모든 인류가 그것을 갈망한다'.[52] 마지막으로 푸틴은 자신을 새로운 차르로 묘사하려 하고, 이에 따라 거대한 모스크바전시센터의 역사박물관 러시아- 나의 역사에서는 '류리크*부터 푸틴까지 이어지는 차르의 계보'를 보여준다.[53]

푸틴의 경우에는 냉전 패턴으로 회귀하는지 알아보려 할 필요가 없다. 푸틴 자체가 냉전의 **잔재**다. 냉전기에 자라 소련의 정보기관 국가보안위원회KGB(이후 러시아연방보안국FSB)의 요원을 지낸 푸틴은 냉전의 핵심이었던 러시아의 사명과 지도적 역할에 대한 믿음, 반공산주의, 반소련 그리고 그의 추정에 따르면 반러시아적인 세계의 적대 행위에 맞서 주변 국가들을 러시아를 보호할 완충지대로 만들어야 한다는 믿음을 보유하고 있다. 그를 잘 아는 주요 정적 중 하나로 최근 감옥에서 풀려난 블라디미르 카라무르자는, 푸틴의 세계관은 탈냉전시대가 제공한 평화적 공존 그리고 호혜적 교역과 번영의 가능성을 전혀 받아들이지 않았다고 주장했다.[54] 푸틴은 공산주의 시대 전임자들의 냉전 정책에 **영향**을 받은 데서 그치지 않고 주도적으로 그 정책들을 되살렸다. 그는 탈냉전시대에 전혀 적응하지 못한 그의 주요 장군들 대부분과 마찬가지로 **지금도** 냉전주의자

---

*   러시아의 건국자로 여겨지며 러시아 최초의 왕조인 류리크왕조의 시조

다. 이 경우 푸틴의 행동과 그의 소련 전임자들의 행동 사이의 유사점은 **반복되는** 어떤 성질(또는 지정학)의 패턴을 보여주는 것이 아니라, 차르 시대에 대한 향수가 상당히 섞여 있기는 하지만 서구에 대한 냉전기 전략의 의도적인 부활 또는 심지어 그것과의 **연속성**을 나타낸다.

그렇다면 장기지속longue durée*과 국가적 성향은 어떤가? 한편으로 우리는 개별 국가의 제도화된 문화와 문화적 선호 패턴을 확인할 수 있다. 하지만 다른 한편으로는 그것들이 고정되어 있다고 가정하는 것에 주의해야 한다. '국가' 문화와 제도화된 문화는 그것을 이끌고 그 일부를 이루는 개인들의 특성과 함께 시간이 지남에 따라 변화한다. 세대교체에 따른 변화도 중요하다. 티토 집권 시 유고슬라비아를 이끌던 엘리트들은 국제주의적 성향과 함께 범유고슬라비아의 틀에서 인종의 다양성을 다루고 받아들이려는 확고한 태도를 보였는데, 이들은 1980년대 말 더 편협한 인종적/민족적 의제를 가지고 있던 후임자들과는 명백히 다른 정신과 이상을 가지고 있었다. 개인도 변한다. 오래도록 재직 중인 주요 정치가들 다수에게서 핵심 문제에 대한 접근법이 변화하는 것을 볼 수 있다. 이를 잘 보여주는 예로는 소련에 대한 로널드 레이건의 태도 변화, 미국에 대한 마거릿 대처의 태도 변화, 독일과 독일 통일에 대한 프랑수아 미테랑의 태도 변화, 유럽 통합에 대한 헬무트 콜의 태도 변화가 있다. 정권도 접근법을 바꿀 수 있다. 로버트 저비스는 2002~2003년 시기 사담 후세인이 대량살상무기를 개발할 가능성에 대한 미국 정보기관의 평가에서 무엇이 잘못되었는지 살펴보는 연구를 통해, 그들이 1991년 걸프전쟁의 교훈을 '지나치게 의식했다'라는 것을 발견했다. 1990~1991년 그들은 이라크가 비밀리에 진행

---

* 프랑스 역사학자 페르낭 브로델이 제시한 개념으로 오랜 기간에 걸쳐 형성된 구조나 패턴, 또는 장기적으로 미치는 영향을 의미한다.

한 대량살상무기 연구 계획을 과소평가했다는 사실을 깨달았다. 따라서 2003년에는 숨겨진 활동이 더 있을 거라고 가정했다.[55]

그러므로 내 마지막 경고는 '루리타니아*인들은 항상 X를 할 것이다'라든지 '조라니아는 항상 Y나 Z라는 행동을 택할 것이다'라고 주장하는 '역사적' 패턴을 구성하는 데 주의하라는 것이다. 1990년 많은 유고슬라비아 전문가들은 줄곧 분열의 낭떠러지에서 비틀거리고 있던 유고슬라비아에 대해, 분열 전쟁이 일어날 가능성을 일축하며 결국 평화로운 협력을 지속할 가능성이 더 크다고 주장했다. 어떤 상황에든 다양한 전개 가능성이 있고, 이 가능성 중 어느 것이 실현될지는 각 상황에 영향을 미치는 복합적인 특정 요인들이 결정할 것이다. 훌륭한 분석가는 훌륭한 역사학자처럼 기껏해야 여러 가지 **가능한** 결과를 확인할 수 있을 뿐이다. 물론 가장 쉬운 방법은 다 지난 후에 사후적 관점에서 왜 어떤 것은 실현되고 어떤 것은 그렇지 않았는지 설명하는 것이다. 미래를 예측하려면 문화적 독특성에 대한 깊은 이해가 필수적이다. 하지만 그것 자체로는 (슬로보단 밀로셰비치나 사담 후세인 같은 복잡한 특성을 가진 개인이 다음으로 무엇을 결정할지를 포함해) 미래를 확실히 예측하기 위한 마법의 공식으로 가장할 수 없다. 그래도 문화적, 이데올로기적 요인, 세계관의 차이와 그것이 가지는 함의를 아는 분석가는 1920년대와 1930년대 영국과 프랑스 정부가 독일에 대처하면서 저지른 일, 또는 1994년과 1995년에 르완다 학살과 스레브레니차 학살이 우리가 지켜보는 가운데 벌어지게 한 것과 같은 엄청난 실수를 피할 수 있을지도 모른다.

---

*   뒤에 나오는 조라니아와 함께 예시를 위한 가상의 국가다.

양치기 소년과 군사훈련의 수수께끼

미래 예측과 관련해 분석가들에게 제기되는 문제는 적어도 한 번 이상 어떤 사건이 일어날 것으로 예상되었으나 실제로 일어나지 않는 경우다. 이 경우 이런 예측을 단언한 출처의 신빙성이 떨어진다. 가장 유명한 최근 사례는 이전의 경고가 잘못된 것으로 밝혀져서 이스라엘이 허를 찔린 1973년 욤 키푸르 전쟁의 사례다.

> **[참고 2.4] 1973년 욤 키푸르 전쟁**
>
> 1973년 이집트 대통령 안와르 사다트는 1967년의 6일전쟁 이래 이스라엘이 점령하고 있던 시나이반도 침공을 두 번이나 지시했다. '에인절Angel'이라는 암호명을 가진 정보원이 이집트의 공격이 임박했다고 이스라엘에 두 번 경고했지만, 사다트는 공격을 두 번 연기했다. 처음 경고를 받고 이스라엘은 예비군을 소집했다. 이는 국가경제에 엄청난 피해를 미치고 이 소집이 필요 없는 것으로 밝혀질 경우 정부가 국민의 신뢰를 잃을 수도 있는 조치였다. 사다트가 세 번째로 침공을 지시했을 때 에인절은 또다시 이스라엘에 경고했지만 이스라엘은 '늑대가 나타났다'를 너무 자주 외치는 것으로 보이는 정보원의 신뢰성을 의심하기 시작했다.[56] 그 결과 1973년 10월 6일, 북쪽에서 일어난 시리아의 침공과 동시에 이집트가 시나이반도를 실제로 침공하자 이스라엘 정부는 깜짝 놀랐다. 이 사례는 그로부터 정확히 50년 후인 2023년 말 초막절Sukkot*에 가자 지구에서 하마스가 전쟁을 일으키기

---

* 9~10월에 있는 유대인의 3대 명절 중 하나

전까지 이스라엘이 겪은 최악의 정보 실패였다.

더글러스 니컬도 언급했듯이 여러 번의 예행연습을 보고 공격 임박을 확인하기는 대단히 어려울 것이다. 특히 실제 공격에 연막을 치는 역할을 할 수 있는 군사훈련의 형태로 예행연습이 실시된 경우에는 더욱 그렇다.[57] 이것은 튀르키예군이 1960년대 말부터 연습해온 1974년 튀르키예의 키프로스 침공, 일련의 허위 경보 후 1982년 마침내 실현된 아르헨티나의 포클랜드 침공, 2010년대 말과 2020년대 초 러시아의 군사훈련에도 적용된다. 각 사례에서 침공 이전의 군사훈련들은 실제 공격이 일어날지, 일어난다면 언제 일어날지 불확실하게 만들었다.

보통 군사훈련의 목적은, 동맹국이나 다른 파트너들 등과 함께 자국의 부대와 신규 인력을 기존 장비, 새 장비, 전통적인 표준운영절차, 새로운 절차에 따라 훈련시키는 것이다. 그리고 정치적 목적도 있다. 우방국들과 동맹국들을 안심시키는 것이 여기에 포함된다. 또한 군사훈련은 또한 외교 도구이기도 해, 어떤 우호적 국가의 지지 행동에 대한 보상으로서 그 나라를 군사훈련에 포함시키거나 불만의 표시로서 합동훈련에서 제외시키고, 한편으로는 다른 국가들을 위협하거나 강제하고, 특히 잠재적 적들의 공격을 억지하는 역할을 할 수 있다.

하지만 군사훈련은 병력을 위태로운 분쟁지역으로 옮기거나 공격작전을 준비하기 위한 위장 수단이 될 수도 있다. 다른 곳에서 진행되는 실제 공격 준비에서 눈을 돌리게 하거나 상대국의 통상적 반응을 시험하기 위해 계획될 수도 있다.

물론 모든 군사훈련이 침공에 대한 연막은 아니다. 하지만 소련/러시 소련으로부터 이런 속임수를 배운 냉전기 (현재 또는 이전) 소련의 피보호국들에게는 이런 관행이 명백히 존재한다. 애초에 소련은 이 속임수를 독일로부터 배웠다. 1939년 여름 독일군은 군사훈련을 구실로 폴란드와의 국경에 군대를 배치하고 1939년 9월 1일 폴란드를 침공했다. 이듬해인 1940년 독일군은 북해로 흘러들어가는 베저강과는 아무런 관련이 없음에도 베저위붕Weserübung*이라고 이름 붙인 군사훈련을 실시했는데, 실제로는 노르웨이 침공을 준비하고 있었다. 1941년 표면상 군사훈련을 통해 대규모 독일 국방군 분견대가 폴란드로 진입해 독일과 소비에트 점령 영토의 분계선 가까이 배치되었다. 이렇게 군대를 전진 배치해놓은 독일군은 1941년 6월 22일 소련에 대한 기습 공격을 개시했다.

내가 살펴본 바에 따르면 소련이 처음으로 이 패턴을 응용한 것은 헝가리와 불가리아에서의 군사훈련을 유고슬라비아 침공을 위한 위장으로 사용해, 이 두 위성국가의 군대가 선봉에 서고 필요한 경우 적군 부대가 뒤에서 지원하기로 한 1951~1953년의 계획들에서였다.[58] 이 계획들은 유사시 유고슬라비아 방어를 지원할 것이라는 미국의 강력한 신호를 고려해 무기한 연기되었다. 하지만 1968년 여름, 소련은 슈마바와 네만 군사훈련**을 이용해 체코의 새 자유주의 정권이 자유주의 개혁(프라하의 봄)을 포기하도록 위협했고, 그럼에도 체코가 저항하자 군사훈련에 배치된 부대들로 전투대형을 이루어 8월 체코슬로바키아를 침공했고 프라하의 정권이 교체되었다.

이 속임수는 마치 이집트, 인도, 이라크와 같은 동맹국과 피보호국의 학생들이 포함된 소련의 군사학교에서 가르친 것처럼 보인다. 이집트의 안와르 사다트는 1973년 이스라엘이 점령한 시나이반도의 침공을 세 번 지시하고 두 번 연기함으로써 상대방이 그의 진짜 의도를 알 수 없게 만드

---

* 베저위붕은 독일어로 '베저강 훈련'을 의미한다.
** 바르샤바조약기구의 합동 군사훈련

는 동시에, 이 속임수를 매우 효과적으로 사용했다('참고 2.4 욤 키푸르 전쟁' 참조, p.105).

그리고 1980~1981년, 폴란드에서 일어난 부두 노동자들과 여타 노동자들의 솔리다르노시치(연대)운동*이 공산 정권을 위협하고 있었다. 소련은 이 지역에서 군사훈련을 개시해 운동 세력이 물러나도록 압박을 가하려 했고, 1980년 4월, 그리고 1981년 9월에 침공 계획을 준비해놓기도 했지만, 두 계획 모두 연기되었다.[59] 소련이 이 문제에 개입하지 않기를 바랐던 폴란드 군부는 1981년 12월 정권을 잡고 계엄령을 선포했다.

소련의 또 다른 제자라 할 수 있는 인도군은 1986년 11월부터 1987년 1월까지 정부 모르게 실시한 브래스택스Brass Tacks 군사훈련을 통해 인도와 파키스탄 국경에서 불장난을 저질렀다. 당시 양국 모두가 이미 핵무기를 보유하고 있었다. 인도가 한정된 영토 침탈 목적으로 파키스탄을 실제로 침공할 가능성이 얼마나 컸는지는 불분명하지만, 이 위기는 미국이 개입하고 나서야 끝이 났다.[60] 얼마 지나지 않아 1990년 사담 후세인은 쿠웨이트 침공 준비에 군사훈련을 이용했다. 이라크 또한 러시아의 또 다른 피보호국으로, 이라크의 최고위 군사 지도자들은 모스크바의 군사학교에서 훈련을 받았다.

러시아 정부가 소련의 오래된 속임수를 다시 이용한 것은 2008년 7월 캅카스 훈련을 이용해 조지아 침공을 준비하는 동시에, 미국과 조지아의 합동 군사훈련이 러시아 영토에 대한 공격 준비라고 주장할 때였다. 그 후 2014년에 러시아 정부는 2014년 2월 26일부터 우크라이나 북동부에서 불시에 종합 전투준비태세 점검을 할 것이라고 발표하면서 새 변화를 주었

---

* 1980년 창립된 폴란드의 자유노조로 처음에는 노동쟁의로 시작해 이후 반소련 민주화운동으로 발전했다.

다. 이 점검은 러시아 병력이 크림반도 병합을 위해 크림반도로 잠입하는 동안 관찰자들의 관심을 다른 곳으로 돌렸다.

군사훈련의 근거라고 추정되는 군비증강을 검토하고, 군사훈련의 진짜 목적을 확인하기 위해 현장 검사를 실시할 수 있는 능력을 갖추는 것이 1990년 유럽재래식무기감축조약Treaty on Conventional Armed Forces in Europe, CFE의 핵심이었다(러시아는 2007년 이 조약의 이행을 중단했다). 조약 이행을 감시하는 것과 함께 유럽안보협력기구는 1990년 빈에서 군사훈련의 투명성 확보를 위한 문서를 채택하고, 모든 회원국이 1만 명이 넘는 인원(해군의 경우 기준 인원수가 더 적다)이 참가하는 군사훈련의 경우 미리 고지하도록 했다. 이 문서는 여러 번 개정되었지만, 하나의 군사훈련임에도 여러 개의 관련 없는 유사 훈련들로 가장해 1만 명이라는 인원 제한을 피해 갈 수 있어 대부분의 회원국이 필요하다고 여긴 추가 개정은 2010년부터 OSCE의 러시아 대표에 의해 지연되었다. 2018년 10월 25일 나는 빈의 OSCE 본부에 초대받아 내 관심사인 군사훈련을 이용한 군사적 침략 준비에 대해 발표했는데, 러시아와 벨라루스를 제외한 압도적 다수가 빈 문서 개정 재개에 찬성표를 던졌다. 하지만 이 시도는 계속해서 러시아와 벨라루스의 방해를 받았다. 그들은 러시아의 크림반도 병합에 대응해 서구가 내린 제재가 계속되는 한 자신들의 입장도 변하지 않을 것이라고 밝혔다.

그 후 러시아는 이제 충분한 연습을 거친 자신들의 비책을 계속해서 사용했다. 2020년부터 2022년 초까지 러시아는 또다시 일련의 현란한 군사훈련을 벌여서 우크라이나와 서구가 2022년 2월 24일 개시한 실제 침공의 위험성을 감지하지 못하도록 했다. 하지만 2021년 11월쯤에는, 대규모 자파드Zapad 군사훈련*을 위해 우크라이나 가까이 이동한 러시아군이 훈련 종료 후에도 동원 해제되지 않고 있다는 것이 기밀정보를 입수하지 못한 외부인의 눈에도 띄었다.

따라서 군사훈련을 이용한 공격 준비는 소련의 전략 도구상자에 들어있던 무기로서 러시아가 계속해서 사용하고 있고, 소련과 러시아의 군대 및 정보기관이 매우 긴밀한 연속성을 갖고 있음을 보여주는 많은 지표 중 하나였다. 국립모스크바외국어대학교의 A. A. 바르토시 대령은 자신의 글에서 이를 솔직하게 인정했다. 2022년, 러시아군이 우크라이나 동부에 대한 군사훈련을 통해 '특별군사작전'을 준비하고 오래 지나지 않은 시점에, 그는 군사훈련이 재래식 전쟁을 피하려는 '하이브리드전'의 전체 전략에 얼마나 잘 들어맞는지 설명했다.

> 하이브리드전 전략은 피해국의 힘을 소진시키는 것을 목표로 매우 다양한 수단을 사용한다. … 공격국은 비밀리에 공격에 나선다 … 하이브리드전의 전략에서 중요한 요소는 국경 및 전략적 요충지에서 국지적 분쟁을 일으키고, 도발적인 시나리오로 국경을 따라 대규모 군사훈련을 실시하고, 불안정한 무기체계를 배치하고, '제5열'**과 정보원들의 네트워크를 사용해 상대국의 군사 안보 영역에 영향을 미쳐 과도한 국방비 지출을 이끌어내는 것이다. 이 소진 전략은 몇 년의 기간을 염두에 두고 진행된다.[61]

---

*   러시아와 벨라루스의 합동 군사훈련. 자파드는 러시아어로 '서부'라는 뜻으로 러시아 서부의 유럽, 특히 나토를 견제하기 위한 훈련이다. 2021년 자파드 훈련은 9월 10~15일까지 진행되었다.
** 스페인 내전에서 유래한 말로 아군 내부에 잠입한 적군의 조력자 또는 적군 내부에 잠입한 아군의 조력자를 뜻한다. 일반적으로 적국에 잠입한 스파이를 가리킨다.

그럼에도 불구하고 상당히 많은 서구의 관찰자들이 군사훈련을 위장전술maskirovka로 사용하는 러시아의 속임수에 넘어갔고, 터무니없게도 2022년 2월 중순까지 침공 가능성을 부정하고 있었다.

부정

부정denial은 여러 문화에 걸쳐 나타나는 편향이다. 우리는 일어나지 않았으면 하는 일들을 무시하려 하고, 그런 일이 임박할 때보다는 아직은 먼 가능성일 때 더 명확하게 보기도 한다. 나토 연구원 플로랑스 가웁은 우리가 미래를 어떻게 생각하는지에 대한 뛰어난 탐구를 통해, 거의 모든 '놀라운' 사건이나 상황 전개가 그전에 예언된 (그리고 실제로 정보기관이 예측한) 것들이었다고 언급한다.[62] 그럼에도 경고는 무시되었다.

1970년대 환경오염에 대한 보편적 우려는 곧 대기의 '오존홀'과 그에 따른 기후변화에 대한 우려로 이어졌다. 하지만 이후 수십 년간 이에 대한 조치는 거의 취해지지 않은 것으로 보인다. 2000년대 초 이 주제가 다시 주목받았을 때 특히 미국과 유럽의 정치적 우파 중에는 이를 전적으로 부인하는 사람들이 많았고, 이런 우려가 모두 거짓말이고 과잉 반응이며 단기적인 경제적 및 사회적 후생에 해로운 정책을 옹호하게 만들려는 정부의 음모라는 주장이 제기되었다. 적어도 지금은 이런 주장이 소수 과격파의 의견으로 밀려났다.

영국의 정보기관, 내무부, 국방부에서의 오랜 경력을 토대로 데이비드 오맨드 경은 이런 부정(이용 가능한 증거에서 옳은 예측을 끌어내지 못하는 것)이 부분적으로는 '어떻게 실현될지에 대한 믿을 만한 인과적 설명 없이 우리가 원하는 일이 이루어질 거라고 상상하는 주술적 사고에 빠지기 쉬운 인간의 성향'에서 기인한다고 설명한다. '이렇게 함으로써 우리는 우리가 원하는 것을 얻을 수 없을지 모른다는 불편한 진실로부터 자신을 보호한다.'[63]

부정과 희망적 사고는 제2차세계대전이 발발하기 1년 전까지 존재했다. 제1차세계대전에서 아들을 잃은 당시 영국 총리 네빌 체임벌린 경은 '히틀러와 거래를 할 수 있다'라고 주장했다. 다른 대안은 상상만 해도 너무 끔찍해 보였다.

독일인들도 명백한 현실을 부정하며 자신들이 원하는 대로 세상을 바라보는 편향에서 자유롭지는 않았다. 히틀러의 오만한 독일 공군(the Luftwaffe) 총사령관 헤르만 괴링은 1942년 초 독일의 아헨 부근에서 미국 전투기 한 대가 격추되었다는 보고를 듣고도, 미국 전투기가 영국 기지에서 독일까지 닿을 수 있을 리가 없다고 부정했다. '말도 안 된다.' 그는 말했다. '나도 경력 있는 전투기 조종사다. 무엇이 가능하고, 무엇이 불가능한지 잘 알고 있다.' 그리고 설상가상으로 그는 이렇게 덧붙였다. '나는 미국 전투기가 아헨에 닿은 적이 없다고 공언한다'(그는 또한 적군의 폭탄이 독일 땅에 닿으면 마이어로 성을 갈겠다고 주장하기도 했다. 이후 대담한 이들은 그를 헤르만 마이어라고 부르며 조롱했다).[64]

우리는 이미 1941년 초 스탈린이 독일 국방군의 소련 침공 준비 보고를 믿지 않았던 사례를 보았다. 명백한 부정의 사례다. 이뿐만이 아니다. 참패로 끝난 1812년 나폴레옹의 러시아 원정에서 클라우제비츠가 이끌어 낸, 방어가 공격보다 강하다는 원칙에 스탈린이 귀를 기울이고 그에 따라 행동했다면 대조국전쟁에서 수백만 명의 목숨을 구할 수 있었을 것이다. 선대 프로이센인 클라우제비츠를 존경한 레닌과 달리 스탈린은 어리석게도 클라우제비츠가 부르주아고, 그래서 소련의 군사교육에는 부적절하다고 무시했다. 또한 스탈린은 클라우제비츠의 가르침을 거부한 것과 일관된 조치를 취했다. 적진 뒤에서 점령군에 대해 저항 움직임을 개시할 자국 내 모든 잔류 조직을 해체한 것이다. 당시 스페인에서 공화파 편에 서서 싸우고 있었던 덕에 1937~1938년의 대숙청을 피했던 일리야 그리고리예비치 대령과 제2차세계대전 동안 소련 빨치산의 활동을 목격했던 판텔레이몬 콘드라티예비치 포노마렌코는 1930년대 초 소련이 침략군에 대한 민중 봉기를 이끌 만반의 준비가 되어 있었다고 후에 회상했다. 1937년 전까지 스탈린과 지지자들은 '그들의 영토에서 빨치산 전투를 준비하는 것은 패배주의고, 따라서 조국에 대한 반역'이라고 생각했다. 그 결과 모든 준비는 중단되었고, 빨치산을 목적으로 한 무기, 탄약, 보급창은 뿔뿔이 흩어졌고, 이미 세워진 훈련소와 빨치산 파견대도 해체되었다. 그때까지 빨치산 전투준비에 관여하고 있던 군 장교들은 대부분 대숙청 과정에서 '제거되었다'.[65] 데니스 바실리예비치 다비도프 장군이 기록한 것처럼 스탈린의 전략적 사고에서 1812년 러시아가 외국 점령군에 대항해 펼친 게릴라 유형의 저항은 마르크스주의의 역사 발전 개념과 양립할 수 없었다. 따라서 스탈린은 러시아 땅에서 전쟁이 다시 일어날 가능성을 부정했다.

    1941년은 파국을 초래한 오판들이 단연 많았던 해였다. 스탈린의 오판으로부터 겨우 여섯 달 후, 미국 지도부가 일본이 하와이처럼 멀리 떨어져 있는 곳의 군사시설을 기습공격할 가능성이 있다는 것을 믿지 않으려 할 때 또 다른 오판이 뒤따랐다. 편향이 크게 영향을 미쳤고, 일련의 잘못된 판단들로 진주만에 정박한 미국 함대에 대한 일본의 공격이 임박했다는 정보기관의 중요한 경고가 뒤늦게 전달되었다. 미국은 나중에 일본과 전쟁을 할 수도 있겠다는 장기적인 전략적 우려에도 불구하고 이런 오판을 내렸다.

[참고 2.5] 1941년 12월 진주만: 일본의 미국 공격

일찍이 1920년대에 미국 군사 계획자들은 일본이 극동 지역에서 미국의 이익을 위협할 가능성이 있다고 보았다. 히틀러가 독일에서 정권을 잡기도 전, 일본의 팽창주의가 일으킨 제2차세계대전은 극동에서 1931년 일본이 만주 본토를 침공하고, 이어서 1937년 일본이 중국을 침략하면서 시작되었다. 1940년 6월 프랑스가 독일과 휴전협정을 맺은 후 일본은 프랑스령 인도차이나*를 점령했다. 1940년대 중반 미국 대통령 프랭클린 D. 루스벨트는 미국 태평양함대를 캘리포니아 샌디에이고에서 하와이로 옮겼다. 1941년 초 루스벨트는 미국 해군이 일본의 팽창주의를 억제할 수 있을지 우려한 나머지 일본이 침공하는 경우 필리핀을 넘겨줄 생각까지 했지만, 일본 정부에 일본이 '이웃 국가들'을 공격한다면 미국이 (막연한) 조치에 나설 것이라고 말해 그 공격을 억제하려 했다. 다시 말해, 미국과 일본의 교전 가능성은 20여 년 내내 매우 높아 보였다.

1941년 7월 미국에서 일본으로의 석유 수출이 중단되자, 일본은 절박해졌다. 11월 일본 정부는 미국이 석유 수출을 재개하면 일본군이 프랑스령 인도차이나에서 철수하겠다는 거래를 제안했다. 미 국무장관 코델 헐의 메모에 따르면 루스벨트는 일본의 제안을 거절하면서 더 많은 것을, 즉 중국에서 철수할 것을 요구했다. 하지만 이 메모가 전달되기도 전에 도쿄에 있는 일본 군부에서 미국과의 정면 대결을 주장하는 파벌이 승리했고, 항공모함 여섯 척을 포함한 일본 함대가 진주만의 미국 함대를 공격하기 위해 1941년 11월 26일 출항했다. 미

---

* 베트남, 라오스, 캄보디아

> 국 정부 대표들과 연료 공급 재개 협상을 종료하기로 결정하기 이틀 전의 일이었다. 정보기관에서는 일본의 접근법이 변화한다는 조짐을 포착했지만, 어떤 것도 바르바로사 작전 이전 소련 정부가 받았던 정보만큼 명백하지는 않았다. 결국 12월 7일 밤늦게 그리고 이른 아침에 하와이 오하우섬의 오파나에 있는 레이더기지에서 일본 항공기가 미국 영공을 침범한 것이 확인되었고, 진주만 근처에서 일본 잠수함들이 발견되었지만, 그들을 추적하는 데는 실패했다.[66]
> 하와이 시간으로 1941년 12월 7일 아침 정각 8시 직전, 진주만에 정박한 미국 전함들을 폭격하며 일본의 공격이 개시되었다. 일본은 공격 개시를 한 날 선전포고했다. 일본군은 미국이 이 공격에 대한 보복으로 일본을 완전히 패배시킬 결심을 굳히기보다는 해군 군함의 손실로 아무것도 할 수 없을 것이라 잘못 가정했다. 일본의 작전이 성공하리라는 예상은 결국 처참한 전략적 오판으로 드러났다.

마찬가지로 냉전 중 소련이 언제 원자폭탄을, 그리고 이어서 수소폭탄을 실제로 테스트할지에 대한 초기의 (장기적) 예측은 꽤 현실적이었지만, 실제 소련이 테스트를 시행하자 서구의 언론은 물론이고 지도자들도 놀라고 낙담했다. 무언가가 아직 먼 미래에 일어날 것으로 예상되는 경우에 그것이 임박했을 때보다 그 일의 발생 가능성을 더 잘 볼 수 있는 패턴이 존재하는 듯하다. 임박한 경우에는 부정이 시작되기 때문이다.

1989년 말부터 1991년 초까지 동유럽 전체에서 공산주의 정권들이 무너지면서 냉전 종식 이후 러시아는 금방이라도 나쁘게 변할 가능성이 있는 것으로 여겨졌다. 1993년 예리한 미국의 국방 분석가 데이비드 S. 요스트가 쓴 예언을 살펴보자. 그는 물었다.

자기 지배하에 있었던 영토에 러시아 정부는 어떤 접근법을 택할 것인가? … 러시아는 냉혹한 현실주의 … 정책을 추구해 전부는 아닐지라도, 약한 몇몇 이웃 국가들을 지배하고 심지어 새로운 제국이나 세력권에 포함시킬 것인가? 러시아는 그런 제국에 정당성을 부여하기 위해 새로운 유사 혁명 이데올로기를 고안할 것인가? 러시아의 과거와 마르크스·레닌주의의 신뢰도 하락을 고려하면 이것은 반서구적이고 구세주적인 이데올로기가 될 수 있다. 그 동력은 아마도 권위주의, 러시아 민족 우월주의, 정교회, 또는 범슬라브주의를 엮어 러시아의 강대국 지위를 유지하겠다는 결의일 것이다.[67]

당시 비슷한 생각을 했던 다른 이들도 있었다. 이들은 1990년대 초까지 탈냉전기 러시아와 러시아의 미래를 민주주의 실현에 실패하고 바이마르공화국에서 히틀러의 독재로 이어진 독일과 비교했다.

하지만 1990년대 내내 러시아는 신중하게 세계와 친밀한 관계를 유지하는 듯했다. 집권 초기인 1999년 중반부터 2007년까지도 푸틴은 나토와 EU를 비롯해 다른 국가 및 기구들과의 협력관계에 열려 있는 듯 보였고 교류도 활발했다. 푸틴은 유럽에서 러시아의 자리를 찾는 것에 관해 이야기하며 '정신과 문화면에서 러시아는 유럽을 구성하는 필수 요소'라고 언급했다.[68] 2007년 2월 뮌헨안보회의에서 한 푸틴의 연설에는 푸틴의 마음이 더 공격적 접근법으로 기울었다는 메시지가 담겨 있었지만, 당시 많은 이들이 이 메시지에 주의를 기울이려 하지 않았고, 나를 비롯한 많은 이들이 러시아가 영토를 가로채는 데 성공한 러시아-조지아 전쟁의 함의를 외면하려 했다. 그러고 나서 2014년, 러시아는 아주 영리한 움직임으로 크림반도를 병합했다. 러시아는 우크라이나 동부의 루한스크와 도네츠크에 러시아 병사들과 용병들을 침투시킨 후 러시아 점령하에 크림반도에서 국민투표를 실시했고, 당연하게도 주민 대다수가 러시아의 크림반도 병합에 찬성한다는 결과가 나왔다. 그 후 몇 년 동안 러시아가 주목할 만한 움직임을 보이지 않자 우리 대부분은 푸틴이 이제 목적을 이루었으니 더 이상의 영토적 야심은 없을 거라고 생각했다. 아니, 그보다는 없기를 바랐다. 서구 사람들은 정말로 더 이상의 대결을 원하지 않았다. 프랑스 대통령 에마뉘엘 마크롱은 관계 재정립에 관해 이야기하고 크림반도 병합 이후 러시아에 부과된 제재의 완화를 고려하기도 했다. 서구는 두렵기도 했고, 수반될 지출과 군비경쟁 때문에라도 냉전으로 복귀하고 싶은 마음이 전혀 없었다. 세계는 기후변화를 완화하는 어마어마한 일을 포함에 이미 신경 써야 할 일이 많았고, 2008년 금융위기의 여파가 (많은 민주주의국가에서 포퓰리즘 정당의 지지 증가와 함께) 오래 지속되었고 그다음으로는 코로나19가 터졌다. 푸틴에게는 서구가 다른 일들에 사로잡혀 있는 이 모든 상황이 이용하기 좋은 기회였다.

부정은 핵무기가 제기하는 도덕적 딜레마에 대한 비이성적인 접근법이기도 하다. 이 딜레마를 요약하자면 다음과 같다. 만약 핵전쟁이 일어나면 세계 대부분 지역에서 사상자가 나오거나 혹은 방사능이 퍼져나가 전 세계가 멸망할 수도 있다. 하지만 모든 무기고에서 핵무기가 제거된다면 재래식 전쟁이 부활해 제2차세계대전과 비슷한 그리고 그보다 더 심한 대규모 파괴와 살상이 일어날 수 있다. 우리는 어느 쪽도 원하지 않는다. 핵전략가들은 만약 억지가 무너지면 전면적 핵전쟁이 아닌 방법으로 핵무기를 사용해 억지력을 회복하겠다는 주장이 신빙성을 얻어, 이런 대규모 전쟁을 상상도 할 수 없게 만들기를 바란다.

핵무기의 파괴력이 무시무시하다는 것과 누구도 전쟁을 일으키려고 하지 않아 무기가 전혀 필요 없는 세상이 이상적이라는 데는 이견의 여지가 없다. 그런 평화롭고 이상적인 인간들이 사는 세상이 실재하지 않는 상황에서 분쟁이 제2차세계대전과 같은 규모로 격화되지 않도록 핵무기가 (그 존재 자체로, 혹은 억지력 회복을 위한 제한된 사용으로) 보호벽을 제공하는지에 대해서는 이견이 존재한다. 실제로 핵 전략가들은 어떤 전쟁은 아예 시작도 되지 않기를 바란다. 반면 핵무기 사용 금지론자들은 핵의 사용이 제한될 수 있다거나 억지를 둘러싼 복잡한 신호를 제어해 우리가 받아들일 수 있는 비확전의 결과를 만들어낼 수 있다고 믿지 않는다.

그러나 군축론자들이 핵무기 금지를 부르짖으면서도 대안을 제시하지 않을 때도 부정은 발생한다. 여기에는 두 가지 요소가 있다. 하나는 군축론자들의 일반적 실패로서, 강제집행 메커니즘(즉, 조약을 위반한 국가에 무기를 포기하도록 강제할 수 있는 공정한 세계 재판소와 경찰력, 그 무기들을 사용해서 세계 경찰에게 '꺼지라'고 하기보다 순순히 따르는 국가)이 없는 군축 체제는 극도로 취약하다는 점을 제대로 다루지 못한다는 것이다. 우리는 이런 모습을 오늘날 핵확산금지조약의 당사국이지만 수년간 물라mullah*들의 통치 아래 핵보유국이 되어가고 있는 이란의 사례에서 볼 수 있다. 다른 당사국들이 부과한 제재는 이란의 핵 보유를 막지 못했다.

소련은 1972년 생물무기금지협약에 서명하고도 공격용 생물무기 개발을 계속했고[69], 러시아도 1997년 화학무기금지협약에 서명하고도 공격용 화학무기 개발을 계속했다. 러시아의 생화학무기가 가장 최근 세계의 관심을 끈 것은 러시아 망명자나 푸틴의 정적들을 겨냥한 노비촉Novichok 음독 사건이었다.** 일부는 성공했고 일부는 실패했다. 군축론자들의 부정을 보여주는 또 다른 부분은 핵무기가 없는 세상에서 호전적인 국가들이

---

* 이슬람 율법학자에게 쓰는 존칭. 이란은 이슬람 율법학자가 최고지도자인 신정국가다.
** 노비촉은 군사적 목적으로 사용되는 신경작용제로 치명적인 화학무기다. 2018년 영국에서 발생한 러시아 망명자인 스크리팔 부녀 음독 사건과 2020년 푸틴의 정적 알렉세이 나발니의 음독 사건으로 유명해졌다.

대규모 전쟁으로 확산할 수 있는 분쟁을 어떻게 막을 수 있을지 일반적으로 고려하지 않으려 한다는 점이다(모든 군축론자가 이 문제에 맞서지 못한 것은 아니다. 1980년대 랜스버리 하우스 트러스트Lansbury House Trust와 브래드퍼드대학교의 평화학과는 프랭크 블래커비를 회장으로 핵 억제에 대한 대안을 연구하는 위원회를 설립했다. 1983년의 조사 결과에 따르면 그들이 찾아낼 수 있었던 유일한 대안은 재래식 병력의 대규모 증강이었다).[70]

삶은 개구리와 회색코뿔소

널리 알려진 것처럼 (나를 비롯한) 분석가들은, 상황이나 정부의 태도나 지도자의 세계관에 대한 검토를 마치고 나면 변화를 보지 못하고 자신들이 그것에 대해 충분히 알고 있다고 생각하는 경향을 보인다. 이런 경향은 확증편향의 하위범주로 분석가들이 변화를 찾거나 알아차리기를 주저하게 만든다. 사람들은 절대 같은 강물에 두 번 발을 담글 수 없다는 헤라클레이토스의 관찰은 특히 특정 국가 전문가들이 갖는 확신과 상충한다. 이들은 특정 국가에 1년 이상 머물면 그 국가를 이해하게 되고, 그들이 떠난 뒤에 정권을 잡은 정부나 그에 따른 여론 변화를 포함해 그 국가의 거의 모든 면에 대해 권위를 가지고 자신만만하게 이야기할 수 있다고 확신한다. 한동안은 그럴 수도 있겠지만 다음 정부에는 분석가들이 모르는 관료들이 포함될 것이고 이들은 분석가들이 기대하지 않은 정책을 펼 것이다. 아무리 뉴스를 열심히 챙겨봐도 그렇게 될 수밖에 없다. 전문가로서의 평판을 포기하고 싶지 않은 분석가들은 실제로는 전문 지식이 약해지는 상황에서 자신의 전문성을 주장하는 경향을 보인다.

점진적인 변화는 갑작스러운 변화보다 알아차리기 어렵고, 그래서 끓는 물에 던져진 개구리는 어떻게든 도망치려 하겠지만 점점 뜨거워지는 물속에 있는 개구리는 위험을 뒤늦게 알아차리고 죽게 될 것이라는 도시 괴담이 종종 언급된다(실제로는 전자의 경우에도 개구리는 뜨거운 물에 죽겠지만, 일단 이 사실은 차치하자). 점진적 변화의 문제는 변화가 중단되고 역행될 수도 있다는 희망을 품다가 되돌릴 수 없는 시점을 지난 후에야 뒤늦게 깨닫게 된다는 점이다. 이것은 갈수록 공격적으로 변하면서 동시에 자국민들에 대한 통제를 강화하고 반대파들을 감옥이나 수용소에 집어넣거나, 특히 중요한 정적에게는 때로 노비촉을 사용하는 독재정권을 상대할 때도 적용할 수 있을 것이다. 어떤 정권이 비민주적이고, 집단학살까지는 가지 않지만 자국민을 억압한다는 사실이 잘 알려져 있다고 해도, 국제법은 다른 국가들이 이 정권의 국내 문제에 개입해서는 안 된다고 상정한다. 심지어 초강대국인 미국도 그보다 덜 강력한 동맹국들과 함께 2022~2023년 수립한 국가 및 동맹 안보 전략들에서 민주주의의 가치를 공유하지 않는 국가들과도 협력할 수밖에 없다고 인정했다. 만약 민주적 가치를 공유하지 않는 국가라고 할지라도 적어도 국제법을 준수할 의지가 있다면, 그들은 이제 미국의 표현으로 '규범 기반 국제질서를 따르는 국가들'로 불린다.[71] 이런 현실주의적 접근법은 차상위 국가 및 쇠퇴하는 강대국들에는 적합하지만, 꾸준히 독재로 기우는 정권들에 대한 관용과 분석상의 맹점을 키운다.

점진적 변화를 진단하는 문제는 또한 정기적인 외교정책이나 정보기관 보고서에도 영향을 미친다. 이런 보고서에서는 이런 변화를 나타내는 작은 사건이나 흐름이 아예 보고되지 않거나 별로 강조되지 않은 채 보고될 수 있다(예컨대 'X와 Y에서 주둔군이 강화될 것이라는 입증되지 않은 보고가 있다면' 기껏해야 더 알아보라는 긴급하지 않은 요청으로 이어질 것이다). 작은 변화가 더 큰 패턴의 일부를 형성하는지 그리고 그 결과가 어떻게 될지 추측하는 것은 위험하고, 따라서 (법령에 따라 군은 이번 여름 병력을 두 배로 확대할 것이다 같은) 명백한 조치에 대한 정보가 아니라면 보고하기가 더 어렵다. 1941년 12월의 정보 및 의사결정 실패에 대한 로버타 월스테터의 권위 있는 연구는 진주만 공습에 대한 사전경고가 미국 정부에 별 영향을 미치지 못한 것은 부분적으로는 경고에 사용된 표현 때문이라고 언급했다. 그들은 주로 이렇게 말하고 있었다. '무언가 일어나고 있다', '(아마도) 어느 방향으로든 기습적 움직임이 있을 수 있으니 대비하라.' 이처럼 상황을 두고 '가능하다', '그럴 가능성이 높다' 혹은 '가능성을 완전히 배제할 수 없다', '예측할 수 없다'라고 표현하는 것은 분명한 결정을 내리는 데 도움이 되지 않는다.[72]

여기서 우리는 회색코뿔소와 마주하게 된다. 회색코뿔소는 핀란드은행 부총재 마르야 뉘캐넨의 정의에 따르면 '누구나 인지하고 있고 천천히 움직이지만 오랫동안 무시하면 위기를 초래하거나 증폭시킬 수 있는 위험'이다.[73] 러시아-우크라이나 전쟁의 맥락에서 보면 최근 유럽 정부가 국방에 과소 투자하고 군수품 재고를 유지하거나 교체하지 않은 것이 이런 사례가 된다. 이런 위험을 확인했지만 즉각적인 충격은 없었다는 사실에 현실에 안주하게 되는 것이다. 코뿔소가 덤불에서 뛰쳐나와 발밑의 모든 것을 짓밟을 때까지.

정기 보고의 피로

점진적으로 느리게 일어나는 변화는 알아차리기 힘들다. 정기 보고의 문제는 이것만이 아니다. 보고는 어떻게 제도화되었을까? 관료주의를 중심으로 찬찬히 생각해보자. 유럽에서 소위 말하는 중세 시대가 '근대'로 변하던 어느 시기에 시의회에 조언을 주던 각료들은, 곧 국외에서 일어나는 모든 일을 스스로 다 파악할 수 없다는 것을 깨닫고, 새로 조사할 것을 찾고, 시키지 않아도 중요한 일을 알아서 보고하도록 사람을 고용했다. 따라서 베네치아와 브루게처럼 교역이 활발했던 도시국가들은 국외에 그들의 무역 이익에 영향을 미칠 수 있는 일이 있는지 확인하는 정보수집 체제를 구축했다. 더 큰 국가들도 뒤를 따랐다. 유명한 사례로 엘리자베스 1세와 당시 수상이었던 윌리엄 세실, 그리고 후임 프랜시스 월싱엄은 유럽 본토에 첩자들을 심어두고 관리하는 임무를 맡았다. 에식스 백작 로버트 데버루 같은 다른 각료들도 각자 정보원들의 연락망을 가지고 있었다. 물론 정보원들에게는 정보를 제공하는 대가로 돈이 지급되었다.

오랫동안 보고가 누락되고 불규칙적으로 이루어지면 일을 맡긴 각료는 정보원들이 새로운 정보를 찾아다니기보다 그저 돈을 흥청망청 쓰고 있는 것은 아닌지 의심이 들 수 있다. 그래서 각료들은 정기 보고를 권장했을 것이다. 하지만 정보보고서가 더 규칙적으로 도착할수록 보고서에는 (매번 뭐라도 보고해야 했기 때문에) 덜 중요한 내용이 담기고 덜 주목받게 된다. 위기 시를 제외하면, 정기적으로 도착하는 최신 소식 자체는 비정기적 보고보다 관심을 받지 못한다. 2001년 9월 11일 뉴욕과 워싱턴에서 일어난 테러 공격에 대한 사전 정보가 왜 예방조치로 이어지지 않았는지에 대한 사후 조사에서 다음과 같은 사실이 밝혀졌다. 2001년 8월 6일 미국 정보기관들은 알카에다가 미국 땅에서의 작전을 계획하고 있다는 정보(제목: '빈 라덴, 미국을 공격하기로 결정')를 조지 부시 미 대통령에게 전달하고 무슨 일이 일어날 것이라고 언급했지만 대통령은 별 주의를 기울이지 않았다. 이 보고는 그해 알카에다에 대한 서른여섯 번째 보고였고, 이후 그 보고에 대해 논한 적이 없었으므로 부시에게는 기억이 희미했다.[74] 더 일상적인 수준에서는 비슷한 일이 예컨대 학자들의 학술지 구독에 적용된다. 학술지가 일정한 기간을 두고 정기적으로 도착하면 학자들은 읽지 않거나 대충 훑어보고 책상 위에 쌓아둔다. 교수들은 외부의 자극이나 조언이 있어야만 채점해야 할 학생들의 많은 소논문과 검토해야 할 책 원고 및 미출간 논문 등과 함께 수많은 학술지 사이에 파묻혀 있는 한 학술지의 어떤 호에서 우리에게 상당히 중요한 정보를 발견하게 될 것이다.

24시간 방송되는 텔레비전 뉴스는, 특별히 중요한 일이 발생했을 때 다수의 의사결정자로 하여금 직원들에게 행위자나 배경, 역사적 맥락에 대해 더 많은 정보를 찾아보라고 지시를 내리기보다 뉴스가 더 많은 정보를 가져다줄 때까지 그저 기다리도록 만든다. 게으른 기자들 또한 이런 정보를 제공하기보다, 여론을 반영할 수도 반영하지 않을 수도 있는 길거리 인터뷰이의 의견을 선호하며 더 넓은 배경에 대해서는 아무런 설명도 하지 않는다. 이것은 분석가들(의사결정자들)이 아는 것이 무엇이고 알아야 하지만 모르는 것은 무엇인지에 관한 질문으로 이어진다.

과신과 낙관 편향

흔히 언급되는 바에 따르면 갈등 상황에서의 편향에는 적을 3미터나 되는 거인으로 보거나 완전히 무능하다고 보는 편향, 그리고 후자의 경우 상대가 생각만큼 무능하지 않을 때 놀라는 편향이 포함된다. 식민주의자들은 반란을 진압할 때, 혹은 무역 거점이나 해외 정착지가 공격받을 때 원주민 세력들이 비록 무장은 열세더라도 이 불균형을 메꾸기 위해 많은 방법을 고안해냈다는 사실을 종종 발견했다. 식민주의자들은 자신들의 수단과 방법에 대한 과신overconfidence으로 원주민 세력을 상대하는 게 쉬울 거라고 처음부터 확신했을 것이다. 과신은(낙관 편향optimism bias이라고도 한

다) 1940년대 말 영국이 독일의 침공과 점령으로부터 노르웨이를 보호하는 데 실패한 핵심 원인 중 하나로 규정되어왔다. 이 실패의 원인에는 과신과 함께 적을 과소평가하는 것과 직접 관련된, 영국의 전략 수립에서 나타난 고질적 결함들도 있었다.[75] 아프가니스탄의 경우에도 사회 및 지리적 특성을 고려할 때 19세기부터 21세기까지 아프가니스탄을 침공한 영국인들, 소련인들, 나토 회원국들 모두가 아프가니스탄 적대세력의 저항 능력과 끈기를 과소평가했다. 영국 하원 군사위원회 보고서도 아프가니스탄에서 18년에 걸친 서구의 개입이 눈 깜짝할 새 붕괴하며 실패한 원인으로 '낙관 편향'을 지목한다.[76] 그로부터 불과 반년 후인 2022년 2월, 러시아의 푸틴 대통령은 우크라이나에 대한 기습 공격이 성공하면 우크라이나를 점령하는 것은 식은 죽 먹기라고 생각했던 듯하다.

식민주의자들은 그들의 개입이나 공격 후 상대가 변칙적인 방법으로 대응하거나, 병력 불균형과 식민주의자들의 고지식함과 경직성, 그들의 표준운영절차 및 잘 훈련된 전략들을 역으로 이용하면 상대가 규칙에 따르지 않는다고 재빨리 비난한다. 매복, 기습 및 다른 책략의 사용은 평지에서 정면 승부하는 솔직하고 정직한 '서구의 전쟁 방식'과 대조되는 '교활한 동양의 방식'으로 금세 연결된다. 이런 표현은 기원전 5세기 그리스-페르시아 전쟁 중, 아마도 페르시아의 한 장군이 양국의 전투 방식을 비교한 데서 유래한다. 20세기 말 미국의 한 고전학자는 이 표현을 찾아내 '서구의 전쟁 방식'을 우세한 무기, 특히 화력으로 가능한 이런 정면 대치에 획일적으로 끼워 맞추려 했다(이후 많은 비평가들이 지적했듯 '서구'는 필요한 경우 '교활한' 적들의 모든 수단을 거리낌 없이 사용한다).[77]

또한 자국의 능력에 대한 과신은 자국에서 벌이는 선전을 믿는 데서 비롯될 수도 있다. 이런 과신은 제1차세계대전 발발 당시 모든 참전국에서 나타났다. 모두가 빠른 승리를 예상했고 '크리스마스 전에' 전쟁이 끝날 거라고 생각했다. 1941년 히틀러의 독일 국방군이 소련을 공격했을 때도 독일과 소련 양측 모두 이렇게 과신하고 있었다. 19세기부터 21세기까지 아프가니스탄을 침공한 영국, 소련, 미국은 각각 아프가니스탄의 사회 및 지리적 맥락에서 아프가니스탄의 적대세력의 능력과 끈기를 과소평가했다. 낙관 편향은 흐루쇼프가 쿠바에 핵무기를 배치하기로 결정했을 때의 소련에서도 발견되고, 1960년대 베트남 개입과 2003년 이라크를 공격했을 때의 미국에서도 발견된다.[78] 2022년 2월 푸틴의 과신 편향은 앞에서 이미 언급했다.

*****

요컨대 우리 중 일부가 아무리 똑똑하다 해도, 우리는 우리에게 전체적으로 최고의 이익을 가져다줄 결정을 결과적으로 그리고 일관되게 내린다는 의미에서 '합리적'이라 할 수 없다. 우리는 우리의 주요 목표 추구를 심각하게 위협할 수 있는 부차적인 이해관계와 유혹, 감정적 과잉 반응, 편협한 개인의 관심사와 원한의 영향을 받아 이런 목표에서 벗어나는 행동을 한다.

우리가 사고할 때 사용하기 쉬운 편향을 여기서 전부 언급한 것은 아니다. 우리는 불완전한 지식에 기대어 행동하기도 한다. 위험한 추측을 하고 일부 증거들에서 잘못된 서사를 구성하고 우리가 선호하는 서사에 맞지 않는 증거는 무시한다.

이어지는 장에서 우리는, 지식에 대한 우리의 가정 및 우리가 아는 지식을 사용할 수 있다는 우리의 사고방식과 관련이 있는 더 복잡한 몇 가지 편향을 집중적으로 살펴볼 것이다.

3장 아는 것과 모르는 것 (그리고 우리가 그것들을 사용하는 방법)

우리는 무엇을 알고, 무엇을 모르고, 무엇을 알 수 있을까? 우리가 알 수 있는 지식을 둘러싼 오류는 많다. 그중에서도 가장 중요한 것은 물론 우리가 전부 알 수 있다고 생각하는 것이다. 하지만 우리는 과연 중요한 결정을 내리기에 충분할 만큼 알 수 있을까? 아니면 우리는 너무 많은 정보에 휩쓸려 나무를 보느라 숲을 보지 못할 수도 있을까?

너무 적은 혹은 너무 많은 지식

역사학부 학과생이었을 때 나는 지독한 책벌레였다. 추천 도서에 있는 책이나 논문은 반드시 읽어야만 했다. 책이나 논문을 찾아 런던 외곽에 있는 도서관까지 걸어가곤 했지만 찾기가 그리 쉽지는 않았다. 많은 대학들로 이루어진 거대한 런던대학교의 역사 과목 시간표에 따라 매주 100여 명의 학생이 그보다 훨씬 적은 리비우스의 『로마사 Ab urbe condita』나 투르의 그레고리우스의 『프랑크 역사Historia Francorum』를 찾아다녀야 했기 때문이다. 그런데 나는 나보다 훨씬 덜 읽은 다른 학생들이 종종 나보다 훨씬 좋은 소논문을 써내는 것을 알고 놀랐다. 글솜씨도 뛰어났지만 내용도 훨씬 간결하고 명확했다. 나는 마침내 기술적인 열등함이나 우월함을 제외한 이유를 찾아냈다. 그들이 소논문을 더 잘 쓴 이유는 **덜 읽었기 때문이었다**. 특히 그들이 **읽은** 몇 안 되는 자료 중에 지금 다루는 주제에 대한 핵심 논의를 담고 있는 (또는 더 나아가 요약해놓은) 중요한 논문이나 책이 있었다면 덜 읽더라도 더 잘 쓸 수 있었다. 반면 나는 나무들 사이에서 길을 잃어 숲을 보기 어려웠다. 내 소논문은 갈수록 길어지고 교수님들이 그렇게 좋아하는 하나의 중심 주장에 집중하는 것이 갈수록 어려워졌다.

대니얼 카너먼은 이것을 훨씬 간단하고 더 일반적인 용어로 설명했다. 그는 이것을 '이야기 편향story bias'이라고 부르고, 간단하고 너무나 설득력 있는 답은 사실 자기가 갖고 있는(자기가 보는) 정보가 '전부'라고 생각하는 오류라고 설명했다. 우리는 우리가 가진 지식을 기반으로 서사를 구성하는데, 종종 지식이 더 많은 경우보다 알고 있는 지식이 더 적을 때 우리에게 납득 가는 서사로 변형된다. 많은 지식에는 모순되는 사실들이 포함될 수 있기 때문이다. 우리가 더 많은 지식을 갖고 있었다면 많은 좋은 줄거리들이 무너졌을 것이다. 그래서 문외한이 보기에는 이용 가능한 모든 증거에 기반한 역사 기록보다 역사소설이 재미있는 경우가 흔한 것이다. 소설에서는 소설가가 일관성 있는 등장인물들을 만들어낼 수 있어 그들답지 않은 모순이나 결정을 설명할 필요가 없다. 카너먼은 분석가들이 책임 있는 결정을 내려야 하는 현실에서 더 많은 정보를 모아야 할 때, 그러는 대신 이미 가지고 있는 정보를 이용해 그럴듯해 보이는 서사를 구성하려는 유혹을 느낄 것이라고 경고한다.[1] 또는 존 메이너드 케인스가 빈정댔듯이 '잘 아는 것보다 정부가 더 싫어하는 것은 없다. 잘 알면 결정에 도달하

는 과정이 훨씬 더 복잡해지기 때문이다'.²

실제로 국제정치는 '정책결정자들에게 대량의 정보처리를 요구하는데', 그 많은 정보를 처리하기에는 능력이 한정되어 있는 이들은 '단순화 전략'을 채택해 대응한다. 의사결정자들은 쉬운 길을 택해 입수되는 정보를 소화하고 해석한다. 각각의 소식을 각각의 특별한 맥락에서 평가하지 않고, 우리가 검토했듯이 자신들의 특별한 문화와 관련이 깊은 역사적 유사점, '인지지도, 행동 규칙, … 개요', 서사를 이용해 정보를 해석한다.³

쉬운 길을 피하고 각각의 소식을 더 자세히 알아봐야 한다는 깨달음에는 이면이 존재한다. 재계, 경제학, 언론계, 싱크탱크 등 많은 부문에 대한 식견을 갖춘 롤프 도벨리는 항상, 특히 결정을 내리기 전에, 더 많은 정보가 필요하다고 생각하는 것에 대해 경고한다. 첫째, 어떤 결정은 기다릴 수 없다. 둘째, 모아들인 방대한 양의 자료는 지금 문제와 상관이 없을 수도 있고 문제에 대해 알려주는 지식이 미미할 수도 있다. 그리고 셋째, 너무 많은 세부 정보는 우리가 나무들 사이에서 길을 잃고 숲의 윤곽을 보지 못하게 할 수도 있다.⁴ 게다가 보통 결정은 시급히 내려야 한다. 그저 같은 내용을 반복할 뿐인 대량의 자료는 좋은 결정에 다가가는 데 도움이 되지 않을 수도 있다. 꼭 양이 질을 보장하는 것은 아니며, 무슨 일이 벌어지고 있는지 이해하는 데 도움을 주는 필수적인 정보는 그 많은 자료 속에 없을 수도 있다(아니면 바늘은 건초 더미 속에 묻혀 있을 수도 있다). 다음과 같은 구조적 문제가 있기 때문이다. 즉, 우리는 우리가 관심을 갖는 게 무엇이든 그것에 관한 새로운 논문과 책이 아무리 많다 해도 (단어 검색 소프트웨어로는 찾아낼 수 없는 어떤 단어나 어구 아래 새롭고 중요한 요인이 숨어 있을 가능성에 마음을 열어두고) 그것들을 전부 읽지 않는 한 새로운 정보를 하나도 얻지 못할 거라는 사실을 알지 못할 것이다.

(비현실적이지만) 너무 적은 증거를 기반으로 만족스러운 이야기를 하

는 것이나, 너무 많은 증거에 파묻혀 허우적대는 경향은 피상적인 지식과 전문적인 지식을 구별하는 문제와 관련이 있다. 위대한 권위자의 조교는 교수의 전문 분야에 대한 강의를 너무 많이 들어 여러 대학과 싱크탱크에서 대신 강의할 수 있을지도 모른다. 하지만 조교는 연구에 기반한 지식이 없어 진술을 뒷받침할 수 없고 질문을 받을 때 추가적인 증거를 들 수도 없다. 또 다른 예를 들자면 갑자기 카리스마 넘치는 자칭 전문가가 나타나 일목요연하고 설득력 있게 상황을 정리해 어떤 문제의 특별 고문이 될 수 있다. 한편 그 문제의 복합적인 면들을 모두 세세하게 알고 있는 오랜 경력의 전문가들은 우두커니 서서 이 사람이 어떻게 권력가들을 사로잡아 그렇게나 유려하게 얕팍한 말을 쏟아내고, 비현실적인 만병통치약 같은 해결책을 밀어붙이는지 보고 의아해할 것이다. 잘 안다고 해서 꼭 잘 설명할 수 있는 것은 아니지만, 시간에 쫓기는 정책결정자들은 간결하게 상황을 정리하고 깔끔한 해결책을 제시할 수 있는 이들에게 귀를 기울일 확률이 높다. 이런 편향이 생기는 것은 이해할 만하지만 깔끔한 설명과 해결책이 꼭 좋은 것만은 아니다.

모른다는 것을 모르는 것

우리가 너무 많이 혹은 너무 적게 아는지는, 모른다는 것을 모르는 것들의 문제와 관련이 있다. 미국 국방부 장관 도널드 럼즈펠드는 특이한 발언들로 유명해졌는데 그중 일부는 애꿎은 비웃음을 사기도 했다. 이런 발언 중 하나는 정책결정자들에게 매우 중요한 네 가지 범주의 지식이 있다는 놀랍도록 통찰력 넘치는 발언이었다. 바로 그들이 아는 것들(안다는 것을 아는 것known knowns), 그들이 모른다는 것을 알지만 직원들이나 정보기관에 알아보라고 요청할 수 있는 것들(모른다는 것을 아는 것the known unknowns), 서랍 속 어딘가에 잠자고 있거나 수집되긴 했지만 평가되거나 전달되지는 않은 관련 정보처럼 자신들이 안다는 것을 모르는 것들(안다는 것을 모르는 것unknown knowns), 그리고 마지막으로 모른다는 것을 모르는 것unknown unknowns, 즉 자신들이 알아야 한다는 것을 깨닫지 못하는 것들이다.

알아야 할 것들은 어떤 기계나 무기체계 구축에 필요한 원자재나 기계 부품의 중요한 이동, 핵심 수출품(예를 들면 러시아산 곡물)이 강압의 전략적 도구로 바뀌어 가는 점진적 변화부터 다른 국가, 다른 문화의 핵심 지도자들의 머리와 마음에서 진행되고 있는 것까지 무엇이든 될 수 있다. 후자는 개인의 사고방식뿐 아니라 문화에 따라 다른데, 특정 지도자들의 생애, 이데올로기적 및 문화적 맥락과 그 문화를 특징짓는 역사적 사건들에 대해서 아는 게 거의 없는 얇고 넓은 지식을 가진 사람들에게는 흔히 가장 이해하기 어렵다. 영광과 군사적 위업에 가치를 두고 원한을 품는 집단적, 국가적 사고방식에서 무럭무럭 자라나는 공격적 전략의 씨앗은 사회의 어둡고 예상치 못한 구석에 자리할 수 있다. 이 씨앗은 (아돌프 히틀러가 『나의 투쟁』을 썼을 때처럼) 미래의 지도자가 투옥되어 보낸 시간이나, 대중영합주의 정당의 발언에서 부활하는 집단적 수치심으로 여겨지는 어떤 것, 또는 장 자크 루소의 『사회계약론』, 오스발트 슈펭글러의 『서구의 몰락』, 알렉산드르 두긴의 『지정학의 기초Foundations of Geopolitics』처럼 위기와 정치적, 도덕적 혼란의 맥락에서 나타나는 특정 문화의 중추 또는 '정신'을 건드리는 어떤 출판물에 있을 수 있다.[5] 그 문화에 깊이 몰두해 심사숙고하는 관찰자만이 상전벽해와 같은 변화가 어디서 시작되었는지 인지할 수 있을 것이다.[6]

대부분 정부의 외무부와 정보분석기관이 가지는 약점 중 하나는 그런 기관들이 감당하기 힘들 정도로 많은 일을 맡고 있고, 전 세계 모든 나라에 대한 전문가들을 다 고용할 수 없다는 점이다. 따라서 이들은 어디에 먼저 자금과 인력을 할당할지 어려운 결정을 내려야 한다. 예컨대 1991년 영국 외무·영연방부의 정책기획국은 핵보유국 소련이 내전으로 붕괴할 가능성과 유고슬라비아연방이 해체될 가능성 중 어디에 자원을 집중할지 선택해야 했고, 전자를 선택했지만 실제로는 일어난 일은 후자였다. 이것은 우리가 아는 게 별로 없는 먼 나라에서 펼쳐지는 관찰되지 않은, 따라서 예측되지 않은 전개에 뒤통수를 맞는다는 의미일 수도 있다.

알아내기 어려운 무지에 대한 인식은 단지 능력의 영역(사담 후세인이 대량살상무기를 가지고 있었는가 혹은 이란이 대량살상무기를 개발 중인가?)에만 숨어 있는 것은 아니다. 무지에 대한 인식은 종종 다른 의사결정자들이 계속 생각하고 있는 것이기도 하다. 그리고 누누이 말하지만 우리가 그들의 입장이라면 어떻게 생각할지를 통해 그들이 무엇을 생각하고 있을지 추론하는 것은 도움이 되지 않는다. 그렇다면 물리적 능력보다 더 중요한 영향을 미칠 수 있는 감정적이고 관념적인 요인이 있다는 것을 어떻게 깨달을 수 있을까? 병력 강화가 완료되지 않았다거나, 특정한 무기체계가 도착하지 않았다거나, 유가가 작전에 불리해서 군사작전을 개시하기에는 시기상조라는 고려 사항을 무시하는 감정적, 관념적 요인이 있다는 것을 어떻게 알 수 있을까? 세계 전반과 특히 우리에게 갑자기 문제를 일으킬 거라는 의심도 해본 적 없는 일, 예컨대 포클랜드전쟁 직전의 아르헨티나 정부 같은 다른 당사자의 마음을 들여다보려는 시도는 인류학자들이 말하는 '깊은 몰입deep immersion'을 요구한다. 이상적으로 이 일은 2년마다 순환 근무를 하며 (그들이 관찰하는 국가들의 언어를 읽을 줄 모르기 때문에) 영어로 번역된 '관련' 정보 문서만을 읽는 사무직이 아닌 오랜 기간 해당 국가에서 지냈고 분석적으로 사고하고 명료하게 표현할 줄 아는 관찰자의 진정한 이해를 의미한다. 아르헨티나의 의도에 대한 영국 정보기관과 외무·영연방부 분석가들의 실패를 조사한 프랭크스 보고서는 영국 분석가들이 (너무 간단하다며) 진지하게 여기지 않았던 아르헨티나 신문들의 기사를 지목한다.[7] 현지 언론을 살펴보는 것은 당연히 대사관의 업무 중 하나인데, 이는 프랭크스 경이 주재한 의회 위원회의 지적대로 외무부와 국방부 간의 협조가 부족했음을 나타낸다. 여기에 덧붙여, 우리는 정기 보고에 대한 피로, 또는 더디게 진행되어 인지하지 못한 상황 악화(삶은개구리증후군)로 보고서가 관심받지 못했다는 사실을 추가할 수 있을 것이다. 어느 쪽이든 프랭크스위원회는 '정보기관이 1982년 아르헨티나에서 일어난 언론 활동이 갖는 중요성을 매 중대 시점마다 제대로 파악하고 있었는지 확실하지 않다'고 에둘러 언급했다.[8] 마찬가지로 로버트 저비스는 카터 행정부 시기 미 중앙정보국이 이란 언론을 유심히 지켜보고, 이란에 이발소나 택시에서 여론을 알아낼 수 있는 현지인 정보원이 있었다면 1979년 이란 이슬람 혁명을 더 잘 예측할 수 있었을 것이라고 생각했다('참고 3.1' 참조, p. 147). 또한 이 두 지적에서 강조되는 편향이 있는데, 바로 공개 출처 정보에 기반한 보고보다 '일급비밀' 도장이 찍힌 보고서에 더 관심을 갖고 신빙성을 부여하는 기관들의 편향이다.

무엇을 물어야 하는지 모르는 것(모른다는 것을 모르는 것)은 부수적으로는 유명한 '정보순환단계intelligence cycle'*의 문제점 중 하나다. 이 체계에서는 정책결정자가 정보기관에 제기한 질문이 최우선시되는데, 이는 전문가들이 여러 다른 질문이 제기되어야 한다고 목소리를 내기 어려운 구조다. 이것은 모든 관료정치에서 나타나는 구조적 문제로, 초기 지시가 내려

---

*   정책결정자의 요구에 따라 정보를 수집하고, 그것을 행동으로 옮기는 데 필요한 정보를 만들어내는 일련의 과정으로 지시, 수집, 처리, 배포의 4단계로 구성된다.

진 이후에는 어떤 질문과 우려 사항, 조언이나 관찰도 의사결정 체계에 반영하기 어렵다.

이 무지에 대한 무지 중에는 촉발 요인을 몰라서 생기는 문제도 있다. 즉, 과잉 반응을 유발한 하나의 (또는 일련의) 보고나 정보가 있었을 가능성이 있다는 뜻이다. 전자의 주목할 만한 사례는 미국 남북전쟁 당시의 일에서 찾아볼 수 있다. 1862년 9월 초, 로버트 E. 리 장군의 특별명령 제191호가 남부 연합의 전령에 의해 우연히 유실되었고, 이를 북군이 입수했다.[9] 이 명령에는 메릴랜드 원정계획 전체가 담겨 있었으며, 당시 리 장군의 부대는 이미 프레더릭에 도착해 있었다. 비슷하게 주목할 만한 사례는 1939년 봄, 독일이 네덜란드 공격을 계획하고 있다는 잘못된 첩보가 있다. 이 정보는 히틀러의 계획에 비판적이었던 독일 방첩국 Abwehr 요원들이 런던에 전달한 것이었다. 비록 공격은 실현되지 않았지만 이후의 추가 정보는 폴란드가 독일의 다음 희생양이 될 가능성을 시사했다. 네덜란드 침공의 공포가 가시기도 전에 입수한 이 정보로, 런던의 체임벌린과 파리의 달라디에의 정부는 마침내 태도를 바꾸었고, 영국과 프랑스는 폴란드의 안전을 보장했다.[10] 이 사례들은 각각 적에 대해 무엇을 모르는지 몰라서 생긴 일들이었다.

쏠림현상과 집단사고

동물의 무리는 서로의 두려움을 알아챈다. 동물들은 겁을 먹으면, 개가 짖거나 거위가 끼루룩거리거나 원숭이들이 흥분해서 끽끽대는 식으로 경계의 경보를 울린다. 소나 양의 경우 자기들도 모르게 절벽으로 우르르 몰려가기도 한다. 주식시장을 보면 알 수 있듯 인간도 그리 다르지 않다.

예일대학교의 저명한 심리학자 어빙 재니스는 국제관계학 이론의 합리적 행위자 가설에 매우 치명적인 타격을 가했다. 특히 큰 타격은 집단의 사결정에서 종종 의사결정자들의 견해(상황분석이나 행동 방안)가 지나치게 수렴해서, 고려할 만한 다른 대안들을 고려하지 못하게 한다는 사실을 밝힌 것이었다. 그는 이것을 '집단사고group think'라고 불렀다.[11] 재니스는 한 집단의 구성원들이 한 가지 의견, 또는 아마도 의제설정력을 가지고 자신이 선호하는 결론으로 집단을 몰아가는 한 사람의 의견을 받아들여 구성원 사이의 논쟁을 피하려 하는 집단적 심의를 강조한다. 여기에는 집단 혹은 주장을 명확히 제시하는 리더의 견해에 편승하는, 심리학자들이 일컫는 '편승효과bandwagon effect'도 포함된다.

때로는 세계 반대편에 있는 여러 개인이 같은 것을 읽고 같은 사례 연구를 배울 때 다른 유형의 집단사고가 나타날 수 있다. 1990년대에 나는 유럽에서 전개되는 상황을 두고 몇 가지 생각이 떠올랐고, 내가 그때까지 공부해온 이전의 역사적 사례와의 유사점을 찾아냈다. 그러고 나면 거의 언제나 존스홉킨스대학교와 하버드대학교에서 공부한 독일의 언론인 요제프 요페가 독일의 주요 일간지 중 하나인《디 쥐트도이체 차이퉁Die Süddeutsche Zeitung》에서 막 발표한 기사를 곧 보게 되었다. 분명 우리 둘 다 20세기 국제사의 어느 단계에 몰입해 있었고, 계속해서 이전 상황과의 유사점을 보고 있었다. 나중에 알고 보니 우리만 그랬던 것도 아니었다. 다른 관찰자들도 탈공산주의 러시아와 바이마르공화국을 비교했다.

이것 자체가 비합리적인 편견은 아니지만, 집단의사결정의 구성원들이 동일한 경험, 동일한 문화적 배경, 동일한 가치를 가지고 모두 같은 유사점을 염두에 두고 있다면 집단사고가 나타나 현실의 대안적 해석을 배제하고, 사건에 대한 대안적 반응을 몰아낼 수 있다. 이것을 확연하게 보여주는 사례는 욤 키푸르 전쟁 이전 이스라엘 안보 공동체의 집단사고였다. 1973년 10월 이스라엘의 국방 기관이 이집트 및 시리아의 공격 가능성을 일축했을 때 집단사고가 작동했다. 집단사고는 2023년 10월 그들의 후임자들이 하마스의 이상행동에 대한 정보를 받았을 때도 작동하고 있었다. 집단사고는 부정과 같은 다른 편향과 결합하면 매우 위험할 수 있다.

2002년 말과 2003년 초, 이라크의 대량살상무기 개발과 그것이 초래할 위험을 막는 사전공격 개시 필요성과 관련해 미국과 영국 정부 일부에서도 집단사고가 팽배했다('참고 1.4 커브볼' 참조, p.59). 1990년대와 2000년대 초 러시아가 방 안의 코끼리였을 때 나토에도 집단사고가 있었다. 러시아와의 밀월관계가 오래 가지 않고 러시아가 다시 적이 될 경우를 대비해 모두 나토를 계속 유지하기 바랐지만, 자기실현적 예언이 될까 봐 누구도 그렇게 말하려 하지 않았다. 당시 나는 나토 관계자들 사이에서 이전 바르샤바조약기구 회원국들의 첫 나토 유입이 어떤 결과로 이어질지 우려하는 것을 목격했다. 이 미래에 대한 잠재적 두려움이 2007~2008년경에 시작된 신냉전의 발판을 마련했던 것일까? 하지만 당시 나토는 러시아를 잃을지 모른다는 집단적 두려움에 이끌려 행동하지 않았다. 회원국들에 대한 공격에 대응하기 위한 포괄적 방어 계획은 중단되었고, 내가 알기로 이것은 2022년 2월 24일 이후에야 재개되었다. 하지만 소비에트사회주의공화국연방으로서 소련의 직접 통치를 받았던 발트삼국과 자신들의 영토에 소련군이 주둔하는 경험을 했던 동유럽 국가들의 두려움을 고려하면, 그들이 나토라는 커다란 엄마 닭의 날개 아래로 피신해 모든 만일의 사태에 대비하고 싶어 했던 것도 이해할 만하다.

(또 하나의 편향으로서) 우리는 사건 당시에는 여러 가능한 결과를 예상하고 결과를 알 수 없다고 생각해 중립적 태도를 취했으면서, 사후에 우리의 기억을 편집해 과거에 지금 사태를 예견했다고 주장하려 한다. 어떤 국

제적 위기를 마주할 때 우리가 보는 것은, 대개 결과를 아는 사후적 관점에서 보는 것보다 훨씬 덜 명확하고 훨씬 더 엉망이다. 우리는 보통 나중에야 어떤 사건이 특정한 전개로 이어지는 첫 단계를 이끌었다는, 혹은 바로 그 첫 단계였다는 사실을 깨달으며, 혼란스러워 보이는 상황의 어떤 부분이 타당하고, 어떤 부분이 관련이 없으며, 그저 우연히 겹쳤을 뿐인지를 알게 된다.

방법론적 오류

최근 국제관계학 분야에서 발표된 대부분의 문헌에서 중심이 되는 것은 이론이다. 콜린과 미리엄 엘먼이 요약한 것처럼, 대부분의 국제관계 학자들은 (과거의) 사건들을 오직 '이론을 만들어내고 시험하고 개선하는 데' 사용할 사례로만 본다.[12] 하지만 새로운 사례에 맞춰 매번 조정(개선)해야 하는 이론은 실무자들에게 별로 도움이 되지 않는다. 리처드 레프골드의 설득력 있는 말처럼 '문제, 행위자, 시대가 변할 때마다 재창조되어야 하는 이론은 설명력이 거의 없다.'[13] '이 이론은 옳다/그르다'라는 포퍼의 이분법도 실무자들에게 항상 도움이 되는 것은 아니다. n개의 사례가 모두 특정한 패턴을 나타낼 때까지는 그것이 '옳은' 것 같다가도 n+1번째 사례가 패턴에서 벗어나면 '그르게' 보일 수 있다.

개별 정부 및 국제관계의 다른 당사자들의 정책을 연구하는 특정 방법론에서 유난히 나타나는 오류들이 있다. 각각 국제관계학의 한 분야와 관련이 있는 세 가지 오류를 살펴보자. 이론가들이 개별 분야에 치중하면 그들과 그들이 가르치는 학생들은 이런 방법론 때문에 적절한 관점에서 주제에 접근하는 것이 실패할 가능성을 보지 못하게 된다. 적절한 관점은 이론적 편견 없이 주제를 있는 그대로 받아들이며 주제와 깊이 관여할 때만 나타난다.

사람을 믿은 가금류: 러셀의 닭과 탈레브의 칠면조

첫째는 통계와 통계의 예측 (불)가능성의 오류다. 20세기 철학자 버트런드 러셀은 『철학이란 무엇인가Problems of Philosophy』에서 특수한 사례들로부터 일반적인 법칙이나 원칙을 추론하는 '귀납법'의 오류를 논한다. 이미 계몽주의 시대에 그의 선배인 스코틀랜드 출신의 철학자 데이비드 흄은 지금까지 매일 아침 해가 뜨는 걸 보았다고 해서 내일도 해가 뜨리라고 추정하는 논리에 의문을 제기했다. 이 예시를 보는 사람들은 모두 흄의 의심을 기꺼이 받아들인다. 버트런드 러셀은 특정한 사건이 지금까지 규칙적으로 일어나는 것을 경험했다고 해서 다음에도 일어날 것이라고 가정하는 오류를 강조함으로써 흄의 사례를 좀 더 그럴듯하게 만들었다. 그는 이렇게 썼다. '특정한 형태의 음식은 일반적으로 특정한 맛을 낸다.' 그러므로 '익숙한 형태에서 특이한 맛이 나는 걸 발견하면 예상치 못한 엄청난 충격을 받게 된다'. 그는 동물들도 이런 오류를 보이는 경향이 있다고 언급했다. 그래서 '흔히 어떤 길을 따라 달리던 말은 다른 방향으로 가려 하지 않는다. 가축은 먹이를 주는 사람을 보면 먹이를 기대한다'. 따라서 닭은 매일 모이를 주는 농부를 신뢰하게 될 것이다. 어느 날 (n+1번째 날이라고 하자), 농부가 '모이를 주는 대신 마침내 모가지를 비틀 때' 우리는 '닭이 자연의 균일성*에 대해 더 예리한 시각을 갖고 있었더라면 도움이 되었

---

* 자연은 균일하고 규칙적으로 움직인다는 의미로 귀납법의 대전제가 된다.

을 것'이라는 사실을 볼 수 있다.¹⁴ 이 사례는 나심 니콜라스 탈레브가 닭을 미국 독자들에게 더 익숙한 칠면조로 바꾸어 설명하면서 다시 유명해졌다. 그의 글은 통계에 기반한 개연성과 비개연성에 대한 기존 관념을 매우 성공적으로 깨트렸다.¹⁵ 한편 반대로 우리가 한 번도 본 적이 없는 무언가는 존재하거나 발생할 수 없다고 가정해볼 수도 있다. 탈레브의 문제적 책 제목은 『블랙 스완The Black Swan』이다. 이 책에서는 유럽에서 2000년 넘게 계속된, 백조는 모두 하얗다는 가정을 언급한다. 오스트레일리아에서 흑조가 발견될 때까지 이 관념은 명백한 명제와 배제될 수 있는 명제*로서 철학적 논의의 대상이 되었다.

나도 1990~1991년 시기 유고슬라비아에 대해 불충분한 지식을 가지고 이런 가정을 하는 잘못을 저지른 적이 있다. 유고슬라비아는 전간기에야 하나의 연합왕국으로 등장했고, 요시프 브로즈 티토의 통치 아래 구성국들이 더 많은 자치권을 요구하면서 몇 번의 위기를 맞았다. 이 중 최소 두 번의 위기가 코소보에서 시작되었다. 그럴 때마다 위기는 헌법개정으로 해결되었다. 그러나 티토의 사망 후 긴장이 고조되었고, 냉전이 막을 내리면서 유럽에서 (이 다민족 연방국가를 하나로 묶는 끈이었던) 공산주의가 설득력을 잃자, 연방의 해체가 임박해왔다. 나는 유고슬라비아가 과거 모든 위기를 넘겼으니 다음 위기도 넘길 수 있을 것이라는 예측을 근거로 유고슬라비아연방이 붕괴해 내전이 일어날 가능성을 무시했고, 물론 내 생각은 완전히 빗나갔다.

n+1번째 오류는 다른 곳에서도 발견된다. 다른 지점에서는 매우 예리하고 통찰력 있는 안보전문가인 브뤼노 테르트레는 2017년 발표한 연구에서 핵 금기는 계속 유지될 것이고, 의도적인 핵 사용은 물론이고 어떤

---

*   어떤 명제가 참 아니면 거짓이고 중간 또는 제3의 명제는 배제된다는 배중률과 관련이 있다.

사고나 오해도 세계에 중요한 위협을 제기하지는 않을 거라는 견해를 피력했다. 그는 과거에 있었던 대략 서른일곱 번의 '위기일발'(핵무기와 관련된 위기) 상황이 한 번도 실제 전쟁으로 이어지지 않은 데서 이런 추론을 도출했다.[16] 테르트레는 안전조치들이 계속해서 기술적 사고를 예방할 것이고, 만일 사고가 일어난다고 해도 모두들 핵과 관련된 것이라면 매우 주의를 기울여 다룰 것이기 때문에, 그것을 상대가 핵 사용으로 오해하는 일은 없을 거라고, 어쩌면 지나치게 낙관적으로 주장했다. 테르트레의 낙관적 주장을 반박한 브누아 펠로피다스는 핵 안전과 안보에 쏟은 모든 노력에도 불구하고 최소 서른일곱 번이나 사건이 **일어났고**(아마도 몇몇 사건은 성공적으로 숨겼을 것이다), 그중 다수가 재앙으로 번지지 않은 것은 순전히 운이 좋았을 뿐이라고 지적했다. 한 사례에서는 바람이 제때 불어와 핵무기를 실은 항공기에 불이 번지는 것을 막았고, 또 다른 사례에서는 단 1밀리미터 차이로 핵 안전 장치가 무력화될 뻔했다. 게다가 위기 상황에서 일어나는 기술적 사고는 어떻게 한단 말인가?[17] 러시아가 우크라이나와 전쟁을 벌이는 상황에서 우발적으로 핵폭발이 일어난다고 상상해보라. 이것이 핵 대응으로 이어질 수도 있지 않은가?

테르트레와 펠로피다스의 판단 차이는 위기 시 양쪽 모두에 합리적 행위자가 있을 것이고 따라서 우발적인 오해는 풀릴 수 있다는 기존의 믿음으로 귀결된다. 테르트레의 판단은 기존의 믿음을 근거로 하고, 펠로피다스는 위에서 제시한 많은 이유로 **우리가 정의하는 상식이 표준운영절차보다 항상 우선시될 것이라는 의견에 회의적이다**. 이와 관련해 유명한 사례는 1983년 9월 26일 소련군 중령 스타니슬라프 페트로프가 적 미사일이 다가오고 있다는 경고가 소련의 레이더 체계 오류에서 비롯된 것이라(옳게) 추측해 경보즉시발사 지시를 무시한 사건이다. 하지만 그날 밤 소련의 기술력을 더 신뢰했던 다른 사람이 당직이었다면, 미국의 미사일을 발사 직후 파괴해야 수백만 소련인의 목숨을 살릴 수 있다는 가정하에 경보 즉시발사 지시에 따랐을지도 모른다.[18] 펠로피다스는 우연의 중요성과 순전한 불운의 가능성에 대해, 그리고 핵 관련 사고나, 불과 몇 초 안에 결정을 내려야 하는 극초음속 미사일의 경우에도 인간의 능력은 생겨날 수 있는 모든 (그렇다, 모든) 위험한 오해를 막을 수 있다는 테르트레의 믿음에 대해서 의견을 달리한다. 국제관계에서 분석가는 항상 예측하지 못한 사건(기회가 아니라 방해 및 예측 불가능한 요소, 행운이 아니라 잘 준비된 계획, 신호, 작전을 무산시킬 수 있는 무언가)의 발생 가능성을 고려해야 한다.[19] 문제는 적어도 이런 사건은 발생 당시에 예측할 수 없을 뿐 아니라, 그 사건이 어떤 방해로 작용할지도 고려할 수 없다는 것이다. 우리가 할 수 있는 거라곤 기껏해야 모든 것이 정확히 계획대로 펼쳐질 거라는 가정에 대해 건전한, 혹은 우리를 매우 불안하게 만드는 의심을 품는 것 정도다.

단일 원인 설명의 오류

탈레브는 두 권의 책에서, 알고 보면 법칙에 따라 또는 자연히 (또는 시장의 법칙에 따라) 일어나는 것이 아니라 어쩌다 무작위로 일어날 수 있는 우연들에서 이끌어낸 단순한 인과추론을 비판한다.[20] 이것은 post hoc, ergo propter hoc(이 뒤에 따라서 이 때문에)*, 즉 '인과 오류false cause' 편향이라 알려진 것으로, 단지 나중에 발생했다는 이유로 이 일을 다른 일의 결과로 여기고, 앞의 일로 설명하려 하는 태도를 말한다. 인과 오류 편향은 특히 국제관계학과의 국제관계학 이론을 적용할 때 발견되는 두 번째 방

---

* A가 일어난 후 B가 일어났으므로, A가 B의 원인이라고 보는 비형식적 오류

법론적 오류로 이어진다. 대부분의 국제관계학과에서 학부생들의 소논문, 석사논문, 박사논문의 체계적 구성은 다음과 같은 사회과학의 패턴을 기반으로 한다. 먼저 한 가지 기존 이론 또는 그 이상의 이론을 자세히 설명하고, 이어서 증거를 조사해 그 이론을 입증하거나 반증하고, 개선하는 것이다. 이때 이론은 늘 적용할 수 있고 모든 것을 설명할 수 있어야 하며, 그렇지 않으면 폐기되어야 한다는 관념을 한결같이 고수한다. 롤프 도벨리는 이것을 '단일 원인의 오류 the fallacy of the single cause'라고 부른다.[21] 재미있는 건 경제학자들, 그리고 어떤 경우에는 자연과학자들도 이런 단일 원인 접근법을 보고 믿을 수 없다는 듯 고개를 절레절레 젓는다는 것이다. 오로지 물리학만 다루는 기상학자들조차, 길어야 열흘 후에는 날씨를 정확하게 예측할 수 없다는 것을 알고, 단일 원인을 가정하는 어떤 이론가라도 자신의 이론을 재고하게 될 것이다.

도벨리는 이것이 인간의 본능적인 희생양 찾기 및 음모론과 연결되어 있다고 본다. 우리는 투키디데스가 이러한 접근법에 매우 큰 공헌을 했다는 사실을 인정해야 한다. 기원전 5세기에 그는 펠로폰네소스전쟁의 주요 원인이 공식적 이유와 다른 곳에 있다고 주장하며 "내 생각에 가장 진실한 원인은 사람들이 말하지 않은 것, 즉 아테네의 세력 확장과 그것이 스파르타에 불러일으킨 불안감이다"라고 말했다. 하지만 동시에 투키디데스는 '양쪽이 제시하는 구체적 이유들(과거 평화조약 파기와 전쟁 발발로 이어진 갈등)을 설명하는 것이 바람직하다'고 생각했다. 그리고 나서 그는 케르키라와 에피담노스, 아테네와 스파르타 사이의 관계, 교역과 항구 접근권에 대한 분쟁, 이 분쟁들에 대한 도시국가 지도층들의 의견 차이 등, 세부적인 논의로 나아갔다.[22] 이는 제1차세계대전의 발발과도 유사하다. 1914년 여름 이전에도 전쟁으로 이어질 수 있는 일련의 위기가 있었지만 실제 전쟁으로 이어지지 않았다. 이러한 사례는 촉발 요인과 그 시기의 중요성에 대한 의문을 제기한다.²³ 현실은 매우 복잡하며 전쟁으로 이어지는 사건의 전개를 이해하려면 상당한 집중력과 분석이 필요하다. 그렇기 때문에 모든 것을 설명하는 듯 보이는 더 큰 '원인'에 쉽게 기대려는 경향이 생긴다. 따라서 대부분의 독자는 케르키라와 에피담노스의 분쟁 같은 세부 사항은 기억하지 못하고, 오직 그럴듯한 '근본 원인'만 기억하게 된다. 그리고 이런 근본 원인이 음모론적 사고에 빠지기 쉬운 이들에게 인상적으로 다가오는 이유는, 투키디데스가 이 근본 원인을 내밀하며 비밀스럽고 명시되지 않은 원인으로서 제시하기 때문이다.

그러나 우리가 국제관계를 분석할 때, 한 나라 정부의 (주로 집단) 행동(위에서 언급한 단일 정부라는 착각을 참조)과 다른 정부의 대응을 이해하기 위해서는 여기에 영향을 미치는 복합적인 요인들을 반드시 고려해야 한다. 예컨대 마르크스가 강조했던 물질적 요인들, 즉 자신의 지위를 공고히 하려는 권력자들의 이해관계가 있으며, 대의를 외쳐 지지를 모으는 데 이용되는(그러나 희생을 꺼리는 태도가 윤리적 동인보다 강력할 때는 지지를 모으는 데 실패하는) 가치가 있고, 또 우연도 있다. 우연은 아무리 계획을 세워도 완전히 제거할 수 없는 주요 요인이다. 계몽주의 시대의 전략 사상가들이 아무리 작전선과 보급에 초점을 두고 기하학 공식을 적용해도 우연을 배제할 수는 없었다.²⁴ 때로는 (카이사르와 안토니우스를 둘 다 홀렸다는) 클레오파트라의 코로 언급되기도 하는 사소한 요인이 전략가들의 계획을 틀어지게 하고 궁극적으로는 그들을 파멸로 이끌 수 있다. 클라우제비츠가 우연이 계속 엄청난 역할을 했다고 인지한 것은 잘 알려져 있다. 그는 우연을 제거하려 하기보다는 후대의 독자들에게 분석에서 우연을 고려하라고 권고했다.²⁵ 클라우제비츠부터 그 이전의 나폴레옹까지, 이 영리한 두 지휘관은 예측하지 못한 상황 전개를 기회로 삼아 자신에게 유리하게 이용할 수 있다고 생각했다.²⁶

각종 국제관계학 이론의 열렬한 신봉자들이 세상을 자신들의 이론만으로 설명하려는 시도는 현실에 대한 체계적 맹점을 만들어내, 일당독재 체제에서도 최고위층에 경쟁이 있고 견해의 차이가 존재한다는 깨달음을 얻지 못하도록 막는다. 인간관계를 다루는 이론들의 문제는 이론의 창시자들이 자신들이 이론을 일반적이고 보편적으로 적용하려는 열망을 갖고 있다는 점이다. 따라서, 많은 국제관계학 이론가들은 이론이 현실에서 적용되지 않는다는 증거가 나타날 때마다 기록된 모든 사례에 적용할 수 있도록 이론을 수정한다(아니면 어떤 이유에서인지 그 사례를 무시한다). 따지고 보면 '글로벌시대에 세계정치를 설명하는 모든 답을 가지고 있는 국제관계학 이론은 없다'[27]고 인정하는 이들도 있지만, 나는 아직까지 이런 통찰이 국제관계학을 배우는 학생들의 논문에 반영되는 걸 보지 못했다.

특히 전략에 대해 글을 쓰는 러시아 군사전문가들도 단일 원인 접근법을 적용하는 오류를 범하곤 한다. 그 전형적인 사례는 다음과 같다. 제2차세계대전 당시 루스벨트 정부는 독일과 일본에 대항하는 저항운동을 지원했다. 그리고 냉전기에도 같은 반공주의 전략이 이어졌다. 이것은 미국의 롤백 전략*에서 중요한 부분이었다(하지만 1954년과 1956년의 위기 상황에서, 그리고 동독과 폴란드, 그 후 헝가리에서 봉기가 일어났을 때도 미국은 이런 운동을 물질적으로 지원하겠다는 약속을 지키지 않았고, 따라서 미국의 지지는 미온적이었다). 이에 러시아는 **모든** 저항운동의 배경에서 미국이 자금을 지원하는 게 틀림없다고 추론했다. 한 걸음 더 나아가 (선전 목적이었지만 군사 문헌에 따르면 그들도 정말로 믿었던 듯하다) 러시아 정부에 대한 모든 저항운동과 반란은 미 중앙정보국의 **자금을 지원**받았을 뿐 아니라 중앙정보국의 책략이 아니면 일어나지도 않았을 거라고 가정했다. 이것은 물론 세계

---

*   대개 정권 교체를 통해 한 나라의 주요 정책을 바꾸는 전략

곳곳의 수많은 반체제 인사들의 불만과 조직력을 엄청나게 과소평가한 것이다.

위에서 이미 제안했듯, 지나치게 획일적인 이론들을 적용하는 대신 **패턴**을 찾아보는 것이 더 도움이 된다. 패턴은 항상 적용되지 않기도 하고 적중률이 50퍼센트일 수도 있지만 그래도 유용한 분석 도구가 될 수 있다.

거대하고 조건화된 이상(미신)과 그것의 갑작스러운 붕괴

각기 다른 사고방식과 문화에 민감한 정통한 분석가들도 잘못된 가정에 속을 수 있다. 전략문화, 더 정확히는 국가 전체의 집단적 사고방식은 신념 집합에 맞추어 형성되는데, 이것은 일관되지 않을 수 있어도 해당 국가의 안보와 국방 관련 담론에서 되풀이해서 나타날 것이다. 여기에는 예컨대 '다시는 우리 영토에서 전쟁이 시작되어서는 안 된다'는 독일인들의 신조나 '육각형'으로 구성된 프랑스 영토라는 '성역'을 지키겠다는 프랑스인들의 굳은 결심, 러시아의 친구는 오직 둘로, 러시아 육군과 해군뿐이라는 러시아인들의 신조가 포함된다.

하지만 때로 이런 신성불가침한 영역은 문화 전문가가 예측하지 못한 아주 작은 입김에도 사라진다. 프랑스에서는 프랑스혁명 이래, 공화국의 모든 (남자) 시민은 기꺼이 국가를 지켜야 하고, 이 의무는 그의 시민권과 밀접히 연관된다는 뿌리 깊은 믿음이 있었다. 따라서 보편적 (남자) 징병은 공화주의적 사고방식의 일부분이었다. 마찬가지로 독일연방공화국도 프랑스 점령에 대한 저항(그 자체가 간접적으로 프랑스혁명의 영향을 받았다!)과 연관된 관념들을 되살려 젊은 남자들의 군복무를 정당화했다. 하지만 두 경우에서 모두 또 다른 변수가 작용한 것으로 밝혀졌다. 이런 대규모 군대와 군사훈련 체계를 필요하게 만드는 실제적 혹은 잠재적인 외부 위협에 대한 인식이었다. (나를 포함한) 많은 논평가들이 프랑스와 독일 공화국의 집단 사고방식에서 흔들리지 않는 부분이라고 보았던 병역이 각각 1996년(2001년 발효)과 2011년에 프랑스와 독일에서 사실상 논의 없이 중지된 것은 놀라운 일이었다. 병역이 폐지되지 않고 중지되었다는 사실은 두 공화국의 이상에 부합했다. 따라서 시민병 개념이 완전히 삭제된 것은 아니었다. 물론 징집되는 젊은 남자들의 숫자도 이미 줄고 있었던 데다 해당 세대 간 불평등 때문에 부당하다고 여겨졌고, 무엇보다도 당시에는 푸틴이 우호적인 사람으로 보였기 때문에 대규모 징병군이 더는 필요하지 않을 듯했다. 하지만 프랑스의 경우, 나는 군사적으로 타당할지라도(1991년 걸프전쟁 당시 프랑스군은 파견할 직업군인의 수는 부족했고 징집병들은 파견할 수 없어 별 활약을 하지 못했다) 병역이 중단되리라고 전혀 예상하지 못했다. 독일에서 큰 논란 없이 병역이 중지되리라고도 예상하지 못했다.

이보다 더 놀라운 것은 2022년 푸틴의 우크라이나 전면 침공에 대응해 스웨덴이 중립을 포기한 일이다. 스웨덴에서도 병역은 국가 신조였다. 냉전 중 스웨덴은 포괄적인 영토방어 계획에 사회 전체를 참여시켰다. 젊은 남성 모두는 병역을 지게 하고 중장년층 다수를 대상으로 규칙적인 훈련을 실시했다. 여기서도 병역은 두 냉전 사이의 간빙기인 2008년에 중지되었지만 스웨덴의 경우 프랑스나 독일에 비해 더 논의가 활발했다. 무장 중립은 나폴레옹 전쟁 이후 스웨덴의 정치적 지침이자 지난 두 세기 동안 스웨덴 제국의 팽창주의가 러시아 및 프랑스 제국의 팽창주의와 충돌했을 때 결과가 좋지 않았던 것에 대한 반작용이기도 했다. 스웨덴은 스위스와 마찬가지로 침략을 자력으로 물리칠 수 있는, 평화롭지만 강력한 국가로 스스로를 인식하고 있었다.

스웨덴의 국방 전문가들은 냉전 내내 이 중립 신조에 불만을 표했고,

실제로 스웨덴 정부는 한동안 자국민 모르게 1950년대와 1960년대에 미국과, 그리고 2010년대에 다시 미국 및 나토와 실리적이나 강제성 없는 방위 협정을 맺었다.[28] 또한 2017년 러시아의 움직임을 계기로 스웨덴은 여성을 포함한 더 제한적인 형태의 징병제를 부활시켰고, 스웨덴의 참모장교들이 나토 기관 및 나토 회원국들의 참모 대학들에 모습을 보이기 시작했다. 몇 년에 걸쳐 스웨덴의 중립은 평화운동가들과 여성단체들의 지속적 호소에도 불구하고 점점 공허해졌다. 푸틴의 러시아가 공격적으로 변하면서, 2022년 스웨덴의 비동맹적 입장은 격한 반대 없이 무너졌다. 그리하여 또 하나의 성역이 사실상 소멸했으며, 이에 대한 항의도 거의 없었다. 10년 전만 해도 외부 관찰자들은 이런 사태를 예견할 수 없었을 것이다. 요컨대, 전략문화를 검토하는 사람들은 장기 지속longue durée을 인지해야 할 뿐 아니라 커다란 변화를 알리는 조짐도 살펴야 한다.

아마도 1945년 이후 수십 년간 서구 정치를 낙관주의로 물들인 가장 큰 조건화된 미신은 자유로운 선택권을 부여받으면 전 세계 사람들이 보편적 인권, 서구적 민주주의, 자본주의경제를 옹호할 것이라는 믿음이었을 것이다. 적어도 인권의 경우 이런 믿음은 계몽주의 시대에서 기원한 개념이었다. 정부 체제의 경우에는 나머지 세계가 좋은 통치를 펼치는 서구식 민주주의국가로 변화하는 데 도움을 주려 했던 서구의 식민주의 아래 깔린 낙관적 이상주의였다. 경제적인 부분의 경우에는 완전히 틀린 것으로 입증되지는 않았다. 하지만 민주주의 헌법이 진보의 **정점**이고, 무책임한 독재정권보다 이것을 모두가 선호할 것이라는 생각은 2000년대와 2010년대에 이라크, 여러 사하라 이남 아프리카 국가들, 아프가니스탄에 대한 서구의 개입으로 갈수록 힘을 잃었다. 그러다 2021년 서구의 아프가니스탄 철수와 눈 깜짝할 새 아프가니스탄 전역을 장악한 탈레반의 성공으로 이런 믿음은 완전히 무너졌다고 할 수 있다. 2003년 10월 나토가 공식화한 엄청난 포부를 생각해보라. 당시 나토는 유엔을 대신해 무장병력을 이끌고 아프가니스탄에 가는 임무의 '최종 상태' 목표는 '국제안보지원군ISAF*이 안전을 제공할 필요 없이 아프가니스탄 전역에서 권한을 행사하고 군사 행동을 취할 수 있는 자립 가능하고 온건한 민주주의 아프가니스탄 정부를 관련 유엔안전보장이사회 결의안에 의거해' 수립하는 것이라고 선언했다.[29] 이 포부는 아프가니스탄에 대해 아주 기초적인 지식이라도 있는 사람이라면 누가 봐도 터무니없어 보였다. 아프가니스탄은 매우 다양한 민족과 사회로 구성된 국가로 수도 카불 외 지역은 전근대적 요소가 지배적이다. 따라서 모든 인류가 인권과 민주주의를 누려야 하고 내심 환영할 거라는 믿음은 2021년에도 쾅 소리가 아니라 신음 소리와 함께 사라졌다. 이것은 서구가 (이마누엘 칸트의 말을 인용하면) **스스로 초래한 미성숙 상태에서 벗어나려는** 다른 국가들을 도울 수 없음을 사실상 인정한 것이나 마찬가지다. 대신 우리는 '개입 피로감'을 느끼고, 대다수 국가가 독재자, 종교 지도자 또는 다른 형태의 권위주의 독재정권에 의해 통치되는 세상에 적응하는 것 외에는 대안이 딱히 없다는 생각을 하게 되었다. 후자는 2021년 이후 서구에서 발표된 일련의 국가 및 동맹 전략 구상에 반영되어 있다.[30]

> [참고 3.1] 시위와 이분법적 편향
>
> 유럽 강대국들이나 미국 정부가 비우호적이라고 여기는 국가에서 시위대가 정권을 잡으면 서구에 우호적인 국가가 되기를 바라며 시위

---

* 2001년 말 유엔안전보장 이사회에 의해 설립되어 아프가니스탄 내 치안을 담당한 나토의 다국적 연합군

를 지원하는 패턴이 있다. 이런 패턴의 바탕에는 지나치게 단순하고 이분법적인 세계관이 깔려 있다. 우리의 적을 비판하는 이들은 우리의 친구고, 우리를 비판하는 이들은 틀림없이 적을 위해 일한다는 시각이다.

제1차세계대전 당시 독일 총리 베트만홀베크가 공산주의 망명자 레닌이 독일과 독일 점령지를 지나 러시아로 갈 수 있도록 허용한 결정은 단기적으로 원하는 결과를 얻었다. 레닌은 러시아에 도착해서 10월 혁명에 기여했고, 혁명 세력이 러시아 정부를 전복시켰을 뿐만 아니라, 레닌의 지도 아래 독일에 매우 유리한 평화협정을 맺고 전쟁에서 철수했다. 하지만 장기적으로는 이 결정으로 인해 제국주의뿐 아니라 '자본주의'라는 이유로 민주주의국가들에 강한 적대감을 품은 소련이 탄생했다.

마찬가지로, 처음에는 불분명했지만 굳이 말하자면 민주화운동에 가까웠던, 왕Shah에 대한 봉기를 지지한 지미 카터 대통령의 행정부는 이란이 친서구적 민주주의국가가 되기를 바랐다. 그러나 1917년과 그 이후의 러시아에서처럼, 이란에서도 급진적이고 조직력이 탄탄한 이슬람 파벌이 기회를 잡았고 그 결과 샤보다 서구에 훨씬 적대적인 이슬람 국가가 수립되었다.

2010~2012년의 아랍의 봄 봉기에는 유사점들이 있다. 서구 국가들은 이 봉기로 독재 정부가 타도되고 민주주의국가 체제로 대체될 것이라는 희망을 품었다. 그러나 기대와는 달리 여러 국가에서 이슬람파, 특히 무슬림형제단*이 전면에 나섰고, 우리는 '이슬람 국가' 또는 새로운 독재정권의 부상을 보게 되었다. 일반적으로(여기서 일반적으

---

* 아랍권에 퍼져 있는 가장 규모가 크고 영향력이 큰 이슬람근본주의 정치조직이자 정당

로는 보편적으로 적용된다는 의미가 아니라 패턴이 존재한다는 의미다) 시위만으로는 충분하지 않다. 그리고 시위운동은 러시아혁명의 볼셰비키부터 위에 언급한 다른 맥락의 이슬람주의자들까지 정치적 스펙트럼의 어느 극단에 있는지와 상관없이, 급진적이고 체계적으로 조직된 단체들에 이용되는 경우가 흔하다. 어디에나 있는 이상주의자들도 이 경고에 주의해야 한다. 무자비한 독재정권 지도부 아래 시위가 성공할 가능성은 거의 없다. 하지만 성공한다고 해도 결속력이 강한 극단주의 지도자들(공산주의자, 이슬람주의자)이 정권을 장악하는 경향이 있다. 이 패턴은 프랑스혁명까지 거슬러 올라간다.

2000년대 초 구소련 국가들에서 일어난 '색깔 혁명'은 극단주의자들에 의해 장악되지 않았다는 점에서 예외 사례다. 하지만 색깔 혁명은 독재 정권의 맹렬한 반대에 부딪혔다. 우크라이나에서는 반민주주의자 빅토르 야누코비치 대통령이 러시아 푸틴 대통령의 지원을 받아 우크라이나와 유럽연합의 제휴를 백지화하려 했다. 그러나 민주 야당 세력은 키이우의 중심 광장인 마이단maidan에서 시위를 벌였고, 이는 이웃국 러시아의 지도자 푸틴을 크게 불쾌하게 만들며 결국 성공을 거두었다. 우크라이나의 민주화는 어느 때보다도 독재적인 푸틴 정권에 대항하는 반정부 세력에 나쁜 본보기가 될 수 있었다. 푸틴은 당시 이 구소련 국가에 대한 자신의 영향력을 오판했고, 2014년부터는 이른바 '하이브리드전'을 사용해 시위대를 굴복시키고 친러시아 정부를 다시 세우려 했다. 하지만 이 전략이 별 효과가 없자 2022년 2월 전면 침공을 개시했다. 우크라이나가 서쪽으로 기우는 것을 막으려는 마지막 시도였다.

앞선 사건들로 교훈을 얻은 푸틴과 벨라루스의 알렉산드르 루카셴코 대통령은 벨라루스가 민주 진영으로 이동하는 것을 미연에 방지

> 하는 데 성공했다. 벨라루스의 민주 세력은 이제 망명 중이거나 수감 중이다. 물론 러시아의 야당도 마찬가지다. 서구에 상당히 비판적인 시각을 가지고 있는 야당 구성원 다수는 러시아의 선전에 의해 서구의 첩자로 폄하되었다. 어쨌든 그들은 이제 입막음당했고, 망명했거나 투옥되었거나 알렉산드르 리트비넨코, 세르게이 마그니츠키, 알렉세이 나발니*처럼 살해되었다.

*****

이전 장에서는 편향과 관련한 충분한 증거를 제공해, 심리학자들의 발견이 고전경제학에서 생겨난 합리적 행위자의 선택이라는 깔끔한 가정을 뒤엎는 데 그치지 않았다는 것을 보여주었다. 이런 심리학자들의 발견은 국제관계 분석과 의사결정에 현실적으로 적용되기도 한다. 우리는 우리의 판단만을 어느 정도 믿을 수 있고, 동맹이나 적이 (혹은 다른 정부 부처나 기업이) 어느 정도는 그들이 **주장하는** (예를 들어 선거공약이나 '전략' 문서에 표현된 것과 같은) 정치적 지침을 토대로 완전히 논리적으로 도출한 결정을 내릴 것이라고만 예측할 수 있을 뿐이다.

따라서 공식 선언을 언제 말 그대로 받아들여야 할지는 매우 알기 어렵다. 분석가들은 히틀러가 1938년 9월 뮌헨에서 한 평화협정보다『나의 투쟁』에 나타나는 모호하지만 증오로 가득한 사상에 더 많은 주의를 기울여야 했을까? 그렇다. 의심의 여지가 없다. 히틀러의 약속은 이듬해 봄 체코슬로바키아를 끝장내라는 지시로 금세 거짓임이 드러났기 때문이다('참고 0.1' 참조, p.16). 베를린의 대사관에 있던 전문 분석가들은 무엇을

---

*   열거된 인물들은 모두 푸틴 정권에 대항하다가 의문사한 인물들이다.

더 믿어야 할지 알아야 했을까? 그렇다. 1933~1935년 히틀러와 그의 국가사회당이 독일의 소수민족들을 적이라고 선언하고 가혹하게 탄압했고, 독일의 재무장을 비롯해 베르사유조약의 여러 규정을 위반한 것을 고려한다면 말이다. 다른 곳에서, 다른 때에, 다른 급진당 지도자들이 선출되어 통치라는 실제 임무를 맡게 되면 온건해질 수도 있을까? 어쩌면 그럴 수도 있다. 급진당이 민주적인 절차를 거쳐 연합정부의 구성원으로 선출되었을 때, 자신들의 목표를 조정한 사례들이 있다.[31] 하지만 다른 경우와 마찬가지로, 이 경우도 한 당이 그랬다고 해서 다른 당도 그럴 거라고 예상하는 것은 매우 위험한 추측이다. 정치와 정부의 역학은 복잡하고, 그것들이 어떻게 전개될지는 다수의 행위자, 구조, 과정에 달려 있다. 그것이 다음 장의 주제 중 하나가 될 것이다.

4장 전략 수립의 결점과 곤경

우리와 우리의 상대방들에게 영향을 미치는 이 모든 편향으로 인해, 외교정책 분석뿐 아니라 정책과 전략 수립에는 결함이 있을 수 있다. 그것은 전혀 일관적이지 않을 수 있고 비합리적인 동시에 비논리적으로 보일 수도 있다. 그렇다면 편향의 영향을 살펴보자.

발이 여러 개인 문어?

우리는 이미 단일 행위자 오류를 검토했다. 특히 러시아인들이, 그리고 아마도 다른 비민주주의국가 지도자들도 (민주주의국가들을 비롯한) 다른 국가들과 그들의 동맹국들이 같은 내부 논리를 공유하는 단일한 행위자라고 오인하는 경향이 있다. 음모론을 즐기는 성향이 이런 오인을 훨씬 더 강화한다. 이런 오인은 볼셰비키 분석가들의 '운영 코드 operational code'(네이선 레이츠와 알렉산더 조지), '정치인의 신념 체계', 세계관 Weltanschauung, '인지지도 cognitive map', '엘리트 정치 문화'의 일부였고, 탈냉전시대 러시아 군사 문헌에도 여전히 나타난다.[1] 러시아의 군사 문헌은 1991~2007년의 간빙기 동안에도 한결같이 공화당이든 민주당이든 모든 미국 정부가 장기간 계속된 종합계획을 가지고 있다고 가정했다. 그들의 가정에 따르면 이 계획은 핵 협박과 군비경쟁부터 할리우드 영화와 다른 소프트파워 도구들까지 엄청나게 다양한 수단을 이용해 소련 체제를 전복하고 몰락하게 하는 것이 목적이었다. 1980년대나 1990년대의 러시아 군사전문가들은 앤디 마셜이 수십 년에 걸쳐 미국 정부에 행사한 영향력과 관련된 '경쟁전략competitive strategy'이 미국에서 지배적인 개념이 되었다는 사실을 거의 이해하지 못했다. 이 전략적 접근법은 소련과 바르샤바조약기구가 당분간 계속해서 존재할 것이고, 따라서 두 체제 간의 끝이 보이지 않는 장기 경쟁에 적응해야 한다는 전제로 시작했다.

민주주의국가의 보상 획득 체계는 많은 분야에서, 적어도 더 야심 있는 외교관과 군 장교들에게, 그리고 문화원이나 미 중앙정보국 지부같이 더 작은 부속 조직에 진취성을 장려하는 경향이 있다. 따라서 민주주의국가의 이익을 위해 직접적 또는 간접적으로 해외에서 활동하는 기관들은 자신들이 생각하기에 그 지역에서 정부의 목표와 일치하는 계획을 세우고 추구하는 것이 가능하다. 그러므로 외부에서 '단일한 행위자'라는 렌즈나 음모론 및 근본적이고 일관된 종합계획이라는 가정으로 보면, 주요 민주국가의 정부들은 완전히 다른 방향으로 뻗은 여러 개의 발을 (잘못된 가정에 의하면) 중앙의 뇌가 효과적으로 제어하고 있는 문어처럼 보인다.

다음 사례에서 미국 행정부라는 문어의 왼쪽 발은 오른쪽 발이 하는 일을 모르고 있었다. 1948년 중반 유고슬라비아 공산당이 코민포름에서 제명되었을 때('참고 1.2 티토와 스탈린의 대립' 참조, p.37), 영국과 미국 정부는 베오그라드에 있는 자국 대사관의 조언에 따라 스탈린에 맞서는 티토를 돕는 것이 자국에 이익이 된다고 결정했다. 하지만 (티토를 지지하는 정책을 승인한) 트루먼 대통령과 국무부가 모르게 미 중앙정보국이 유고슬라비아 지도부의 제명으로 야기된 불안정을 기회로 삼아 세르비아 왕당파 망명자들을 유고슬라비아에 잠입시키려 했다. 이는 얼마 전 알아바니아에서 알바니아 망명자들을 이용해 시도했던 것과 동일한 방식이었다. 그러나 두 작전 모두 완전히 실패했다. 알바니아 작전은 영국 첩보원 킴 필비가 러시아 정부에 정보를 넘겼고, 세르비아 왕당파의 잠입은 충성스러운 동포들이 티토에게 알렸다. 베오그라드 주재 영국 대사 캐번디시 캐넌은 잠입한 자들이 체포되고서야 유고슬라비아 언론을 통해 티토를 끌어내리려 한 미 중앙정보국의 작전에 대해 알게 되었다. 당연히 이 작전은 티토에게 혼란스러운 메시지를 보냈고, 티토와 서구의 관계 개선을 방해했다(유고슬라비아는 그 후 단호히 '비동맹' 노선을 유지하게 된다).[2]

주객이 전도된(또는 문어발 중 하나가 머리 모르게 단독으로 전략적 접근을 개시한) 다른 사례는 1980년대 미국이 소련의 점령에 저항하는 아프가니스탄 탈레반* 지원에 관여한 일이다. 이것은 미 하원의원인 찰리 윌슨이 제안한 것으로 유명하다. 하원 세출위원회 위원이었던 찰리 윌슨은 미 중앙정보국 요원들의 사주를 받고 의회의 국방예산 관리의 허점을 이용해서 탈레반에 무기를 지원하기 위한 자금을 마련했다. 미국의 언론인 찰스 크라일[3]이 심혈을 기울여 조사한 이 사건은, 드라마적 단순성을 위해 몇몇 행위자를 합쳐 등장인물을 줄이고 한편으로는 사건을 단순화해 〈찰리 윌슨의 전쟁Charlie Wilson's War〉이라는 제목으로 영화화되었다. 크라일이 추적한 이 사건은 미 중앙정보국의 역사적인 사이클론 작전Operation Cyclone을 성공적인 방향으로 이끌었다. 이를 통해 매수된 군수품이 전달되었으며

---

* 정확히는 당시 소련에 대항한 아프가니스탄 반군 무자헤딘을 지원했다. 탈레반은 나중에 결성되었다. 탈레반에 무자헤딘 출신이 대거 참여했고, 소련-아프가니스탄 전쟁 당시 미국이 지원해준 무기를 사용했다는 점에서 연관성이 있지만 같은 단체는 아니다.

다른 형태의 지원도 시작되었다. 이 작전은 미 행정부의 주도나 명확한 인지, 감독 없이 진행되었다.

여기서 생기는 귀인 오류는 독재정권이 이런 작전을 해석할 때 특히 자주 나타난다. 독재정권은 자신들의 중앙집권화된 권한을 기준으로, 다른 정부와 국제기구들도 위에서부터 전체적인 종합 계획을 지휘하는 하나의 중앙 권력이 있는 단일한 행위자라고 가정한다. 그들은 심지어 독재정권에도 정책결정과 실행이 이루어지는 사일로가 있다는 것을 알지 못한다. 히틀러의 제3제국은 의도적으로 분할통치divide and rule*의 원칙에 따라 운영되었고, 히틀러는 자신의 최고 권한을 강화하기 위해 자신의 부하들과 그들이 속한 각 기관이 서로 경쟁하게 했다. 하지만 히틀러도 서로 상충되는, 제시된 계획 전부를 중재할 수는 없었기 때문에 의도하지 않은 결과도 생겼다. 앞서 언급한 것처럼 헤스가 평화 협상 타진을 위해 스코틀랜드로 비행한 일부터 홀로코스트까지, 히틀러가 직접 개시하거나 철저히 감독하지 않은 계획들이 히틀러가 원하는 것이라는 명목하에 여러 사일로에서 실행되었다.⁴ 소련과 마르쿠스 볼프의 지휘 아래 첩보기관이 상당한 재량권을 누렸던 동독에도 비슷한 사례가 있다.⁵ 이런 사례는 과거에나 지금이나 바르샤바조약기구 회원국들이나 공산주의 중국 또는 이란이슬람공화국의 정책결정에 존재할 거라고 가정하는 것이 합리적이다.

공산주의와 탈공산주의 러시아가 미국을, 백악관을 머리로 두고 여기저기 문어발을 뻗어 종합 계획을 실행하는 거대한 문어로 인식한 전형적 사례는, 1992년 미국 외교관 스티븐 R. 만이 쓴 매우 훌륭한 논설에 대한 러시아 군사 지도부의 반응이다. 1990년대 러시아 군사전문가들은 만이 미국 대통령의 귀에 속삭이는 흑막éminence grise이라고 보았다. 만의 전

---

* 피지배민들을 분할하고 서로 적대하게 만들어 단결하지 못하게 하는 정책을 뜻한다.

문 분야는 (그가 1990년대 중반 미국 대사로 일했던) 중앙아시아 공화국들과 카스피해 주변의 에너지자원이었다. 우리가 알기로 그는 중앙아시아 국가들의 민주화운동에 돈을 쏟아붓는 어떤 비밀 기관도 **운영하지 않았다**.[6] 1992년 발표된 그의 논설은 군대와 유형有形의 힘을 중심으로 하는 선형적 사고에서 벗어나야 한다는 중요한 전략적 재고를 바탕으로 '민주적 다원주의와 개인의 인권 존중'이라는 '바이러스'를 '목표인구'에 끼워 넣자고 주장했다.[7] 러시아의 관찰자들은 이를 두고 미국이 러시아를 더욱 약화시키려는 전 지구적 비밀 계획을 드러낸 것이라고 보았고, 1991년 이래 탈냉전기 러시아 군사 문헌은 스티븐 만을 미국의 모든 전략을 배후에서 조종하는 자로 높이 평가했다.[8]

러시아 군사전문가들이 러시아의 세력권을 넘어 아랍 세계 전체를 불안정하게 만들려는 종합 계획을 세웠다고 본 또 다른 인물은 정치학자 진 샤프(1928~2018)였다. 샤프는 주로 매사추세츠대학교 다트머스에서 학생들을 가르쳤고, 하버드대학교와도 여러 일로 연관되어 있었는데, 그의 글은 독재에 대항하는 비폭력적 수단을 주제로 했다.[9] 이것으로 샤프는 노벨평화상 후보에도 여러 번 올랐다. 그의 책과 논설을 많은 사람이 읽은 것은 분명하고 '색깔 혁명'의 개별 지도자들도 영향을 받았을 수 있지만, 그가 미국의 포괄적 전략을 지휘했다고 보는 것은 루소가 프랑스혁명을 계획했다고 보는 것과 다를 바 없다. 그런데도 진 샤프의 이름은 스티븐 만과 함께 러시아 군사 문헌에서 러시아연방을 해체하고 우호적인 이웃 국가들에 대한 러시아 정부의 장악력 약화를 목표로 하는 미국의 대전략 배후에 있는 핵심 인물로 여러 번 등장한다.[10] 반면 그들은 앤디 마셜의 접근법과 영향력은 거의 알아차리지 못했던 듯하다.

마찬가지로 이스라엘에 대한 이란의 인식은 외부 관찰자들에게 당혹스럽게 다가온다. '거대한 사탄' 미국에 대한 물라의 증오는 미국의 순종적 하수인인 이스라엘에도 향했다. 하지만 미국과 이스라엘의 순탄치 않은 관계를 조금만 알아도 이런 추정이 잘못되었음을 알 수 있다. 미국 쪽에서 보면, 양국 간 불화 사례는 1956년 수에즈 작전을 좌절시킨 사건부터, 여러 차례의 아랍-이스라엘 전쟁에서 미국이 이스라엘의 전쟁 목표를 통제하려 한 시도들(그것이 성공했든 실패했든)까지 다양하다. 2023년에는 미국이 이스라엘의 벤저민 네타냐후 총리에게 사법개혁 계획을 철회하라고 압박하기도 했다. 이스라엘 쪽도 마찬가지다. 앞서 언급한 모든 사례 외에도, 1967년 고의적으로 USS 리버티 호를 폭격한 사건, 또는 1998년 모니카 르윈스키 스캔들을 빌미로 클린턴 대통령을 협박해 미국의 팔레스타인 대응 강화를 요구한 일(이 맥락에서 미국에 이스라엘 첩보원들이 있음이 드러났다) 등이 있다. 이 모든 사건들은 이스라엘을 미국이라는 대형 문어의 여러 촉수 중 하나로 볼 수 없음을 보여준다. 하지만 독재정권은 자국민들을 계속 통제하기 위해 (국가안보를 위해 불가피한 조치라는 평계와 함께) 적이 필요하므로, 세속적인 이스라엘인과 그들의 생활 방식이 서구의 '도덕적 타락'을 상징하는 대상으로서 이란 정권에 매우 유용한 (그리고 더 가까운) 표적이 되는 것이다.

　　우리가 에드워드 루트왁의 분석을 믿을 수 있다면, 이런 전략에서 나타나는 불협화음의 마지막 사례는 중국에서 찾아볼 수 있다. 여기에는 이미 수십 년을 이어져온 '화평발전'*이라는 대전략이 있다. 이 전략은 2002년부터 2012년까지 중국공산당CCP의 주석 후진타오의 측근이었던 중국공산당 중앙당교 상무부교장 정비젠이 처음으로 제시했다. 화평발전의 핵심은 (중국과 국경분쟁 중인 수많은) 이웃 국가들을 무력 위협으로 불안하게 하

---

*　　처음에는 화평굴기和平崛起(평화롭게 우뚝 선다)였으나 2004년 더 부드러운 표현인 화평발전으로 바꿨다.

지 않으면서 평화적인 경제 수단을 통해 중국의 영향력을 강화하는 것이다. 하지만 중국군은 자신들의 힘과 역할을 강화하려 애쓰고 있다. 중국 어업국의 어정 단속 조직은 500여 척 규모의 자체 선단을 통해, 남중국해의 영유권을 두고 분쟁 중인 필리핀 같은 이웃 국가들을 힘으로 위협하는 등, 명백하게 싸움을 걸고 있다. 루트왁의 주장에 따르면 이런 충돌은 중국의 평화적 팽창을 훼손하고 이론적으로 중앙정부가 그은 선을 넘는 것이다.[11] 중국의 경우, 관련자들의 솔직한 인터뷰나 정부 기록보관소에의 접근이 불가능해서 루트왁의 해석을 확인하기는 어렵지만, 무역과 투자를 통한 세계 강대국으로의 평화로운 부상 전략과 이웃 국가들을 경쟁국 편에 서게 할 정도로 위협하는 두 전략이 동시에 관찰된다는 사실을 무시할 수는 없다.

관료정치

민주주의국가나 심지어 (어떤 통치자도 행정부가 없으면 안 되기 때문에) 독재국가까지 모든 국가에서 관료정치(여기서는 정부 또는 다른 모든 수준의 각료나 공무원, 군의 장교나 고위 사령관 등 각기 다른 관료 집단의 대표자들 사이에서 일어나는 실랑이를 포함한다)는 논리적으로 일관된 정책과 전략의 수립을 방해한다. 미국 행정부에서 근무한 경험이 있는 분석가들이 보여주었듯, 관료정치는 정부 내 여러 행위자 사이의 협상과 논쟁이다. 그들은 각자 자신의 의제와 선호를 가지고 종종 자신이 속한 정부 부문(부처, 부서, 기관, 관청)을 대표해 공동으로 의사결정을 한다. 따라서 협상 과정은 특정한 전략이나 정책이 목표로 하는 것보다 훨씬 많은 정책목표를 반영한다. 직면한 본래 사안(가령, 국방예산의 전체 구조, 나토 회원국인 튀르키예와의 관계)과 거의 관련이 없는 사안들(가령, 방산업체 지원, 그리스계 미국인의 상원의원 선출을 위한 로비)이 개입한다.

이런 차이는 적어도 유럽 역사에서는 새로운 것이 아니다. 혁명 전 프랑스의 뛰어난 전략이론가였던 기베르 백작은 프랑스의 전쟁부에서 실제 전략을 짜는 경험을 하면서 관료정치에 관해 많이 알게 되었다. 1770년 그는 이렇게 썼다.

> 유럽의 거의 모든 나라에서, 서로에게 해롭고 충돌하는 이해관계와 관점을 가진 특정 각료들이 행정부의 각기 다른 부서를 다스린다. 그들 각자는 자신의 목적에만 몰두한다. 다른 부서는 다른 국가에 속한 것처럼 보일 정도다. 각료들이 서로를 대놓고 적으로 여기지 않고 그저 시기하기만 하는 국가들은 얼마나 다행인가.[12]

40년 후 클라우제비츠의 동료 오토 아우구스트 륄 폰 릴리엔슈테른은 작센과 프로이센에서 전략 수립을 경험한 후에 이런 의견을 밝혔다.

> 어느 국가의 내정사에서든 전쟁부 장관과 재정부 장관이, 외교관과 군사령관처럼, 영원히 불화에서 벗어나지 못하는 것을 볼 수 있다 … 전쟁부 장관은 군대를 늘리고 싶어 하고 잇따른 희생을 요구한다. 재정부 장관은 지출을 줄여 … 정부의 재정 상태를 흑자로 만들려 한다 … 요컨대, 각자가 서로에게 대항하고 그래서 결국 둘 다 국가에 해를 끼친다.
>
> 왜 그런가? 국가의 경제 및 군사 구조가 완전히 통합되어야만 하는데, 그렇지 않으면 (마찬가지로 자기 이익을 위해서만 행동하는) 다른 부서는 아랑곳하지 않고 각자 자기중심적인 노력을 기울인 결과, 필

연적으로 해로운 차이가 발생하게 될 것이기 때문이다.

그리고 이렇게 덧붙였다.

불행히도 … 최고사령관이 필요한 정치적 설명을 듣지 않고 … 주요 (외교) 정책결정자가 전술의 아주 기본적인 원칙도 알려고 하지 않는 경우가 흔하다. 정부의 작동 기제에 따라 두 부문은 평소에는, 특히 평시에는 멀리 떨어져 있다. 그러다 전쟁이 일어나면 어디에서도 필요한 화합을 이루지 못한다. 그들은 서로를 힘들게 한다. 만약 국가의 이익이 외교와 전술 사이의 적대적인 다툼에 묻히지 않는다면 운이 좋은 것이다.[13]

오늘날에는 '국가안보전략' 수립에 정부 전체가 참여하는 접근법을 사용하면서 결론을 내리기 위한 논쟁에 외교부와 국방부만이 아니라 훨씬 더 많은 정부 부처가 관여한다. 따라서 오늘날 전략과 정책은 그 어느 때보다도 각기 다른 정부 부서들의 서로 다른 이해관계에 영향을 받는다. 정부와 동맹 내에서 타협점을 찾는다는 목표가 당면한 사안에 대처하기 위한 효과적이고 일관된 전략을 만든다는 목표보다 훨씬 더 중요할 수도 있다.

의사결정 주기

정부 그리고 동맹이 일관된 행위자가 아닌 또 다른 이유는 각기 다른 기간을 차지하는 여러 문제에 관해 결정을 내려야 하기 때문이다. 수많은 제목 아래 작성되는 포괄적인 '국가안보전략'은 기간이 다른 여러 문제를 다루어야 한다. 2022년 2월 러시아의 우크라이나 전면 침공 시기에 작성되었거나 빠르게 '새로 작성된' 문서들처럼 위기에 재빨리 대응해야 할 수도 있다. 민주주의국가의 선거 주기는 4~5년 정도다. 지도자들이 자신을 종신 독재자로 만들 수 있는 독재정권은 이 점에서 훨씬 수월하다. 그들은 자국 산업에 지시를 내릴 수도 있고 수십 년 후의 목표를 정의할 수도 있다. 그래서 2021년 10월 시진핑은 '당의 100년 분투 및 중요한 성과와 역사적 경험에 대한 중국공산당중앙위원회 결의'를 채택하고, 미국과 동등한 군사력을 갖추고 대만을 중화인민공화국에 통합시키는 등 2049년까지 달성해야 할 전략목표를 설정했다.[14]

모든 유형의 정부가 무기나 체계에 따라 국방 조달에 관한 결정을 내려야 한다. 예컨대 (조약 협상과 체결 그리고 아마도 몇 가지 추가 사항에만 시간이 드는) 상용 물자 구매에는 2~3년이 걸릴 수 있고, 선박의 경우에는 건조에 10년 이상 걸리고 40년 동안 운항될 수도 있다. 따라서 정치색이 다른 뒤이은 정부들이 이런 결정의 결과를 바꾸지 못할 수도 있다. 이런 맥락에서 내가 가장 좋아하는 이야기가 있다. 1807년 영국이 코펜하겐의 항구에서 덴마크 함대를 침몰시킨 후, 덴마크왕립 산림관리위원회Royal Danish Forestry Commission는 새 함대 건조를 위해 졸참나무를 재배하라는 지시를 받았다. 그들은 2007년 졸참나무가 완전히 자라서 임무를 완수했다고 보고했다.

전략적 국방예산 편성에는 다른 지출도 고려되어야 한다. 지금 고용한 스무 살 군인의 연금 비용은 60년 넘도록 정부의 지출 비용이 될 것이다. 또 기후변화 완화라는 목표에 기반해 광범위한 '친환경' 에너지원의 개발로 미래의 에너지 수급을 보장하고 더 장기간에 걸쳐 효과가 지속되도록 해야 한다(그런 '친환경' 에너지원이 개발되지 않을 경우에 부수적으로 발생할

해야도 함께 고려해야 한다). 그리고 현재 핵무기 생산과 원자력발전에서 발생하는 폐기물을 어떻게 보관할 것인지에 대한 고려가 진행 중이며, 수천, 수만 년에 걸쳐 안전하게 보관할 필요가 생길 수도 있다. 그런데 이 모든 것에 대한 예산편성은 동시에 이루어져야 한다.

정부가 클수록, 최고위층이 내린 전략적 결정이 전략개념과 정책서에 스며드는 데 더 오랜 시간이 걸린다. 그러므로 이론적으로는 국가 또는 동맹 수준에서 합의되어야 할 전략적 개념들이 있다. 이 개념들이 수많은 정부 부서나 부처, 모든 관청 대표들과의 끝없는 위원회 회의에서 만들어지려면 대개 1년 혹은 그 이상이 걸린다. 결국 이렇게 작성되는 문서들은 지역별 또는 주제별 하위 전략이나 군사 계획 문서의 토대가 될 최고위급 문서여야 한다. 하지만 집단의사결정에서는 이 문서들이 만들어지는 데 너무 오랜 시간이 걸리고, 보통 여러 당사자가 관련되어 있으므로 최고위급 문서가 하위 부서들에 완전히 전달되기도 전에 새로운 사건이 일어난다.

이것이 특히 잘 나타난 경우가 1991년 11월 나토가 공개적으로 발표한 전략개념, 그리고 나토의 방어 구조와 능력에 적용할 예정이었던 새로운 (비밀) 군사 개념 내에서의 전략개념 이행이었다. 그해 유고슬라비아 내전이 일어났고 이듬해까지 점점 확대되면서 처음에는 개입을 꺼렸던 나토 회원국들까지 휘말렸다. 전략개념 발표로부터 한 달 후에 채택된 첫 군사위원회(Military Committee, MC) 문서 MC 400은 곧 갱신되어야 했다. 전략개념 자체는 1999년까지 대체되지 않았지만, 전략개념과 MC 400시리즈의 새 문서(MC 400/2)가 1999년 갱신되기도 전에 1995년 MC 400/1이 작성되었다.[15] 25년 후에도 같은 상황이 벌어졌다. MC 400 시리즈의 또 다른 문서가 나토의 2022년 전략개념보다 먼저 발표된 것이다. 이론상으로는 전자가 후자에서 파생되어야 했다.

1995년의 MC 400/1은 여러모로 가장 높은 전략개념 단계에서 만들어진 정치적 가정에서 출발했다. 그중 하나는 1966~1967년 통합군 구조에서 탈퇴했던 프랑스 정부가 그 이후 나토 방위 구조에 자신들이 반대했던 방식으로 기꺼이 협력하겠다고 선언한 것이었다. 1995년 프랑스 대통령 자크 시라크는 통합군 구조로의 복귀를 지지했지만 1997년 '동거정부' 시기 다른 당을 이끌던 총리 리오넬 조스팽이 이에 반대해 프랑스의 복귀는 무산되었다. 결국 파리와 나토 내부에서 프랑스 정치인들, 관료들, 고위 공무원들, 대표들이 미묘한 게임에 참여하게 되었다. 한쪽은 나토의 보스니아 헤르체고비나 개입, 1995년의 MC 400/1 문서 작성, 그 후 1999년 전략개념과 그 적용, MC 400/2를 이용해서 프랑스를 나토의 통합군 구조에 재합류시키려 했고, 반대편은 이를 막으려 했다. 결국 프랑스는 프랑스 국내 정치에서 나토 지지자들의 입지가 더 유리해진 2009년에야 나토에 재합류했고, 나토의 2010년 신 전략개념에 프랑스의 재합류가 반영될 수 있었다.

이 이야기는 전략개념이 **채택 당시**의 정부나 동맹의 세계관 및 정부나 동맹 내의 세력균형을 반영한다는 사실 뿐 아니라, 대부분 공개되는 즉시 쓸모없어진다는 사실을 보여준다. 그리고 전략개념이 공개되고 나면 자연스럽게 조용히 무시되거나 정치적으로 민감한 사안에서 간접적으로만 언급된다는 것도 보여준다. 마지막으로, 전략개념은 정책보좌관이 될 순진한 학자들을 끝없이 좌절케 하는 의사결정 주기의 중요성을 보여준다. 정부나 동맹이 자신들의 전략과 정책 검토를 마친 단계 혹은, 초기의 진상조사 단계에 있는 경우가 아니면 일반적으로 의사결정에 어떤 새로운 생각도 제공할 방법이 없다. 이것이 가능한 때는 사실상 관료들과 군 인사들이 앞다퉈 아이디어를 얻으려 하고 전문가들의 말에 귀를 기울이려 하는 검토 직후의 아주 짧은 기간뿐이다. 그럴 시간이 있다면 말이다.

때로는 새로운 전략개념을 만드는 초기 단계에서 정부의 여러 부문,

군대의 다른 부문, 비즈니스, 심지어 학계 사람들과의 브레인스토밍이 고려되기도 한다. 최근 국방지휘문서defence command paper(영국에서는 국방전략서 defence strategies를 일반적으로 이렇게 부른다)의 담당자가 추정한 것처럼, 이 과정에 대략 2000명이 참여한 것으로 보인다(대개 이 미만이다). 이런 과정에서 흔히 발생할 수 있는 관료주의적 오류는 다음과 같다. 즉, 각 '실무그룹'이나 '워크숍' 모임이 반드시 일관성 있는 문서를 만들어내야 하며, 그 내용이 최종 전략개념에 반드시 포함되어야 한다는 전제가 생겨버리는 것이다. 그러나 이런 식으로 접근하게 되면 최종 문서는 단순히 요구사항 목록으로 전락할 위험이 있다. 이에 과거 영국의 국가안보보좌관이자 2010년 영국의 국가안보전략 담당자였던 리케츠 경은 다음과 같이 강조한다. 전략 수립이란 곤란한 결정을 내리는 과정이며, 어느 정부도 하고 싶은 일을 다 할 수 있는 자원이 없기 때문에 우선순위와 선택이 필요하다. 심지어 미국과 중국의 경우에도, 자금 부족의 문제뿐 아니라 추진하려는 일들이 상호 배타적인 경로를 따르는 문제도 있다. 경마에서는 어떤 말에 돈을 걸지 또는 어느 쪽을 지지할지 결정해야만 하는 순간들이 있다. 여기저기 다 편들고 약속은 하지 않는 정부는 표리부동하고 믿을 수 없어 보일 것이고, 결국 모두가 의심을 품고 대하게 될 것이다.[16] 브레인스토밍 단계에 참여하는 것은 외부인에게는 매우 기쁜 일일 수도 있고 여러 정부 부문에도 자신들과 '상의했다'는 인상을 줄 수 있다. 하지만 그들이 굳이 최종 문서를 찾아 읽어본다면 대개 그들이 포함시키려 했던 어구는커녕 그들의 착상이 최종 문서에 살아남지 못했다는 사실을 발견하게 될 것이다. 이 시점에서 그들의 열의는 줄어들 것이고 태세를 전환해 노골적인 비판에 나설 수도 있다(만약 정부가 내 조언을 따랐더라면…). 그리고 부수적으로 이것은 1장에서 논한 단일한 행위자 오류의 결점을 설명해주기도 한다.

문서가 공개된 후 전문가들이 뒤늦게 비판해 봤자 대개 실무자들의 반감만 사고 크리스마스카드 명단에서 삭제될 것이다. 문서 작성에, 특히 마지막 단계에 관여한 모두는 그 단계에서 문서에 대한 합의를 우선한다면 다른 선택과 표현은 불가능했다고 확신하게 될 것이다. 합의에 도달해야 한다는 상황의 압박을 고려할 때, 대개 지혜는 고사하고 내적일관성과 영리함을 갖춘 접근법으로 문서를 작성하겠다는 포부는 결국 밀려나고 만다. 전문가들의 비판은 중요하지도 않을 것이다. 순환보직을 고려할 때 아마도 다음에 그런 문서가 작성될 때는 그 일을 다른 사람들이 맡을 것이기 때문이다. 그리고 후임자들은 이전에 공개된 문서가 당시에 받았던 비판을 들춰내려 하지 않을 것이다.

시간이 훨씬 빠듯한 경우에도 의사결정 주기를 발견할 수 있다. 위기 상황에서 또는 정상회담 직전에 협상이 진행되면 물론 가능한 한 빠르게 또는 기한 전에 의사결정을 끝내야 한다는 압박이 있을 것이다(정상회담, 배치, 최후통첩 시한 만료…[17]). 일반적으로 관료의 업무시간은 늦은 오후에 종료되지만 이 특별한 상황에서는 저녁까지 협상이 계속될 수도 있다. 나토에서 내가 경험한 바에 따르면, 그럴 때면 저녁 8시경에는 결론에 도달해야 한다는 압박을 느끼곤 했다. 그때까지는 본국의 부처와 연락이 닿으므로 보고를 할 수 있고, 다음 날 아침 전에 지시 사항을 전달받을 수 있기 때문이다. 자정에 가까워지면 또 압박이 커졌다. 협상가들이 아직 돌아가서 잘 수 있다는 희망을 버리지 않았기 때문이다. 각각의 시한이 지나고 나면 다시 압박이 줄어들었다. 자정이 지나면 협상이 자동으로 밤새 이어질 거라고 가정하게 되어 협상을 빠르게 진행할 필요가 별로 없었다. 가끔은 그러다가 본국에 보고하기 위해 잠시 휴식을 갖고 다시 모이곤 했다. 어느 쪽이든 데이비드 오맨드 경의 말처럼 실제로 협상이 얼마나 진행되었든 상관없이, 여러 번의 '질질 끄는 논의 가운데 끝이라는 심리적 안도감을 느끼고 싶은 강한 충동이 드는 시점이 찾아올 것이다.'[18]

이 모든 과정의 바탕에는 워싱턴의 어느 정도 독립적인 또 다른 의사결정 주기가 있었다. 브뤼셀과 워싱턴 사이의 6시간 시차에다가 우리가 보았듯 미국 협상가들에게 협상의 여지를 거의 주지 않는 미국의 의사결정 과정까지 고려하면, 나토의 모든 활동은 (만약 위기나 장관급 회담 그리고 성명에 관여하는 관료라면) 다른 정부 부처나 공직보다 더 늦게 시작해서 훨씬 더 늦게 끝나는 경향을 보였다. 따라서 나토 회의는 대개 늦게 시작했고, 미국 대표들이 워싱턴의 지시를 기다려야 해서 회의가 중단되는 일이 매우 흔했다. 카너먼과 도벨리는 몇 시에 판결이 나는지에 따라(그리고 판결 시간이 식사 시간과 얼마나 떨어져 있는지에 따라)[19] 판사들이 더 엄한 혹은 관대한 처벌을 내린다는 걸 보여주는 연구 결과를 인용한다. 전략을 수립하는 위원회의 작업에서도 이와 비슷한 경향이 나타날 수 있다.

비슷한 압박은 그 후 주말이 다가올수록 심해졌다. 일부 관료들은 주말 동안 다른 나라에 있는 집으로 통근했는데, 우리는 특정 위원회의 위원장들이 그런 경우인지 파악하고 런던이나 파리, 암스테르담으로 가는 유로스타의 막차 시간을 염두에 두곤 했다. 열차를 탈 수 있는 시간이 지나고 나면, 그때까지도 긴장한 기색을 보이지 않았거나 크게 한숨을 쉬지 않은 이들에게 감탄하지 않을 수 없었지만, 그렇다고 해서 그런 태도가 그들이 저녁 시간 내내 언짢아지지 않을 것을 보장하는 건 아니었다. 장관급 회담이나 (대개 공동성명의 형태로) 결과가 기대되는 대규모 국제회의가 끝날 때처럼 마감 시한이 다가오면 합의에 도달해야 한다는 압박이 더 심해진다는 것을 예상할 수 있다. 지금은 '메시나회의'로 널리 알려진 1955년 시칠리아의 메시나에서 향후 유럽의 협력 강화 가능성을 모색하기 위해 열린 회의는 유럽 통합을 향한 핵심 단계가 되지 못했을 수도 있었다.[20] 마지막 날 저녁 행사 시간이 될 때까지 어떤 공동성명도 합의되지 않았다. 대표들은 그리스·로마 양식의 타오르미나 원형극장에서 발레 공연을 감상하고, 이어 수도원을 개조한 고급 레스토랑에서 저녁 식사를 할 예정이었다. 메시나의 호텔로 돌아와서 완전히 취한 대표들은 결심을 굳힌 대표단 단장 폴 앙리 스파크의 지시를 받은 벨기에인들이 이끄는 대로 마지못해 한 호텔방으로 몰려갔다. 스파크는 그때 그 자리에서 성명이 작성되어야 한다고 주장했다. 놀랍게도 술은 벨기에와 프랑스 대표단 단장 (스파크와 앙투안 피네) 사이의 중요한 의견 차이를 해소하는 데 도움이 되었고, 결과는 성공이었다(그 이후 이런 회의의 주최 측에서는 회의의 마지막 날 밤 일정을 더 신중하게 계획하는 경향이 있다).[21]

방어준비태세도, 적어도 나토에서는 주기적 변화를 겪었고 여전히 겪고 있다. 냉전기 긴장이 극에 달했던 몇 번의 경우를 제외하면 많은 곳의 병영은 주말 동안 비어 있었다. 동서독이 1991년 통일했을 때, 나토가 늘 바르샤바조약기구의 기습 공격에 대비하고 있다고 믿으며 자라온 동독 군인들은 서독 동료들이 금요일 한낮에 집으로 가서 일요일 저녁이나 심지어 월요일 아침까지 돌아오지 않는 것을 보고 매우 놀랐다. 언제라도 바르샤바조약기구 회원국들을 덮칠 준비가 되어 있는 호전적 나토라는 동독의 선전 이미지와 일치하지 않았기 때문이다. 실제로 1973년 욤 키푸르 전쟁이나 2023년 초막절 전쟁 당시 이스라엘의 무방비 상태는 바르샤바조약기구 회원국이 중부 전선을 공격한다고 가정할 때 서유럽의 무방비 상태와 비교하면 아무것도 아닐 것이다.

휴가 기간도 해로운 영향을 미칠 수 있다. 2003년 나토의 주군 부대인 국제안보지원군이 배치된 이후 오랜 기간에 걸쳐 나토 회원국의 아프가니스탄 출구 전략이 계획되었고, 이것은 2014년에 시작되었다. 그럼에도 불구하고 2021년 미군 철수의 최종 단계 무렵은 대혼돈이었는데, 탈레반의 활동이 급증하는 것이 관찰되고 그들의 장악 지역이 확대되어 가는 상황에서, 조 바이든 대통령이 원래 계획된 9월 11일에서 8월로 철수를 앞당

겼기 때문이었다. 7월부터 8월 상반기는 유럽의 여름휴가 기간이었기 때문에, 아프가니스탄에 여전히 병력을 주둔시키고 있던 영국과 독일 정부는 이런 상황에 기습적으로 당했다. 미군 철수로 자국 병력을 아프가니스탄에 남겨둘 수 없어서 서둘러 실시한 그들의 철수 작전은 엉망이었다. 설상가상으로, 탈레반의 보복 통치하에서 무사할 것 같지 않은 아프가니스탄인 통역사들과 기타 지원 인력들을 데려오려 한 선의의 의도조차 실제로는 제대로 실행되지 못했고, 이는 많은 개인과 그들의 가족들에게 막대한 영향을 끼쳤다.[22]

조직의 행동을 좌우하는 유인 체계

롤프 도벨리는 인간의 편견에 대한 통찰력 있는 연구에서 조직 행위의 90퍼센트는 유인에 따라 좌우된다고 주장한다.[23] 이런 수치는 사람들이 자신의 이상을 위해 어디까지 할 수 있는지를 과소평가하는 듯 보이지만, 이상에 따른 행동도 유인과 밀접한 관련이 있다. 우리는 이미 죄를 용서받을 수 있다는 굳건한 믿음으로 돌아올 수 없을지도 모르는 원정에 가산을 탕진하게 만든 십자군의 사고방식을 살펴보았다. 15세기부터 18세기까지 이어진 종교전쟁에서 다른 교파 기독교도와 싸운 기독교도들도 자신의 영혼을 구원받기 위해 싸웠을 것이다. 민족주의자들과 사회주의자들은 19세기와 20세기의 전쟁과 봉기에서 민족 또는 혁명의 영웅으로 칭송받게 해줄 공동의 명분을 위해 목숨을 걸고 싸웠다. 자살폭탄테러를 벌이는 지하드 전사들은 까르르 웃고 꺅꺅거리는 사춘기 소녀들을 만날 수 있다는 모호한 보상이 따라오는 낙원에 대한 기대를, 또 아마도 더 진지하게는 지하드 단체가 그들의 가족들에게 약속하는 물질적 보상을 동기로 삼는 듯하다(이스라엘 방위군은 특히 자살폭탄테러범 가족의 집을 파괴할 때 이런 보상에 대한 기대를 명확한 표적으로 삼았다). 영국의 제도에는 기사 작위와 많은 단계의 훈장 명단이 있고, 프랑스에는 레지옹도뇌르, 독일에는 독일 공로훈장이 있다. 어느 것도 수여식 외에는 세금을 사용하지 않는 유인들이다.

아드레날린 분출이 덜한 관료정치 과정에서는, 특히 평시에, 고귀한 대의를 위한 자신의 싸움을 역사가 제대로 평가할 것이라는 믿음과 대의를 추구하면 자신의 승진이 따라올 거라는, 스스로를 납득시킬 수 있는 믿음이 융합되어 유인을 제공할 수 있다. 어쨌든 군 장교들의 빠른 순환배치 주기와 그보다 살짝 더 긴 외교관들의 순환근무 주기 때문에 이들은 적어도 자신들의 성과를 평가할 상사에게라도 변화를 가져온 것처럼 **보여야 한다는** 엄청난 압박을 받는다. 물론 그 평가를 토대로 다음 파견지가 결정된다. 그 결과 전임자들이 시작한 장기 계획을 계속하는 건 솔깃하지 않고, 새로운 직위에 맞는 새로운 제안, 새로운 계획, 새로운 정책이 필요해진다. 긍정적으로 보면 이를 통해 과거에 상황이 여의찮아 실패했고, 전임자가 어쩌면 마땅히 되살려야 했지만 용기가 없어서 진행하지 않았던 정책이 (다른 이름으로) 다시 새롭게 시도될 수도 있다. 머지않아 난관을 타개하고 정책을 진행할 때가 무르익을 수도 있다.

부정적인 측면은 시간이 흘러야만 결실을 얻을 수 있는 장기적인 정책을 적용하는 것은 단기적으로는 아무런 인정을 받지 못하기 때문에 매력적이지 않고, 그래서 좋은 정책 다수가 너무 빨리 폐기될 수도 있다는 점이다. 프랑스의 교육체계는 이런 끊임없는 조작과 변경의 사례로 특히 유명하고, 대외원조계획도 마찬가지지만, 우리의 목적에서 중요한 대외활동 operations extérieures, 즉 해외 개입도 이런 사례에 해당한다. 1940년대 말부터 1970년대 초까지 프랑스와 미국의 인도차이나/베트남 개입, 1980년대 소련, 그리고 2001~2021년 미국 주도 연합군의 아프가니스탄 개입, 2003~2011년 미국의 이라크 개입을 생각해보라. 각각의 경우, 변화를 주기 위해 새 사령관이 파견되었고, 이들은 변화의 토대가 되는 방안과 접근법을 새로이 제시하기 위해 많은 노력을 기울였다. 페루의 제독 루이스 델 카르피오는 이것을 'Ctr+Alt+Delete 편향'이라고 부른다. 2001년 이후 아프가니스탄의 미군 지도부를 다룬 책에서 마이클 헤이스팅스가 제시하는 설명은 이 패턴을 보여준다. 그의 책을 각색한 영화 〈워 머신 Warm Machine〉(2017년 작, 데이비드 미쇼 감독)은 이 패턴을 다소 과장했을 수도 있다.[24] 하지만 이라크 주둔 영국군의 세 번째 사령관이 **그가 도착하기 전까지는** 제대로 된 전략이 **하나도 없었으며**, 이제 성공 가망이 있는 전략을 **그가** 짰다고 말하는 걸 들을 때 나는 정말이지 의심스러웠다.

군대는 다른 관료 집단보다 훨씬 더 강한 복종과 규율을 요구한다. 이런 특성은 명령과 시행의 상의하달식 접근법에 배치되는 변화 및 아래 혹은 옆에서 오는 유용한 발상들에 열려 있어야 할 필요성과 직접적으로 충돌한다. 이런 모순은 지독히도 해결하기 어렵다. 많은 똑똑한 장교들은 너무 생각과 주장이 많아서 승진과 경력에 방해를 받는다. 다른 이들은 그저 상사들(그리고 정부)이 좋아할 말과 행동만 해서 승진한다. 이렇게 조직의 보상 체계는 구성원들의 행동을 좌우한다.

하지만 진취적이고 야심만만한 이들에게 위기와 변화는 특별히 관심 있는 프로젝트를 진행시킬(그리고 자신들의 승진을 가져올), 오랫동안 기다려온 기회로 보일 수도 있다. 케라시아*의 새 대통령 선출은 부채 상환 연기에 대한 협상의 교착상태를 깰 기회가 아닌가? 카몬의 난민 사태는 카몬의 이웃국들로부터 항구 접근권을 얻을 계기가 아닌가? 보트니아에서 일

---

* 케라시아를 비롯해 뒤에 등장하는 국가들은 가상의 국가들이다.

어난 반란은 블루랜드를 설득해 반란 참가자들이 일으킬 침공에 대비해 무기를 구입할 기회가 아닌가? 루리타니아의 한 항구에서 국민을 구출한 것은 새 수륙양용선을 자랑하고 추가 구입을 주장할 기회가 아닌가?

'나도 거기 있고 싶다I wanna be there too 증후군'에 영향을 받은 전략 수립 사례들도 있다. 따라서 최근 수십 년간 해군은 **내륙** 국가의 군사개입에서 중요한 역할을 해왔고, 나토 회원국들의 많은 장교들은 아프가니스탄에서 근무했는지 여부와 만약 근무한 경우, 얼마나 여러 번 했는지가 자신들의 군에서의 평판과 연관이 있고, 자신들의 경력도 그에 따라 이득이나 손해를 볼 것이라고 생각할 것이다.

행동보다는 말

어느 직급이든 군 장교들과 정부 모든 부문의 공무원들은 성과가 미미하거나 전혀 없는데도 성과를 이뤘다고 주장할 유인이 크고, 어느 경우에든 명령과 지시에 따랐다는 증거를 보여주려는 유인도 크다. 그 결과, 기관들은 항상 자신들의 활동을 최대한 보기 좋게 꾸미려 할 것이다. 그들은 별것 아닌 일을 마치 매우 중요하고 의미 있는 일처럼 보이게 할 수 있다. 그래서 실제로 어디서 진전이 거의 혹은 전혀 없었는지 알려면 주의를 기울여 행간을 읽어야 한다.

나토가 설립되기 전, 그리고 1949년 4월 워싱턴에서 북대서양조약이 체결되기도 전에, 유럽의 다섯 국가가 이미 이와 비슷한 상호방위조약을 체결했다. 사실 이 조약은 훨씬 더 강력한 책임을 부여했고, 북대서양조약처럼 의회의 거부권 대상이 되지 않을 수도 있었다. 이 유럽조약은 북대서양조약보다 1년 먼저 브뤼셀에서 체결되어 서구연합Western Union(송금할 때

보이는 웨스턴유니온이 아니다)을 결성했는데, 특히 처음에는 독일이 다시 적으로 부활하는 것을 막을 목적으로 맺은 방위 협정이었다. 1950년대 중반 서구연합은 서유럽연합Western European Union으로 개칭했고, 이즈음 원서명국들(체결을 공동 주도한 영국과 프랑스, 베네룩스 삼국)은 오래된 잿더미에서 새로운 나치 독일이 일어설 수는 없을 거라고 확신하게 되어, 1949년에 이미 가입한 이탈리아에 이어 서독도 나토에 받아들였다. 회원국이 다섯뿐일 때 서구연합은 작은 방어 조직을 만들었지만 방위 협력과 인프라 구축 등의 책임 대부분을 나토에 위임했다. 서유럽연합은 서유럽연합의 상호 방위 약속이 2007년 리스본에서 체결된 유럽연합의 기본 헌법에 흡수될 때까지 존속했다. 외부에서 보기에 서유럽연합이 존재감이 없었다고 하기는 어려웠다. 정기적으로 국방부 장관들의 회의가 있었고 회의 후에는 성명이 발표되었으며, 군 장교들과 외교관들이 본부에 배치되었고, 병력에 대한 가입국들의 정기 보고서를 보관하는 것뿐이었다고 해도, 일종의 업무가 수행되었다. 영국 국방부 장관 데니스 힐리는 서유럽연합이 '식사 모임'에 지나지 않는다고 말했지만 기구의 존재와 그 구조, 정기적으로 표하는 성명과 다른 활동 흔적만 보면 서유럽연합은 나토와 함께 존재한 유럽의 방위 기관이었다(하지만 정작 그것이 필요한 지금은 존재하지 않는다).

이건 기존 기구나 정부 기관 등을 체계적으로 조사하는 것만으로는, 어느 부분이 실제로 문제가 되고 중요하며 어느 부분이 그렇지 않은지 알아내는 게 얼마나 어려운지 보여주는 한 사례에 불과하다. 마찬가지로 미얀마나 중국, 혹은 튀르키예에서 주요 인물이 누구이며 정부의 어느 부문이 중요한지 연구하는 사람에게는 실제로 일이 진행되는 곳, 실제로 힘과 영향력을 가지는 곳이 어디인지 금세 명백하게 드러나지 않는다. 민주주의국가들뿐 아니라 독재국가들에서도 새로운 부문이 생기고, 아주 드물기는 하지만 기존 부문이 없어지면서 실세가 변할 수 있기 때문이다. 독일 국방부에는 2023년까지 '군사전략' 부문이 있었는데, 그 하위 부서 중 '전략'이라는 명칭이 들어간 유일한 부서는 오로지 정보 업무만을 전담했다.

[참고 4.1] 동맹국 골리기: 1966~1967년
소련에 추파를 던졌던 드골

여기에도 재미있는 측면이 있을 수 있다. 1969년부터 1973년까지 국제원자력기구의 사무차장이었고, 그전과 그 이후에 프랑스 원자력위원회의 고위 관료였던 앙드레 팽켈슈탱은 구술 역사 시간에 하나의 사례를 들려주었다. 이 사례는 1966년 6월 30일 다양한 형태의 기술 협력을 선언한 프랑스-소련 선언에 이어 피에르라트에 있는 프랑스의 핵 연구소 시설에 소련의 핵과학자들이 방문한 것과 관련이 있다.[25] 그 배경에는 드골과 미국의 상당히 껄끄러운 관계와, 미국과 거리를 두고 소련에 추근대면서 두 국가 모두 프랑스를 예우하게 만들어 강대국 지위를 회복하려는 프랑스의 노력이 있었다. 과학자들의 방문은 매우 공개적으로 이루어졌고, 미국 언론은 난리법석을 떨 것으로 예상되었다. 하지만 팽켈슈탱에 따르면 실제로 일어난 일은 다음과 같았다. 소련 과학자들이 피에르라트의 현관홀로 들어갔고, 전 세계 사람들의 우정에 대한 일련의 길고 진심이 담긴 연설이 이어졌으며, 문장 하나하나가 러시아어에서 프랑스어로, 프랑스어에서 러시아어로 천천히 통역되었다. 그러고 나서 일행 전체가 주최 측인 프랑스인들과 함께 (그중 누구도 상대방의 언어를 할 줄 몰랐다) 버스를 타고 미쉐린가이드 3스타 레스토랑이 있는 대단히 아름다운 마을 레보드프로방스로 향했다. 여기서 다들 와인과 함께 만찬을 들며 분위기는 더 화기애애해졌다. 오후 세 시쯤 소련의 방문객들은 피에르라트로 돌

> 아가 통역을 통해 힘들게 이야기를 나눌지, 아니면 오래된 코냑과 좋은 시가로 하루를 마무리할지 어려운 선택을 내려야 했다. 그리 깊지 않은 숙고 끝에 소련 과학자들은 후자를 선택했다.[26]

1960년대부터 프랑스와 (서)독일은 과거(프랑크왕국이 이후 프랑스, 독일, 이탈리아의 기초가 된 세 왕국으로 분할된 이래 수 세기에 걸쳐온 형제 간 경쟁)를 묻기 위해 상당한 노력을 기울여 왔다. 이런 노력은 때로는 각료들을 포함한 프랑스 대통령과 (서)독일 총리 간의 연례 정상회담으로 이어졌다. 이 자리에서는 어느 한쪽이 특히 우려하는 사안이 종종 제기되었고, 공동성명을 통해 이후 각 정부 부처에서 실무 수준에서 논의될 의제들이 작성되곤 했다.

1980년대와 1990년대(통일 이후를 포함해) 독일연방공화국의 중요 관심사 중 하나는 프랑스의 단거리 지대지 핵미사일이었고, 전쟁에서 진격해 오는 바르샤바조약기구 병력에 대해 프랑스가 이 미사일들을 어떻게 사용할 것인지였다. 독일의 국방 전문가들은 소련과 동유럽 국가들의 전차들이 서독을 거쳐 프랑스 국경으로 진군하는 동안, 이 미사일이 그들을 섬멸할 것을 우려했다. 다시 말해, 그들이 서독 영토를 폭격할 수도 있다고 우려한 것이다. 만약 그 미사일들이 독일 영토로 전진 배치된다 해도 (이동식 미사일이었으므로 기술적으로 가능했다) 독일 안에 있는 목표물에 사용될 가능성이 있었다. 이에 따라 1988년 프랑스-독일 국방안보위Franco-German Defence Council가 대대적인 축하 속에 창설되었다. 독일 총리 헬무트 콜과 그의 정부는 이 회의가 프랑스의 단거리 핵무기를 논하는 장이 되길 바랐다(아마도 프랑스가 참여하지 않은 나토의 핵기획그룹Nuclear Planning Group 같은 일종의 양자 간 협의체가 될 정도로 자리 잡길 바랐을 것이다). 반복적으로 프랑스-독일 국방안보위는 단거리 핵무기 문제를 다루고자 하는 의도를 담은 성명을 발표했다. 하지만 이러한 반복 자체가 실제로 회의가 열리지 않았음을 시사했다. 결국 프랑스의 단거리 미사일은 전부 철수되었다. 분석적 관점에서 볼 때, 이 협의가 무엇을 성취하고 있었고 어떤 중요성이 있었는지 피상적 관찰자가 보기에는 불분명했을 것이다.[27]

즉, 정부는 행동보다는 말이 많다. 달성되는 것보다는 선언되는 말이 훨씬 더 많다. 좋은 혹은 원대한 의도를 담은 성명을 모아 관련 활동의 증거로 제시하는 것으로는 충분하지 않다. 상황에 따라 변하는 많은 발표는 실제로 일어난 일을 과장하고, 논평가들은 몇 번이고 거기에 속는다. 따라서 국방에 대규모 추가 지출이 있을 거라는 발표는 아마도 실제로는 그저 이전에 합의되었으나 보류된 프로젝트가 마침내 움직일 준비가 되었고, 이전에 이 프로젝트에 배정된 자금이 마침내 사용된다는 의미일 수 있다. 실제로 국가의 국방 조달 장부를 조작하면 동맹에도 실제 지출 내역을 숨길 수 있다.[28] 장교들과 관료들은 자신들이 하는 일을 가능한 한 포장할 이유가 충분하므로, 현실을 가리거나 속이려는 의식적 의도 없이도 성공과 뛰어난 성과를 과장할 수 있다. 그 결과 분석가가 책임 있는 민주주의국가의 화려한 포장을 꿰뚫어 보는 것은 독재정권이 무엇을 하고 있는지 해석하는 것과 정도의 차이는 있을지언정 본질적으로는 다르지 않다.

'여기서 개발한 것이 아니다' 증후군

성과의 보상과 처벌에 밀접하게 연관된 것이 '여기서 개발한 것이 아니다 증후군non-invented here syndrome'이다. 관료들과 장교들은 자기 권한 분야, 행정부가 그들에게 맡긴 영역에 방어적이다. 관료주의(특히 오랫동안 확고히 자리 잡은 관료주의)는 다루는 문제들의 수와 중요성, 그리고 관리자 밑에 있는 직원들의 수로 각기 다른 직급의 직위와 급여의 기준을 산정한다. 모든 공무원, 모든 군 장교, 모든 관료는 사안의 중요성의 모든 변화, 특정한 파일의 책임이 한 정책관에서 다른 정책관으로 이동하는 모든 경우, 저곳의 인력 감소로 이어질 이곳의 모든 인력 충원이 자신의 직위와 호봉에 해로울 수 있다는 사실을 알고 있다. 게다가 이런 것들이 윗 직급의 몇 안 되는 직위를 놓고 승진 경쟁 중인 경쟁자에게 유리하게 작용할 수도 있다. 그럴 때 어떤 계획이 당신의 **고유 영역**과 관련이 있다면 왜 당신이 아닌 다른 사람이 그 아이디어를 떠올렸느냐는 암묵적 의문이 제기된다. 그러므로 경쟁자의 계획을 지지할 동기는 이런 고려 사항에 의해 자동으로 무색해진다.

    이것은 외부로부터의 권고에도 적용된다. 외부로부터의 권고는 훌륭할 수 있고, 그 권고를 받은 관료는 그것이 지금 사고의 흐름과 아주 잘 맞아떨어지며, 실행에서 나타나는 문제에 해결책을 제공해준다는 사실을 깨달을 수도 있다. 하지만 많은 관료들이 부서의 개별 부문에 주어지는 예산의 제한, 이 프로젝트를 받아들이도록 상사를 설득하는 일, 이 프로젝트를 위한 자금 재분배나 특별 비자금 책정을 위한 활동을 벌이는 데 드는 노력, 이로 인한 동료들의 시기 등, 관료주의 정책결정의 한계와 장애물을 제대로 이해하지 못하는 학계의 아이디어들에 노출되어왔다. 많은 관료는, 특히 말년에, 이런 비현실적 권고에 이미 좌절할 만큼 좌절한 터라 어떤 제안을 받더라도 깊은 한숨을 내쉬며 이상론에 관해 뭐라 중얼거린 다음 제안을 보류할 것이다.

엇갈리는 신호: 파괴, 보존, 중재?

정부 조직의 각기 다른 부문에서 나타나는 갈등과 위기에 대한 문화적 접근법에도 엄청난 차이가 있다. 군대의 존재 이유는 적대자와 결사 항전하는 적이 존재한다는 적대적인 환경의 가정에 있고, 군대는 가능성이 작더라도 최악의 경우에 대비해야 한다. 그렇다, 군대는 위기 상황을 정리하는 데 능숙하고, 치안유지 기능을 잘 맡을 수 있고, 원조식량을 전달하고 다리 수리를 위해 공병工兵을 보내달라는 요청을 받기도 하며, 평화 구축 상황에서는 질서를 유지해서 그것이 붕괴되지 않도록 하는 데 핵심적인 역할을 맡을 수 있다. 하지만 그들의 강점은 다양한 형태의 전투에 있거나, 있어야 한다. 다른 모든 것은 부수적이다. 그래서 군의 기본적인 세계관은 갈등적이다. 군은 주변 환경이 적대적이며, 비폭력 상황에서도 위험이 있다고 가정한다. 위기 지역의 현지민인 '타자들'은 경계해야 할 잠재적 '적'으로 본다. 실제로 자신과 동료 병사들의 생명은 이런 경계에 달려 있을 수도 있다. 필요하다면 그들의 임무는 죽이고 파괴하는 것이다.

이 접근법은 적십자나 구호단체, 또는 개발도상국이나 위기 지역에의 원조 관리 임무를 맡은 정부 부서들의 접근법과는 완전히 반대다. 이들은 민간인(적십자의 경우에는 부상당한 병사들도!)을 보호받고, 돌봄을 받고 피할 곳을 제공받아야 하는 폭력의 잠재적 피해자로 본다. 그들은 환경도 보호받아야 할 무언가로 본다. 이들에게 환경은 피난처, 음식, 이 단체들이 도우려는 사람들의 생계로 이루어져 있다. 자신들을 보호하기 위해 즉각적으로 파괴해야 하는 군은 분쟁지역의 민간인과 민간 사회의 장기적 복지를 보장하고 싶어 하는 정부 개발원조 기관과 충돌할 것이다. 1997년과 2020년 일어난 영국의 국제개발부와 국방부 사이의 다툼은 유명한데, 이 다툼이 각 부처를 대표하는 장관들 사이의 다툼이었기 때문이다. 여기서도 볼 수 있듯, 해외에서 보기에는 다른 정부 부문의 우선 사항이 명백하게 갈리는 정부 정책이 이해가 가지 않는 것도 당연하다.

외교는 협력에 상호 이익이 있다는 혹은 이익이 상충하는 경우 협상, 중재, 타협의 여지가 있다는 근본 가정에 기초한다. 외교관들은 갈등에 비폭력적인 해결책을 찾고, 명백한 싸움이 벌어지는 경우에도 새로운 관계 회복의 가능성을 열어놓도록 훈련받는다. 가능성을 열어두고 절대 닫지 않으려는 경향 때문에[29] 정부 외에서도 발견되는 편향이 억지나 강압 전략을 일관되게 추구하지 못하게 하고, 대신 유화정책으로 이끌 수 있다.

[참고 4.2] 1982년 포클랜드전쟁

말비나스라고도 알려진 포클랜드는 아르헨티나 동쪽 연안의 여러 섬으로 이루어진 제도로 아르헨티나와 영국이 영유권 분쟁을 벌이는 곳이다. 여러 국가들이 잇따라 이 제도의 영유권을 주장해왔다. 포클랜드는 1833년 이래 영국의 지배하에 있었지만 아르헨티나 정부는 1819년 이전에 영유권을 가지고 있던 스페인으로부터 아르헨티나가 독립했을 때 반환되었어야 하는 포클랜드제도를 영국이 불법 점유했다고 오랫동안 주장해왔다. 1968년 이래 영유권을 놓고 외교협상이 간헐적으로 이어져왔고, 유엔에서도 문제해결을 위한 협상을 촉구했다(이는 유엔이 포클랜드제도의 영유권에 대한 의문을 인정함을 시사한다). 1977년 이곳에서 영국 선박과 아르헨티나 선박이 관련된 사건이 일어났지만 영국 정부는 이 사건이 비화하는 것을 막았다. 1976년 당시 정권을 잡은 아르헨티나 군사정부가 포클랜드제도를 침공할 거라는 우려가 있었고, 영국 정부는 영국 해군의 호위함 두 척과 잠수함 한 척을 남대서양에 파견했다. 아르헨티나 정부는 침공 계획을 일시

적으로 보류했다.³⁰

1980년 한편으로는 아르헨티나 군사정부가 결과를 내려 했고, 다른 한편으로는 영국 외무·영연방부의 한 부장관이 포클랜드 매각 후 임대로 기꺼이 타협하려 한 것을 주전론이 득세하는 하원이 막으면서 다시 한번 협상 타결 압박이 강화되었다. 1981년 말 아르헨티나 군부는 대통령 레오폴도 갈티에리 장군과 공군 참모총장 바실리오 라미 도소, 해군 참모총장 호르헤 아나야의 지휘 아래 침공 계획을 재개하기로 결정했고 1982년 중순으로 날짜를 잡았다. 3월 19일 포클랜드제도의 한 섬에 아르헨티나 시민들이 아르헨티나 국기를 게양했고, 이에 영국 총리 마거릿 대처가 포클랜드제도 수도의 주요 항구 포트 스탠리에서 유빙 감시선 한 척을 보내 대응한 이후로 침공 날짜는 1982년 4월 2일로 당겨졌다.³¹ 포클랜드제도 검토서(조사위원회의 위원장 이름을 따서 프랭크 보고서라고도 한다)로 알려진 사후 조사에서는 영국 정부의 미온한 대응, 계속된 아르헨티나로의 무기 판매, 포클랜드제도 주민들에 대한 완전한 영국 시민권 부여 거부가 '영국이 포클랜드제도와 그 방어에 얼마나 진심인지 의심을 품게 했을 수 있다'고 결론 내렸다.³²

실제 침공이 개시되었음을 확인된 후에야 대처 정부는 명백히 대응하며 유럽 해역에서 남대서양으로 해군과 육군 병력을 파견했다. 영국은 4월 1일 아르헨티나군의 철수를 요구하는 유엔안전보장이사회 결의의 지지를 받았고 침공이 임박했다는 보고를 받은 4월 1일부터 4월 3일까지 협상을 벌였다. 이어진 전쟁은 1982년 6월 14일까지 이어졌고 사상자는 (영국과 아르헨티나를 합해) 총 1000명 미만이었다. 전쟁 결과 아르헨티나 군부는 몰락했지만, 이 제도를 둘러싼 영유권 분쟁은 영국-아르헨티나 관계에서 미해결 문제로 남아 있다.

1982년 포클랜드전쟁은 부분적으로는 우선 영국 정부가 (1977년 비밀리에 잠수함 한 대를 보내기보다 전 세계가 지켜보는 가운데 남대서양에 군대를 보내는 등의) 단호한 저지 태도를 보이는 데 망설였고, 다음으로는 아르헨티나 군부가 이것을 영국이 약하다는 신호로 잘못 판단한 결과로 발발했다. 아르헨티나의 침공이 시작되었을 때 영국은 아르헨티나의 이 국제법 위반 행위에 포클랜드제도 보유의 편협한 비용편익 계산보다 더 강력한 반응을 보였다. 실제로 영국 외무부는 이미 포클랜드제도를 아르헨티나에 **평화적으로** 이양하기 위해 기꺼이 협상하려는 의지를 보였고, 강경한 군사적 태도로 협상이 위태로워지는 것을 원하지 않았다. 그 결과는 상호 오해에서 비롯된 전쟁이었다.

여지를 없애버리는 것을 주저하는 태도가 정부 전체의 발목을 잡을 수도 있다. 우리는 러시아-조지아 전쟁에서, 그리고 심지어 2014년 러시아의 우크라이나 간접 개입 후에 러시아에 대한 서구의 태도에서 이런 경향이 강해지는 것을 보았고, 유럽과 다른 많은 국가의 중국에 대한 접근법에서도 이런 경향을 보았다. 타협과 평화적 결과의 여지를 아예 없애지 않으려는, 즉, 다른 정책대안을 배제하지 않으려는 태도는 민주주의의 특성이고 민주주의가 근본적으로 평화적 의도를 가지고 있음을 보여주는 표시다. 하지만 이런 태도는 종종 전체 전략이나 정책의 일관성을 해치고, 어떤 경우에든 혼란스럽고 모순되는 접근법을 드러낸다.

무엇이 최선인지 아는 방법

장기적으로 차악은 무엇인가?
유럽 문명과 그 후손들은 선과 악, 친구와 적으로 나누는 도덕적 이분법을 통해 세상을 보도록 훈련되어 있다. 분명 모든 시대에 실용주의자가 존재했을 테지만, 많은 결정이 (특히 전쟁과 평화의 맥락에서) 선과 악 사이의 선택이 아니라 두 악 사이의 선택이라는 사실을 인식하고 알린 것은 400년 경의 기독교 주교 아우구스티누스(히포의 아우구스티누스)였다. 그의 조언은 물론 차악을 고르고, 그것이 완전히 **좋은** 선택이라는 착각에 빠지지 말라는 것이었다. 전쟁은 언제나 악이지만 어딘가에서 무고한 사람들이 학살당하는데 물러나는 것도 악일 수 있다. 두 악 중에 하나를 선택해야 한다는 것을 인식하면 이제 둘 중 어느 것이 차악인지 판단하는 것이 과제가 된다.

여기서 그 자체로는 아주 좋은 것인 또 다른 편향을 언급할 필요가 있다. 바로 연민이다. 대니얼 카너먼이 언급했듯이 인간인 우리는 유감스럽게도 통계와 관련해서는 무척 애를 먹지만 하나하나의 사례에 대해서는 연민을 느낄 수 있다. 스탈린은 흔히 '한 사람의 죽음은 비극이지만, 100만 명의 죽음은 통계다'라는 격언과 함께 언급되고, 물론 그도 그 말에 따라 행동했다. 미국 대통령 로널드 레이건은 레바논에서 인질로 잡힌 소수의 동포들과 그 가족들에 대한 연민에 사로잡혀 그들을 풀어주는 일에 감정적으로 집착하게 되었다(자기 동포를 보호하거나 구할 수 없다면 대통령은 뭘 하는 사람인가?). 그 결과 레이건은 이란-콘트라 사건에 휘말렸다. 이 사건에서 그는 이란의 신정 정부가 이란의 지원을 받는 헤즈볼라에 인질을 풀어주도록 설득해주기를 바라며 이란에 대한 무기 공급을 승인했지만 수확은 거의 혹은 전혀 없었고, 상대적으로 차악과 차차악의 결과를 초래했다.[33] 예컨대 이스라엘 정부도 2006년부터 2011년까지 인질로 잡혔던 병사 길라드 샬리트와 2023년 하마스에 인질로 잡힌 250명의 이스라엘인의 경우처럼, 팔레스타인 테러단체에 인질로 잡힌 이스라엘인들을 최선을 다해 구출하라는 여론 압박을 반복적으로 받아왔다.

우리가 고통받는 사람(우리 편의 사람들만이 아니라)이 더 **적다**는 의미에서 무엇이 차악인지 합리적으로 생각할 수 있다고 가정할 때, 어떤 선택이 어떤 결과를 가져올지 어떻게 미리 알 수 있는가? 의도된, 그리고 무엇보다도 의도되지 않은 선택의 최선, 차선, 차차선의 결과는 무엇일까?

이 질문은 곧바로 우리 모두가 미래를 예측할 수 없다는 사실과 연결된다. 개별 전문가들과 몇몇 정부가 용감하게도 앞으로 예상되는 전개를 간단히 묘사하지만 전문 예측가들은 지속적으로 분명하게 확신을 가지고 미래를 **예측**할 수는 없다고 강조한다. 물론 어떤 장기적인 추세가 있지만, 이런 추세도 미래에 가속화되고 강화되거나 둔화되고 약화될 수 있다. 혹은 그 사이에 무슨 일이 생길 수도 있고, 또 이전에 언급한 '모른다는 것을 모르는' 일들도 있다. 와일드카드나 블랙스완처럼 우리가 전혀 예상하지 못했지만 어떤 추세의 궤적을 결정적으로 바꾸고 다른 추세를 끝낼 수 있는 사건들이다. 그래서 오늘날 미래학자들이 복합적 인간관계에서 미래를 예측할 수 없다는 사실을 겸손하게 인정하면서, 예측할 수 없는 전개에 유연하게 적응하는 연습을 고안하는 것이다.

그런 이유로 전쟁과 평화의 문제에서 한 국가의 행동이 어떤 결과를 초래할지 미리 판단하기는 극히 어렵다. 기원전 6세기 할리스강을 건너 페르시아인들과 싸울지 고민하고 있던 리디아 왕국의 왕 크로이소스가 자문을 구했을 때 델포이 신탁을 전하는 여사제는 이런 어려움에 직면했다. 그녀는 신중하게도 모호한 표현을 사용해 그저 그가 공격하면 거대한 제국이 멸망하게 될 것이라고만 말하고, 그게 어떤 제국인지는 밝히지 않았다. 크로이소스는 이 예언을 원정을 진행하라는 의미로 잘못 읽었고, 원정의 결과는 좋지 않았다.

전쟁으로 기울 수 있는 위기에서 마주하는 곤경은 정부가 정보원을 통해 알게 된 정보를 인정하는가 아닌가이다. 여기에는 다양한 까다로운 요인들이 작용한다. 정부는 정보원을 '불태워'야 하는가? 이것은 실제로 적의 분노를 달래기 위해, 자기 편을 위해 목숨을 건 충직한 사람을 희생시키는 것을 의미할 수 있다. 정부는 이 정보원을 잃을 각오를 해야 하고(적이 발견하는 신호정보signals intelligence*를 골라내 없애는 특별한 방법일 뿐일 수도 있다) 그 결과 이 정보원의 미래가 차단될 수도 있는가? 하지만 언제 적의 지도자가 전쟁에 나서기로 결정하는지에 관한 문제도 있다. 지도자는 전쟁 개시를 염두에 두고 있을 수도 있지만 아직은 기꺼이 그 계획을 취소할 수도 있다. 한 정부의 행동은 이런 긴박한 상황에 어떤 영향을 미칠까? 2022년 2월 중순까지 나토 일부 회원국들은 러시아의 우크라이나 침공에 대한 어떤 우발계획**도 덮어놓고 금지했다고들 한다. 이 시기 에마뉘엘 마크롱과 올라프 숄츠가 러시아의 침공을 막기 위해 연달아(물론 따로따로) 모스크바를 방문했다. 양국 지도자 모두 우크라이나에 대한 지원 방안을 먼저 마련한 후에 행동에 옮긴다면, 오히려 푸틴이 벼랑 끝에서 물러나기보다는 행동에 나설지 모른다고 우려했다.

　이 '특별군사작전'이 개시되었을 때 러시아군이 보인 놀라울 정도로 해이한 기강은, 최고위급 러시아 장교들 마저 푸틴의 계획을 모르고 있었고 침공 직전까지도 이번 병력 배치를 '훈련'이라고 믿고 있었다는 추측으로 이어졌다. 2022년 2월에 아직 협상과 중재의 여지가 있었을까? 이보다 앞서 우크라이나 지원을 위한 우발계획을 세웠다면 이 여지는 줄어들었을까? 그런 계획이 존재했고 러시아 정부에 알려졌다면 그들의 시도는 더 성공적이었을까? 상황은 어느 쪽으로 기울었을까?

---

*　통신, 전자파, 신호 등을 가로채 정보를 수집하는 첩보 수집법
**　우발사태에 대비해 미리 세워놓은 계획

'매몰비용의 오류'와 기회의 창

이런 결과 예측의 문제는 전쟁에 나설지 말지를 결정할 때만 존재하는 것이 아니다. 상황이 나빠지고 어느 지점에서 손실을 끊어야 할지 생각할 때도 이 문제가 큰 부담을 준다. 이 경우 도박 상황에서 많이 이야기하는 '매몰비용의 오류sunk cost fallacy'가 작동할 수 있다. 군사적 상황에서 매몰비용의 오류는, 흔히 운이 따를 거라는 희망을 가지고 더 많은 희생을 치름으로써 이전의 희생이 의미를 얻을 수 있다는 자기 망상적인 생각에 빠지는 것이다. 이것은 막대한 돈을 잃었지만 다시 되찾을 수 있다는 생각에 돈을 빌리는 도박꾼을 연상시킨다. 이런 오류의 결과 프랑스의 인도차이나와 알제리 개입, 미국의 베트남전쟁과 소련의 아프가니스탄 개입부터, 십여 년 후 나토군의 아프가니스탄 개입까지 질질 끌기만 했을 뿐 결국 성공하지 못한 군사개입이 많았다. 이 특별한 편향은 '전망 이론prospect theory'이라고도 알려진 '손실회피 편향loss aversion bias'과 겹치는 부분이 있다. 국가들은 새로운 영토를 얻기 위해서라기보다 전쟁 시작 당시 보유한 영토의 손실을 막기 위해 더 열심히 싸우는 경향이 있다.

마지막으로 지금이 상대가 너무 강해지기 전에 전쟁을 벌일 마지막 기회라고 생각해서 전쟁을 일으킬 위험도 있다. 우리는 이미 기원전 5세기 스파르타가 아테네에 대한 전쟁을 개시한 '진정한' 하지만 천명하지 않은 원인이 아테네의 커지는 영향력에 대한 두려움이었다는 투키디데스의 견해를 언급했다. 비슷한 '마지막 기회last chance' 또는 '기회의 창window of opportunity'이라는 사고방식이 유럽사에서 여러 번 발견된다. 그 한 예는 역사가 스티그 푀르스터가 제1차세계대전으로 이어진 잘못된 결정들을 진단하면서 언급한 형태다.[34] 독일어 표현인 '앞으로 도망치기fleeing ahead'는 적과 위험을 향해, 기습하거나 순전히 허세를 부려 상대를 놀라게 하려는 기대 속에서 돌진하는 것을 뜻하는데, 이는 유럽사의 특히 파멸적인 사건인 제1차세계대전을 설명할 때 딱 들어맞는다. 우리는 이미 '늑대가 나타났다'를 반복해서 외칠 때 생길 수 있는 오판에 대해 언급한 바 있다. 여기서는 그 변형된 형태를 목격하게 된다. 즉, 이전에 위기를 n번 겪고도 전쟁으로 비화하지 않았기 때문에, 이번 n+1번째 위기 역시 별일 없을 것이라 믿고, 그 상황을 이용하려 하는 것이다(앞에서 언급한 '주인을 믿는 가금류'의 예를 참고하라).

만족화와 제한된 합리성

위에서 언급한 모든 내용이 정보 분석가와 전략 수립가들뿐만이 아니라 우리 모두의 합리성에 의문을 제기했기를 바란다. 로런스 프리드먼은 심리학자들과 뇌과학자들이 경제학자들에게 제기하는 도전을 매우 유용하게 요약해주었다. 심리학자들의 연구는 사람이 판단을 내릴 때 '정신적 버릇, 무지, 둔감, 내적모순, 무능, 오류, [그리고] 과민반응이나 편협한 상상에 영향을 받는다'는 많은 증거를 제공해주었다.[35]

정상적인 인간이 **비교적** 합리적으로 행동한다면 행동에 있어 경제학자들이 상정하는 이른바 합리적 행위자인 호모에코노미쿠스에 가까울 수 있다. 경제학자들에 따르면 그래야 하지만 그들은 시내의 모든 가게에서 에스프레소머신의 가격을 비교하지는 않을 수도 있다. 현실에서 이럴 시간이 있는 사람은 아무도 없을 것이다. 하지만 사람들은 어디서 에스프레소머신을 살지 합리적인 결정을 내리기에 충분할 만큼 비교할 것이다. 이것은 완벽한 호모에코노미쿠스라는 기준에는 미치지 못하겠지만 상황의 필요 요건을 만족한다_{satisfice}(이 목적으로 만들어진 신조어다). 동시에 이

점은 우리의 목적에 있어서도 중요한데, 의사결정자들은 자신들이 가지고 있는 믿음과 정보('너무 적은 혹은 너무 많은 지식' 참조, p.126), 그리고 자신들의 바람(상황에 대한 희망적 해석을 포함)에 따라 행동한다. 요컨대 의사결정자들은 자신들의 이 논란에 기여하는 또 다른 용어, '제한된 합리성 bounded rationalities'(알렉산더 조지) 내에서 행동한다.

    삶의 많은 상황에서, 심지어 아주 많은 사람의 삶에 영향을 미칠 수 있는 결정이 내려지는 국제관계에서도 만족화와 제한된 합리성 내에서 행동하는 것만으로도 충분할 수 있다. 하지만 이렇게 내린 결정은 합리적 행위자 가설의 기준에는 결코 완전히 부합하지 않을 것이다.

*****

    정부의 운용 방식을 깊이 생각해볼수록 미지의 바다에서 폭풍에 휩쓸리는 배 같은 오래된 이미지를 떠올리게 된다. 이 배는 하늘에 구름이 껴서 해나 별을 보고 방향을 가늠할 수 없다. 게다가 무엇을 먼저 할지, 키클롭스가 도사리고 있을지 모를 먼 해안을 목표로 할지 아니면 계속 항해해야 하는지도 알 수 없으며, 대양에서 나타나는 괴물 중 무엇과 먼저 싸워야 할지 끝없이 논쟁을 벌이는 동시에, 선원들이 규율을 지키게 하고 마실 물과 음식에 오랫동안 굶주려서 배고픈 승객들이 봉기를 일으키는 것을 막아야 한다. 아마도 다른 승객들이 굶주리는 동안 제멋대로 구는 승객들을 아무렇지 않게 물속으로 던져버리고 몇 명의 선원들이 판자 위를 걷게 하는 무자비한 이데올로기 중심 정권만이 시종일관 하나의 목표에 전념해 전속력으로 배를 몰고 나갈 수 있을지 모른다. 하지만 그 배가 돌진하는 곳은 암초나 빙산일 수도 있다. 이런 정권들은 민주주의 정권보다 더 오래 통치하는 경향이 있어, 완벽한 세상을 약속하는 그들의 특정 이데올로기라는 사이렌의 노래를 따라 자신들의 극단적 방향을 유지할 수 있다. 다행히도 민주주의 정권은 해안, 암초, 빙산, 바다 괴물이 보이면 항로를 조정할 수 있다. 하지만 그러려면 잘못된 전략적 결정을 피하기 위한 좋은 분석과 해석이 필요하다.

에필로그

국제관계학을 공부하는 학생들, 안보 분석가들, 외교관들, 전략가들, 해외 특파원들, 위험평가자들, 그리고 무엇보다도 가지각색의 의사결정자들을 위해 잘못된 전략에 대한 고찰에서 얻은 몇 가지 핵심 사항으로 이 책을 마무리하려 한다. 우리는 타인이 자신의 가치관과 믿음에 따라, 또는 우리가 모르는 요인이나 정보에 기반한 그들의 상황분석에 따라 행동한다는 것을 더 믿어야 한다. 때로 우리는 그들도 분명히 알고 있으리라 잘못 가정하지만, 그들은 우리가 무엇을 아는지 몰라서 특정 행동을 하기도 한다. 네빌존스 남작부인의 말처럼 우리는 '그들이 왜 그렇게 생각하는지' 알아내려 해야 한다.[1] 우리는 적대적인 정부들이 내부에서 합의된 또는 동맹의 주장에 따른 관료주의적 타협과 관련 있는 요인을 우선할 수 있다는 것을 기억해야 한다. 즉 시진핑의 중국이나 푸틴의 러시아 같은 독재 정부에서 혼란스럽고 명백하게 비일관적인 행동을 보이는 이유가 정부나 정부 기관의 어떤 부문이 다른 부문이 무엇을 하고 있는지 모르고 있기 때문일 수도 있다. 정부 구조가 느슨하다면 정부 부문에 따라 의식적으로 또는 무의식적으로 각기 다른 의제를 실행할 수도 있다. 이 중 어느 것도 누가 똑똑하거나 멍청해서가 아니라 관료정치 때문에 나타나는 결과다.

아래 나열한 나의 권고는 우리의 편향과 우리의 논리 및 합리성이 갖는 약점에 맞서 우리를 보호하는 데 도움을 주는 것을 목표로 한다. 그 권고 사항들은 다음과 같다.

- '루리타니아'가 단일한 행위자인 것처럼 언급하는 것을 피하고 다른 사람이 그럴 때 경계하라. 어떻게 해야 할지 모르겠다면 정부를 언급하되 정부 내의 각기 다른 행위자와 요인은 무엇이고 누가 어떤 행동을 선호하는지 알아내는 것이 좋다. 정부 외 세력, 중요한 산업 혹은 기타 로비, 그리고 야당을 놓치지 않도록 주의하라.
- 특정 상황에서 **당신이라면** 무엇을 할지 추측하려고 하지 말라. 적대자(또는 까다로운 동맹이나 파트너)를 움직이는 것이 무엇일지, 주어진 상황에서 그들이 무슨 생각을 하고 무슨 행동을 할지 알아내려고 하라.
- 어느 정부의 의사결정이나 행동에 대해 완전한 일관성을 가정하지 말라. 연설과 성명에서 지도자들이 무엇을 생각하는지 알아내려 하라. 정부의 '블랙박스'에서 나오는 것이 일관될 가능성은 크지 않다. 종종 상충하는 다수의 의제를 실행하려 하는 관료주의적 논쟁의 산물일 것이기 때문이다. 물론 독재국가에서는 민주주의국가에 비해 이런 경향이 덜하다.
- 다른 이들도 물질주의 외의 가치관과 이상을 가지고 있고 그것들을 위해 상당한 희생을 치를 각오가 되어 있다는 사실을 받아들일 준비를 하라. 이것들은 당신이 이해할 수 없는 가치들일 수 있다.
- 당신이 보기에 아무리 비이성적으로 보이더라도 적대자들이 자신의 가치와 이상에 따라 논리적으로 행동한다는 것을 더 믿어라.
- 하지만 자만과 권력을 유지하려는 욕심이 있다는 것을 감안하라(지도자들은 이것이 자신의 더 높은 가치와 이상을 지킬 수 있는 유일한 방법이라고 정

당화할 것이다).
- 부인, 거울 이미지, 확증편향과 같은 당신의 편향을 의식하라.
- 갈등 상황에서 (혹은 동맹들 사이에서도) 한쪽에서 보낸 신호를 다른 쪽에서 의도된 방식으로 해석할 거라고 생각하는 것에 주의하라. 완전히 밀폐된 신념 체계와 음모론에 사로잡힌 체계에서는 우리가 평화적 의도를 가지고 있다고 안심시키기가 특히 어렵고 때로는 불가능하기도 하다.
- 당신이 중요하다고 생각하는 것을 열심히 관찰하는 동안 훨씬 더 중요한 다른 무언가가 있을 수 있다는 사실에 유의하라(또는 국제관계학 동료들에게 말하자면, 당신이 제기하는 질문이 심층 연구에서 밝혀지는 것처럼 당신이 연구하려 하는 것의 핵심에 도달하지 못할 수도 있다. 하지만 심층 연구는 유도 질문이라는 눈가리개 없이 이루어져야 한다).
- 자신이 연구하는 문화에 깊이 빠져 있는 해당 국가의 전문가에게 귀를 기울이고, 그러면서도 다른 이들의 견해와 비교해 전쟁과 평화의 문제에 중요한 특징들을 인식하라.
- 새로운 분석을 하라. 더 나아가 최소 3~5년 주기로 상황을 재평가하기 위해 많은 새 분석가들을 살펴보라. 당신이 연구하는 국가나 상황이 변화하고 있을 때 자신의 진부할 수 있는 해석만을 맹렬히 믿으려 하지 말라.
- 갈등 또는 한 정부의 전략과 정책을 분석하려 할 때 기저율 논증, 통계적확률이나 단일 원인 설명에 속지 말라.
- 언어와 문화를 공부하라. 전문가가 되고 싶은 나라에 가서 살면서 전통적인 관점, 문화를 형성한 역사적 사건들, 상실과 부정의와 국가적 영광과 운명에 대한 신화를 이해하고 이것들이 전쟁과 평화에 대한 더 큰 야망이나 교훈으로 바뀔 수 있는지 보라.
- 현지인들(유명한 이발사와 택시 운전사뿐 아니라)의 주장을 듣고, 텔레

비전 프로그램을 보고, 라디오를 듣고, 읽고 읽고 또 읽어서 얻는 깊은 몰입을 이론이 대체할 수는 없다. 현지인들과 이야기하면서 무엇을 읽어야 할지 안내받고 그들의 마음속으로 들어가라. 모든 상황에 적용할 수 있는 척하는 이론적 설명이 아니라 특정한 문화 안의 패턴을 찾아라.

전문 정보 요원들은 이미 이 권고 사항들을 모두 혹은 대부분 잘 알고 있을 것이고, 일부 정부는 이미 과거의 정보 실패에서 아주 많은 교훈을 얻었다.[2] 이것들은 영국에서 니컬과 칠콧의 조사위원회가 내놓은 것과 같은 보고서나 로버트 저비스가 미 중앙정보국을 위해 쓴 보고서[3], 그리고 실무자들을 위한 감탄할 만한 처방을 포함한다. 그중 하나인 '좋은 작전The Good Operation'은 칠콧 보고서의 직접적인 결과로 만들어졌다.[4] 그럼에도 정부 기관들 내의 전문가들에게 위의 권고 사항들은 유용한 재교육을 제공하고, 잘못된 전략을 초래하는 좋지 않은 결정을 피하는 데 도움을 줄 것이다.

미주 및 참고 문헌

서문

1 내가 가장 좋아하는 사례는, 내가 16세기의 병사가 자신이 거대한 군사기술의 변환기에 살고 있다고 생각했을지 알아내려고 했을 때, 왜 '새로운 증거를 만들어내지'(인터뷰나 여론조사를 통해서?!) 않느냐는 질문을 받은 것이다.

2 Carl von Clausewitz, *On War*, trans. Peter Paret and Michael Howard(Princeton, NJ: Princeton University Press, 1984), Book I. 이 방법론적 접근법에 대한 논의는 다음을 참조하라. chapter 8, 'What Clausewitz Read', in my *The Strategy Makers: Thoughts on War and Society from Machiavelli to Clausewitz*(Santa Barbara, CA: Praeger-ABC Clio, 2010).

3 다음의 예시를 참조하라. 'Stalin as Hitler's Successor', in Beatrice Heuser and Robert O'Neill(eds), *Securing Peace in Europe*, 1945-62(London: Macmillan, 1992), pp. 17-40.

4 국제관계학 이론에 대한 논의는 다음을 참조하라. Scott Burchill, Andrew Linklater, Richard Devetak, Jack Donnelly and Terry Nardin(eds), *Theories of International Relations*(5th edn, London: Palgrave, 2013).

5 US Marine Corps War College, *Strategy Primer*(Quantico, VA: Marine Corps University Press, 2021), pp. 101-21. 이후에도 가끔 이 책에서 이런 편향들을 일컫는 용어들을 추가로 인용할 것이다.

6 David Omand, *How Spies Think: Ten Lessons in Intelligence*(Harmondsworth: Penguin, 2021).

머리말

1 Jean-Frédéric Morin and Jonathan Paquin, 'How Does Rationality Apply to FPA and What Are Its Limitations?', in eisdem(eds), *Foreign Policy Analysis*(London: Palgrave, 2018).

2 오직 폴 슈뢰더Paul Schroeder처럼 더 깊이 들어간 소수만이, 결국 단일 원인론적 설명이 틀렸음을 입증했다. 예시로 슈뢰더의 다음 글을 참조하라. 'Historical Reality vs Neo-realist

Theory', *International Security* 19(1)(1994): 108–48.

3 따라서 역사학자들은 국제관계학 이론가들이 2,500년이 지난 후에야 '감정'이 전략 수립에 영향을 미친다는 사실을 발견했다고 주장하는 것이 정말로 기이하다고 생각한다.

4 Ivan Bloch, *Is War Now Impossible? Being an Abridgement of 'The War of the Future in its Technical, Economic and Political Relations'*, trans. from Russian(London: Grant Richards, 1899), online at https://archive.org/details/iswarnowimpossib00bloc/page/n3/mode/ 2up?view=theater.

5 Norman Angell, *The Great Illusion: A Study of the Relation of Military Power in Nations to their Economic and Social Advantage*(3rd edn, New York and London: G. P. Putnam's Sons, 1911).

6 Christopher Clarke, *The Sleepwalkers: How Europe Went to War in 1914*(London: Allen Lane, 2012).

7 David M. Valladares, 'Tragedy or Betrayal? Interwar Europe and British Appeasement', *History: Reviews of New Books* 48(2)(2020): 29–32.

8 그는 렌윅 먼로Renwick Monroe와 힐 마Hill Maher에 이어 합리적 행위자 가설에 대한 이론을 제기했다. 'Psychology and Rational Actor Theory', p. 1.

9 Daniel Kahneman, *Thinking, Fast and Slow*(New York: Farrar, Strauss and Giroux, 2011).

10 다음의 예시를 참조. Donald P. Green and Ian Shapiro, *Pathologies of Rational Choice Theory*(New Haven, CT: Yale University Press, 1994).

11 Tim Sweijs, *The Use and Utility of Ultimata in Coercive Diplomacy*(London: Palgrave Macmillan, 2023).

12 나는 억지와, 억지가 특정한 적에 대해 어떻게 최적화되고 조정될 수 있는지에 대한 우리의 사고를 발전시킨 많은 훌륭한 연구가 있었음을 인정한다. 특히 다음을 참조하라. Tim Sweijs and Mattia Bertolini, *Dancing in the Dark: The Seven Sins of Deterrence Assessment*(The Hague Centre of Strategic Studies, March 2023).

13 Lawrence Freedman, *Deterrence*(Cambridge: Polity Press, 2004).

14 Lawrence Freedman, 'Israel: Beyond Deterrence'(29 October 2023), https://samf.substack.com/p/israel-beyond-deterrence?utm_source=post-email-title&publication_id=631422&post_id=138371301&utm_campaign=email-post-title&isFreemail=false&r=1tjajs&utm_medium=email.

1장_ 합리적/비합리적 행위자 오류

1 Herbert Simon, quoted in Kristen Renwick Monroe with Kristen Hill Maher, 'Psychology

and Rational Actor Theory', *Political Psychology* 16(1)(March 1995): 3
2   예를 들어 다음에 담긴 목록을 참조하라. Jon Elster, 'Introduction' in Jon Elster(ed.), *Rational Choice*(New York: New York University Press, 1986), p. 4; and Renwick Monroe and Hill Maher, 'Psychology and Rational Actor Theory', p. 2.
3   William Riker, 'The Political Psychology of Rational Choice Theory', *Political Psychology* 16(1)(March 1995): 37
4   Renwick Monroe and Hill Maher, 'Psychology and Rational Actor Theory', p. 6
5   Roxanne Euben, 'When Worldviews Collide: Conflicting Assumptions about Human Behavior Held by Rational Actor Theory and Islamic Fundamentalism', *Political Psychology* 16(1)(March 1995): 169-73. 다음도 참조. Robert Nalbandov, 'Irrational Rationality of Terrorism', *Journal of Strategic Studies* 6(4)(Winter 2013): 92-102.
6   다음에 인용됨. Heinrich August Winkler, *Der Lange Weg nach Westen: Deutsche Geschichte vom "Dritten Reich" bis zur Wiedervereinigung*(Munich: Beck, 2000), p. 4.
7   John Mearsheimer and Sebastian Rosato, *How States Think: The Rationality of Foreign Policy*(New Haven, CT: Yale University Press, 2023).
8   핵전쟁의 가능성을 논할 때 이것을 유념해야 한다. 이스라엘은 또 다른 홀로코스트의 위험에 처하느니 적과 함께 파멸하는 '삼손 전략'을 갖고 있을 것이라는 주장이 제기된다.
9   Beatrice Heuser, *Nuclear Mentalities? Strategies and Beliefs in Britain, France and the FRG*(London: Macmillan, 1998).
10 Frederick Russell, *The Just War in the Middle Ages*(Cambridge: Cambridge University Press, 1975), p. 217f.
11 Julian Chrysostomides, 'Byzantine Views on Warfare', in Anja V. Hartmann and Beatrice Heuser(eds), *War, Peace and World Orders from Antiquity until the Twentieth Century*(London: Routledge, 2001), pp. 85-90.
12 Isabelle Duyvesteyn and Beatrice Heuser, 'Grand Patterns of Strategy, Old and New', in Jeremy Black(ed.), *The Practice of Strategy: A Global History*(Società Italiana di Storia Militare: Nadir Media Srl, 2024), pp. 19-36.
13 이상하게도 이슬람주의자들과 수십 년을 싸운 러시아의 이 '전통적 가치'와 보수적 무슬림의 전통적 가치 사이에 공통되는 부분이 상당히 많다. 푸틴과 라브로프가 이 깨달음을 기반으로 언제 자신들의 대전략을 발전시킬지 궁금하다.
14 Beatrice Heuser, 'NSC 68 and the Soviet Threat: A New Perspective on Western Threat Perception and Policy Making', *Review of International Studies* 17(1)(January 1991): 17-40.
15 Beatrice Heuser, *Western Containment Policies in the Cold War: The Yugoslav Case, 1948-1953*(London & New York: Routledge, 1989).
16 Ibid.

17 전문. https://www.digitalhistory.uh.edu/disp_textbook.cfm?smtID=3&psid=3631.

18 Jonathan Corrado, 'Rethinking Intelligence Failure: China's Intervention in the Korean War', *International Journal of Intelligence and CounterIntelligence* 36(1)(2023): 199–219.

19 Shen Zhihua, *Mao, Stalin, and the Korean War: Trilateral Communist Relations in the 1950s*, trans. Neil Silver(London: Routledge, 2012).

20 Graham Allison, *Essence of Decision: Explaining the Cuban Missile Crisis*(Boston, MA: Little, Brown, 1971).

21 James Scott, *Deciding to Intervene: The Reagan Doctrine and American Foreign Policy*(Durham, NC: Duke University Press, 1996).

22 Allison, *Essence of Decision*.

23 예시로 다음을 참조. Kevin Marsh, 'Obama's Surge: A Bureaucratic Politics Analysis of the Decision to Order a Troop Surge in the Afghanistan War', *Foreign Policy Analysis* 10(3)(2014): 265–88.

24 예컨대 나토에서 각 국가의 대표들이 나토 내부의 협상에서 어떻게 결정을 내릴지에 대해 본국의 지시를 기다리고 있을 때 이것을 '국가들이 심사숙고하고 있다'고 언급한다. 이것은 회원국에서 공론이나 국민투표가 벌어지고 있다는 뜻이 아니라, 회원국 정부의 일부 부문이 제안을 적극적으로 검토하고 있다는 의미다.

25 업무와 그들의 의사결정 권한 범위 내 영역이라는 관점에서.

26 Zara Steiner, 'Decision-making in American and British Foreign Policy: An Open and Shut Case', *Review of International Studies* 13(1)(1987): 1–18.

27 Rainer Marcowitz, 'The Yalta Myth', in Cyril Buffet and Beatrice Heuser(eds), *Haunted by History*(Oxford: Berghahn, 1998), pp. 80–91.

28 이 문서(쪽지)는 다음에서 볼 수 있다.
http://cassidyglobalcoldwar.weebly.com/percentage-deal.html.

29 다음도 참조. Richard Ned Lebow, 'Windows of Opportunity: Do States Jump through Them?' *International Security* 9(1)(1984): 147–86.

30 프랑스인들 사이에 전해오는 이야기에 따르면 1870~1871년의 프랑스-프로이센 전쟁에서 독일군은 프랑스인들의 집에서 시계를 훔쳤다고 한다. 1914년 독일이 다시 침공했을 때 프랑스인들은 더 심한 약탈을 막기 위해 문밖에 괘종시계를 내놓았는데, 독일군이 다른 것들은 내버려두고 이 시계만 가져가기를 바랐다고 한다. 하지만 그 무렵에는 독일 가정에도 괘종시계가 있었기 때문에 이 방법은 통하지 않았다.

31 Anthony Beevor, *Arnhem: The Battle for the Bridges, 1944*(London: Viking, 2018).

32 Rodric Braithwaite, *Afgantsy: The Russians in Afghanistan, 1979–1989*(Oxford: Oxford University Press, 2011), p. 57.

33 북대서양조약기구 조약 제5조 전문은 다음과 같다:
조약 당사국은 유럽과 북미의 하나 또는 둘 이상의 당사국에 대한 공격을 모든 당사국에 대한 공격으로 여기는 데 동의한다. 따라서 그런 공격이 있으면 각 당사국은 국제연합헌장 제51조에서 인정하는 개별적 또는 집단적자위권을 행사해 개별적으로 또는 다른 당사국과 공동으로 무력 사용을 포함해 북대서양 지역의 안보를 회복하고 유지하는 데 필요하다고 여겨지는 행동을 즉시 취함으로써 공격받은 당사국 또는 당사국들을 원조하는 데 동의한다.

34 1995년 말 스레브레니차 학살로부터 몇 달이 지난 후 미국은 다른 국가들의 지지를 얻어 보스니아 헤르체고비나에서 전쟁 중인 파벌들에 평화협정을 강제했다. 이 평화협정은 평화유지군이 뒷받침했고, 평화유지군은 1년 뒤 나토의 지휘 아래 안정화군으로 전환되어 새로운 이름과 권한을 부여받았다.

35 Robert Anthony Pape, *Bombing to Win: Air Power and Coercion in War* (Ithaca, NY: Cornell University Press, 1996).

36 당시 프랑스와 세르비아(그리고 유고슬라비아 정부), 독일과 크로아티아의 오랜 동맹관계가 1990년대 초의 정책 수립에 영향을 미쳤다는 주장도 많았다. 하지만 당대의 관심사가 훨씬 큰 역할을 했다. 독일의 자결권 지지는 자결권에 기초한 독일 통일의 필연적인 귀결이었다. 영향력이 매우 컸던 독일 외무부 장관 한스 디트리히 겐셔Hans-Dietrich Genscher는 끊임없이 자결권을 통한 통일을 강조했다. 프랑스 대통령 프랑수아 미테랑이 유고슬라비아의 해체를 지지하는 데 주저했던 것은 민족 분리주의 정서가 다시 활발해지는 시기에 브르타뉴와 코르시카의 분리독립 운동에 대한 우려 때문이었다. 민족 분리주의 정서가 가장 극단적으로 나타난 사례가 유고슬라비아 내전이었다.

37 Zana Tofiq Kaka Amin, 'Why Did the United States Lead an Invasion of Iraq in 2003?', *International Journal of Political Science and Development* 2(11)(2014): 301–8.

38 Robert Jervis, *Why Intelligence Fails* (Ithaca, NY: Cornell University Press, 2010), pp. 123–55, here p. 136. 커브볼에 대해서는 다음을 참조하라. Bob Drogin, *Curveball: Spies, Lies and the Man Behind Them: The Real Reason America Went to War in Iraq* (New York: Random House, 2008).

39 Jervis, *Why Intelligence Fails*, pp. 123–55. 커브볼에 대해서는 다음을 참조하라. Drogin, *Curveball*.

40 https://www.iraqbodycount.org/

41 Steve Yetiv, *The Absence of Grand Strategy: The United States in the Persian Gulf, 1972–2005* (Johns Hopkins University Press, 2008).

42 Robert Jervis, 'Why Nuclear Superiority Doesn't Matter', *Political Science Quarterly* 94(4) (Winter 1979–1980), p. 621f.

43 Hans Morgenthau, 'The Four Paradoxes of Nuclear Strategy', *American Political Science Review* 58(1)(1964): 25.

44 Thomas C. Schelling, *The Strategy of Conflict* (Cambridge, MA: Harvard University Press, 1960), ch. 8.

45 Roger Morgan, 'Saving Face for the Sake of Deterrence', in Robert Jervis, Richard Ned Lebow and Janice Gross Stein, *Psychology and Deterrence* (Washington, DC: Johns

Hopkins University Press, 1985), pp. 128, 131.

46 P.54 '각기 다른 의제에 이끌리다' 참조.

47 https://www.youtube.com/watch?v=_SsccRkLLzU.

2장_ 우리의 편향

1 다음에 인용됨. Robert Jervis, *Why Intelligence Fails*(Ithaca, NY: Cornell University Press, 2010), p. 176f.

2 Catherine Grace Katz, *The Daughters of Yalta: The Churchills, Roosevelts, and Harriman: A Story of Love and War*(Boston: Houghton Mifflin Harcourt, 2020), pp. 145-6.

3 히틀러의 1941년 12월 18일자 지시 전문은 다음을 참조하라. https://de.wikisource.org/wiki/Fall_Barbarossa.

4 Ian Kershaw, *Fateful Choices: Ten Decisions that Changed the World, 1940-1941*(London: Allen Lane, 2007).

5 다음에 인용됨. Jervis, *Why Intelligence Fails*, p. 177.

6 Nicoll Report('The JIC, and Warning of Aggression'), November 1981, excerpts printed in Robert Dover and Michael Goodman(eds), *Learning from the Secret Past: Cases from British Intelligence History*(Washington, DC: Georgetown University Press, 2011), pp. 277-92, here p. 279.

7 이 인터뷰를 글로 옮긴 것은 다음에서 볼 수 있다. https://msuweb.montclair.edu/~furrg/glaspie.html.

8 Robert Jervis, 'Introduction: Approach and Assumptions', in Robert Jervis et al., *Psychology and Deterrence*(Washington, DC: Johns Hopkins University Press, 1985), p. 1.

9 Frank Pringle, 'A Fraught Subordination: Analysing the Relationship between the Soviet Union and East Germany during the "Second Cold War", 1979-1984', MS, MSc dissertation, University of Glasgow, 2024.

10 Beatrice Heuser, 'Military Exercises and the Dangers of Misunderstandings: The East-West Crisis of the early 1980s', in Beatrice Heuser, Tormod Heier and Guillaume Lasconjarias(eds), *Military Exercises: Political Messaging and Strategic Impact*, Forum Paper 26(Rome: NATO Defence College, 2018), http://www.ndc.nato.int/download/downloads.php?icode=546.

11 Ibid.; 다음도 참조. Beatrice Heuser, 'The Soviet Response to the Euromissile Crisis, 1982-83', in Leopoldo Nuti(ed.), *The Crisis of Détente in Europe: From Helsinki to Gorbachev, 1975-1985*(London: Routledge, 2008), pp. 137-49.

12 Jonathan Riley-Smith, *What Were the Crusades?*(4th edn, London: Bloomsbury, 2009).

13 우리는 이것을 무슬림 자료에서 확인할 수 있다. 다음을 참조하라. Sadr al-Din al-Husayni, *Akhbar al-dawla al-saljuqiyya*(c. early mid-thirteenth century), trans. Clifford Edmund Bosworth, *The History of the Seljuk State*(Abingdon: Routledge, 2011), p. 37f.; 그리고 다음에 인용된 자료도 참조하라. Niall Christie, 'Religious Campaign or War of Conquest? Muslim Views of the Motives of the First Crusade', in Niall Christie and Maya Yazigi(eds), *Noble Ideals and Bloody Reality*(Leiden: Brill, 2006), p. 59.

14 교황 우르바노의 호소는 25년 후 로베르 수도사Robert the Monk에 의해 기록되었다. 텍스트는 다음을 참조하라. Dana C. Munro, 'Urban and the Crusaders', *Translations and Reprints from the Original Sources of European History* 1(2)(Philadelphia: University of Pennsylvania, 1895), pp. 5-8.

15 Jonathan Riley-Smith, 'Crusading as an Act of Love', *History* 65(214)(1980): 177-92.

16 Michael Mitterauer, 'The Crusades and Protocolonialism: The Roots of European Expansionism', in Mitterauer, *Why Europe? The Medieval Origins of its Special Path*, trans. Gerald Chapple(Chicago, IL: University of Chicago Press, 2010), pp. 194-231.

17 Michael Kandiah(ed.), *The Role and Function of the British Embassy in Beijing* in the Witness Seminar Series(London: Foreign and Commonwealth Office and King's College London, 2012), pp. 41-4, 52, 54, https://issuu.com/fcohistorians/docs/beijing_embassy_witness_seminar_tra.

18 Ibid., p. 43.

19 Jervis, *Why Intelligence Fails*, p. 25.

20 Nicoll Report, in Dover and Goodman(eds), *Learning from the Secret Past*, p. 279.

21 2019년 프리드리히 에베르트 재단(Friedrich Ebert Foundation, FES)의 'Security Radar'에서 연구를 진행했다. 다음을 참조하라. http://library.fes.de/pdf-files/bueros/wien/15176-20190412.pdf.

22 https://library.fes.de/pdf-files/bueros/wien/18980-20220310.pdf

23 http://library.fes.de/pdf-files/bueros/wien/15176-20190412.pdf

24 https://library.fes.de/pdf-files/bueros/wien/18980-20220310.pdf

25 https://www.levada.ru/en/ 2021년 말 FES 여론조사에서는 57퍼센트가 미국에 적대감을 갖고 있는 것으로 나타난다.

26 http://library.fes.de/pdf-files/bueros/wien/15176-20190412.pdf

27 Robert Jervis, *Perception and Misperception in International Politics*(Princeton, NJ: Princeton University Press, 1976), p. 152.

28 Dimitri Minic, *Pensée et culture stratégiques russes*(Paris: Maison des Sciences de l'Homme, 2023), ch. 5; Dima Adamsky, *The Russian Way of Deterrence: Strategic Culture, Coercion, and War*(Stanford, CA: Stanford University Press, 2024).

29 Edward Luttwak, 'Why We Need More Waste, Fraud and Mismanagement in the Pentagon,' *Survival* 24(3)(1982): 117–30.

30 이라크 조사 보고서, https://webarchive.nationalarchives.gov.uk/ukgwa/20171123122743/http://www.iraqinquiry.org.uk/the-report/

31 인터뷰 내용은 다음에서 확인할 수 있다. https://msuweb.montclair.edu/~furrg/glaspie.html

32 Nicoll Report, in Dover and Goodman(eds), *Learning from the Secret Past*, pp. 277–92.

33 Nicoll Report, in Dover and Goodman(eds), *Learning from the Secret Past*, p. 280.

34 Amnon Sofrin, 'The Intelligence Failure of October 7 – Roots and Lessons', *Jerusalem Strategic Tribune*(26 November 2023), https://jstribune.com/sofrim-the-intelligence-failure-of-october-7-roots-and-lessons/

35 https://www.arte.tv/de/videos/115611-004-A/prigoschins-tod-im-kreml-tv/. 러시아 대중매체에 대한 보르주노바의 일련의 분석들은 대중매체를 공부하는 학생이라면 반드시 주의 깊게 살펴봐야 하며, 이는 프랑스-독일 채널 ARTE(공교롭게 이 채널의 이름과 소리가 같은 'RT'라는 약자를 사용하는 Russia Today와는 다른 채널이다)에서 찾아볼 수 있다.

36 Ibid.

37 마이클 허먼Micheal Herman은 전 영국 정보부 요원으로 학술적 글쓰기를 개척했다. 그의 다음 저서를 참조하라. *Intelligence Power in Peace and War*(Cambridge: Cambridge University Press for the Royal Institute of International Affairs, 1996).

38 Christopher Andrew and Oleg Gordievsky, *Instructions from the Centre: Top Secret Files on KGB Foreign Operations, 1975–85*(London: Hodder & Stoughton, 1993); Jordan Baev, 'War Scare Psychosis and Operation VRYaN: New Evidence from Bulgarian Military and Intelligence Archives', in Hans-Peter Kriemann and Matej Medvecky(eds), *From Peace to War, from War to Peace*(Potsdam: ZMS Bw, 2024), p. 153.

39 Rebecca Harding and Jack Harding, *Gaming Trade: Win-Win Strategies for the Digital Era*(London: London Publishing Partnership, 2019).

40 https://www.youtube.com/watch?v=IGQmdoK_ZfY

41 Sir Arthur Conan Doyle, *The Adventure of Silver Blaze*(Paisley: Gleniffer Press, s.d.).

42 예시로 다음을 참조하라. Gen. A. V. Seryhantov, Gen. A. V. Smolovy, Col. A. V. Dolgopolov, 'Transformation of the Concept of War from Past to Present: Hybrid Warfare Technologies', trans. from Russian, *Military Review*(Moscow) 30(1)(2021); 다음도 참조. 'The Concept of the Foreign Policy of the Russian Federation', Decree of the President of the Russian Federation No. 229(31 March 2023), Para. 49.1.

43 Michael Plötz and Hans-Peter Müller, *Ferngelenkte Friedensbewegung? DDR und UdSSR im Kampf gegen den NATO Doppelbeschluss*(Münster: LIT Verlag, 2004).

44 Beatrice Heuser, 'The Soviet Response to the Euromissile Crisis, 1982–83', in

Leopoldo Nuti(ed.), *The Crisis of Détente in Europe: From Helsinki to Gorbachev, 1975-1985*(London: Routledge, 2008), pp. 137-49.

45 http://www.mirror.co.uk/news/uk-news/beautiful-young-woman-killed-cervical-4782612

46 Rolf Dobelli, *The Art of Thinking Clearly*, trans. Nicky Griffin(New York: HarperCollins, 2013), p. 164.

47 Jervis, 'Introduction', p. 10f.

48 2023년 8월 24일 Paul Schulte가 저자에게 남긴 논평.

49 https://www.lefigaro.fr/nice/disparition-d-emile-il-y-a-des-affaires-qu-on-sait-criminelles-mais-sans-qu-aucune-piste-n-emerge-20230729

50 Milovan Djilas, *Conversations with Stalin*, trans. Michael Petrovich(London: Rupert Hart-Davis, 1962), p. 164.

51 Beatrice Heuser, 'Stalin as Hitler's Successor', in Beatrice Heuser and Robert O'Neill(eds), *Securing Peace in Europe*, 1945-62(London: Macmillan, 1992), pp. 17-40.

52 다음을 참조. https://twitter.com/fahrettinaltun/status/1297971223591358465

53 Ofer Fridman, 'From "Putin the Saviour" to "Irreplaceable Putin": The Role of the 1990s in the Kremlin's Strategic Communications', *Defence Strategic Communications* 10(Spring-Autumn 2021): 153-95.

54 'The Putin Files', interviews with Kara Murza(2016), https://www.youtube.com/watch?v=ylibXQU_dgo

55 Jervis, *Why Intelligence Fails*, p. 138.

56 Uri Bar Joseph, *The Angel: The Egyptian Spy Who Saved Israel*(New York: Harper, repr. 2017).

57 Nicoll Report, in Dover and Goodman(eds), *Learning from the Secret Past*, p. 282.

58 Béla K. Király, 'The Hungarian Revolution and the Soviet Readiness to Wage War against Socialist States', in Béla K. Király, Barbara Lotze and Nandor Dreisziger(eds), *The First War Between Socialist States: The Hungarian Revolution of 1956 and its Impact*(New York: Brooklyn College Press, distributed by Columbia University Press, 1984).

59 Dover and Goodman(eds), *Learning from the Secret Past*, p. 292.

60 John Gill, 'India, Pakistan and Brasstacks: Exercise and Crisis on the Edge of War', in Beatrice Heuser, Tormod Heier, Guillaume Lasconjarias and Denis Mercier(eds), *Military Exercises*, http://www.ndc.nato.int/download/downloads.php?icode=546, pp. 302-32.

61 다음에 인용됨. Minic, *Pensée et culture stratégiques russes*, p. 339.

62 Florence Gaub, *Zukunft: Eine Bedienungsanleitung*(Munich: dtv, 2023), p. 126f.

63 David Omand, *How Spies Think: Ten Lessons in Intelligence*(Harmondsworth: Penguin,

2021), p. 72f.

64　Albert Speer, *Inside the Third Reich*, trans. Richard and Clara Winston(London: Weidenfeld & Nicolson, 1970), p. 346.

65　Bogdan Musial, *Sowjetische Partisanen 1941-1944: Mythos und Wirklichkeit*(Paderborn: Ferdinand Schöningh, 2009), p. 36; Alexander Hill(ed.), *The Great Patriotic War of the Soviet Union 1941-1945: A Documentary Reader*(London: Routledge, 2009), p. 193.

66　Roberta Wohlstetter, *Pearl Harbor: Warning and Decision*(Stanford, CA: Stanford University Press, 1962).

67　David S. Yost, 'Political Philosophy and the Theory of International Relations', *International Affairs* 70(2)(April 1994): 285.

68　Vladimir Putin, '50 Years of the European integration and Russia', *Sunday Times*(25 March 2007).

69　Robert Petersen, 'Fear and Loathing in Moscow: The Russian Biological Weapons Programme in 2022', *Bulletin of the Atomic Scientists*(5 October 2022), https://thebulletin.org/2022/10/the-russian-biological-weapons-program-in-2022/post-heading

70　Alternative Defence Commission, *Defence without the Bomb*(London: Taylor and Francis, 1983), and id., *Without the Bomb*(London: Paladin & Granada, 1985).

71　US National Security Strategy of 2022, https://www.whitehouse.gov/wp-content/uploads/2022/11/8-November-Combined-PDF-for-Upload.pdf

72　Wohlstetter, *Pearl Harbor*, p. 167f.

73　Marja Nykänen, 'Black Swans and Grey Rhinos – Lessons of Crises on Macroprudential Policy', Conference on Systemic Risk Analytics, Helsinki, 5 May 2022, https://www.bis.org/review/r220509c.htm.

74　https://www.9-11commission.gov/report/911Report.pdf, p. 260f.

75　John Kiszely, *Anatomy of a Campaign: The British Fiasco in Norway, 1940*(Cambridge: Cambridge University Press, 2019)

76　House of Commons Defence Committee, 'Withdrawal from Afghanistan', Fifth Report of Session 2022-23(1 February 2023), https://committees.parliament.uk/publications/33946/documents/186082/default/

77　Victor Davis Hanson, *The Western Way of War: Infantry Battle in Classical Greece*(New York: Alfred Knopf, 1989).

78　모든 사례는 다음에서 논의된 것이다. Dominic Johnson, *Overconfidence and War*(Boston, MA: Harvard University Press, 2004).

3장_ 아는 것과 모르는 것 (그리고 우리가 그것들을 사용하는 방법)

1 Daniel Kahneman, *Thinking, Fast and Slow* (New York: Farrar, Strauss and Giroux, 2011), pp. 85–90.
2 다음에 인용됨. Robert Jervis, *Why Intelligence Fails* (Ithaca, NY: Cornell University Press, 2010), p. 156.
3 Miles Kahler, 'Rationality in International Relations', *Political Psychology* 16(1)(March 1995): 926.
4 Rolf Dobelli, *The Art of Thinking Clearly*, trans. Nicky Griffin(New York: HarperCollins, 2013), p. 176.
5 Jean-Jacques Rousseau, 'An Inquiry into the Nature of the Social Contract; or Principles of Political Right'(Dublin: B. Smith for William Jones, 1712); Oswald Spengler, *Der Untergang des Abendlandes* (Vienna: Braumüller, 1918); Aleksandr Dugin, *The Foundations of Geopolitics: The Geopolitical Future of Russia* (orig. in Russian, Moscow: Arktogeya, 1997).
6 이에 대한 훌륭한 사례는 1934년(!) 리온 포이히트방거Lion Feuchtwanger가 1933~1934년 나치의 박해와 강제수용소 억류의 첫 물결을 피해 도망친 후 프랑스에서 쓴 소설 『The Oppermanns』다. 이 책은 홀로코스트를 예언했지만 너무나 많은 유대인이 위험에도 불구하고 너무 늦을 때까지 이 예언을 무시했다.
7 'Falkland Islands Review' of January 1983, aka Franks Report, https://c59574e9047e61130f13-3f71d0fe2b653c4f00f32175760e96e7.ssl.cf1.rackcdn.com/E415E0802DAA482297D889B9B43B70DE.pdf, paras 129–33.
8 Ibid.(Franks Report), paras 316 and 317.
9 Kevin McCall, 'Lee's Blind Horses', in Christian B. Keller(ed.), *Southern Strategies: Why the Confederacy Failed* (Kansas, MO: University Press of Kansas, 2021), pp. 101–8.
10 D. C. Watt, *How War Came* (London: Heinemann, 1989), pp. 101f, 137.
11 Irving Janis, *Victims of Groupthink: A Psychological Study of Foreign-Policy Decisions and Fiascoes* (Boston: Houghton Mifflin, 1972).
12 Colin Elman and Miriam Elman, 'Introduction', eisdem(eds), *Bridges and Boundaries: Historians, Political Scientists and the Study of International Relations* (Boston: MIT Press, 2000), p. 7.
13 Quoted ibid., p. 14.
14 Bertrand Russell, 'On Induction', *The Problems of Philosophy* (Home University Library, 1912), ch. VI.
15 Nasim Nicholas Taleb, *The Black Swan; or The Impact of the Highly*

Improbable(London: Random House, 2010), p. 40.

16 Bruno Tertrais, '"On the Brink" – Really? Revisiting Nuclear Close Calls since 1945', *Washington Quarterly* 40(2)(2017): 51–6.

17 Benoît Pelopidas, 'The Unbearable Lightness of Luck: Three Sources of Overconfidence in the Manageability of Nuclear Crises', *European Journal of International Security* 2(2) (2017): 240–62.

18 이것은 냉전 후반기 소비에트 독트린과 핵무기 사용 훈련을 뒷받침하는 논리였다. 다음을 참조하라. Beatrice Heuser, 'Warsaw Pact Military Doctrines in the 70s and 80s: Findings in the East German Archives', *Comparative Strategy* 12(4)(Oct.–Dec. 1993): 437–57; and Beatrice Heuser, 'Victory in a Nuclear War? A Comparison of NATO and WTO War Aims and Strategies', *Contemporary European History* 7(3)(November 1998): 311–28.

19 일어날 수 있는 예측 불가능한 원인과 그 결과는 국방부 내에서 이루어지는 관측 활동에서 신중하게 확인된다.

20 Dobelli, *Art of Thinking Clearly*, p. 290.

21 Nasim Nicholas Taleb, *Fooled by Randomness: The Hidden Role of Chance in Life and in the Markets*(Harmondsworth: Penguin, 2007).

22 Thucydides 1.23.5–10.

23 이전 위기에 대한 논의는 다음을 참조하라. Christopher Clark, *The Sleepwalkers* (London: Allen Lane, 2012).

24 Beatrice Heuser, 'Fortuna, Chance, Risk and Opportunity in Strategy', *Journal of Strategic Studies* 45(5)(2022): 1–26.

25 Clausewitz, *On War*, I.1.28.

26 다음에 인용됨. Bruno Colson, *Napoléon: De la guerre*(Paris: Perrin, 2011), p. 54.

27 예시로 다음을 참조. John Baylis, Steven Smith and Patricia Owens, 'Introduction', in eisdem(eds), *The Globalisation of World Politics: An Introduction to International Relations*(9th edn, Oxford: Oxford University Press, 2022).

28 Anne-Sofie Dahl, 'The Myth of Swedish Neutrality', in Cyril Buffet and Beatrice Heuser(eds), *Haunted by History*(Oxford: Berghahn, 1998), pp. 28–40; Robert Dalsjö, *Life-Line Lost: The Rise and Fall of 'Neutral' Sweden's Secret Reserve Option of Wartime Help from the West*(Stockholm: Sanderus Press, 2006).

29 아프가니스탄에서 국제안보지원군의 역할에 대한 북대서양조약기구의 장기 전략은 2003년 10월 1일 북대서양이사회North Atlantic Council의 승인을 얻었고, 2003년 10월 2일 나토 사무총장 로버트슨 경이 유엔사무총장 코피 아난에게 제출했다. 유엔안전보장이사회 문서 2/2003/970에서 확인할 수 있다. 데이비드 요스트David Yost 교수가 이 참고 문헌을 알려주었다.

30 Beatrice Heuser, 'The World in Transition, and What the Biden Administration Tries to

Do About It', in Michaela Dodge and Matthew R. Costlow(eds), *Expert Commentary on the 2022 National Security Strategy*(Fairfax, VA: National Institute Press, 2022), pp. 57-68, https://nipp.org/wp-content/uploads/2023/01/OP-Vol-3-No.-2.pdf.

31 이 사례에는 1981~1984년의 프랑스의 미테랑 초기 내각 때의 공산당과 독일 정부의 2021년 시기 녹색당도 포함된다.

4장_ 전략 수립의 결점과 곤경

1   Nathan Leite의 다음 책을 참조. *Study of Bolshevism*(Glencoe, IL: The Free Press, 1953); 그리고 Alexander George의 그에 대한 검토는 다음을 참조. 'The "Operational Code": A Neglected Approach to the Study of Political Leaders and Decision-Making', *International Studies Quarterly* 13(2)(June 1969): 190-222.

2   Beatrice Heuser, 'Covert Action within British and American Concepts of "Containment"', in Richard Aldrich(ed.), *British Intelligence, Strategy and the Cold War, 1945-51*(London: Routledge, 1992), pp. 65-84.

3   George Crile, *Charlie Wilson's War: The Extraordinary Story of the Largest Covert Operation in History*(New York: Atlantic Monthly Press, 2003).

4   Ian Kershaw, *The 'Hitler Myth': Image and Reality in the Third Reich*(Oxford: Oxford University Press, 1987).

5   Markus Wolf with Anne McElvoy, *Man without a Face: The Autobiography of Communism's Greatest Spymaster*(London: Jonathan Cape, 1997).

6   https://www.linkedin.com/in/steven-m-3785ba/?originalSubdomain=uk

7   Steven R. Mann, 'Chaos Theory and Strategic Thought', *Parameters*(Autumn 1992): 54-8.

8   Dimitri Minic, *Pensée et culture stratégiques russes*(Paris: Maison des Sciences de l'Homme, 2023), pp. 323-9.

9   그의 이런 글은 다음까지 거슬러 올라간다. Henry David Thoreau and Gene Sharp, *On the Duty of Civil Disobedience*(Peace News Pamphlet, 1963).

10 Minic, *Pensée et culture stratégiques russes*, pp. 311-26 passim.

11 Edward Luttwak, *The Rise of China vs the Logic of Strategy*(Cambridge, MA: Harvard University Press, 2012), ch. 2.

12 Anon. [Guibert], *General Essay de Tactique*(London: chez les libraires associés, 1772), repr. in Comte de Guibert, *Stratégiques*, with an introduction by Jean-Paul Charnay(Paris: Herne, 1977), my translation.

13 [Otto August] R[ühle] von L[ilienstern], 'Apologie des Krieges', in idem, *Aufsätze über Gegenstände und Ereignisse aus dem Gebiete des Kriegswesens*(Berlin: Ernst Siegfried Mittler, 1818), p. 187(my translation).

14 추진 일정에 대해서는 다음을 참조하라. Andrew Carr, 'It's about Time: Strategy and Temporal Phenomena', *Journal of Strategic Studies* 44(3)(2021): 303-24.

15 Gjert Lage Dyndal and Peer Hilde, 'Strategic Thinking in NATO and the "New Military Strategy" of 2019', in Janne Haaland Matlary and Rob Johnson(eds), *Military Strategy in the 21st Century*(London: Hurst, 2020), pp. 225-32.

16 Peter Ricketts, *Hard Choices: The Maing and Unmaking of Global Britain*(New York: Atlantic Books, 2022).

17 최후통첩에 대해서는 다음을 참조. Tim Sweijs, *The Use and Utility of Ultimata in Coercive Diplomacy*(Basingstoke: Palgrave Macmillan, 2023), here esp. ch. 1.

18 David Omand, *How Spies Think: Ten Lessons in Intelligence*(Harmondsworth: Penguin, 2021), p. 124.

19 Kahneman, *Thinking, Fast and Slow*; Dobelli, *Art of Thinking Clearly*.

20 한 관찰자의 회상에 따르면 방으로 돌아온 스파크는 샴페인을 하나 따고 발코니로 나가 '오 솔레 미오O Sole Mio'를 노래했다고 한다. 그가 모르게 바로 위의 스위트룸을 차지한 피네는 아래에 대고 외쳤다고 한다. '그만하게, 스파크. 자네는 밤새 나를 괴롭히지 않았는가. 이제 조금이라도 자게 해주게.'

21 이 이야기에 관심을 갖게 해준 사무엘 크뤼징아에게 감사를 표한다. 다음을 참조하라. https://www.ewmagazine.nl/buitenland/news/2014/04/hoe-oud-minister-wim-beyen-op-sicili-de-basis-voor-de-eu-legde-1504762W/

22 United Kingdom Parliament Defence Committee Report, 'Withdrawal from Afghanistan', Fifth Report of Session 2022-2023(10 Feb. 2023); Deutscher Bundestag, 'Zwischenbericht der Enquete-Kommission Lehren aus Afghanistan für das künftige vernetzte Engagement Deutschlands', Drucksache 20/10400(19 February 2024).

23 Dobelli, *Art of Thinking Clearly*, p. 54.

24 Michael Hastings, *The Operators: The Wild and Terrifying Inside Story of America's War in Afghanistan*(Boston, MA: Blue Rider Press, 2012).

25 드골은 1966년 10월 소련과의 핵 협력을 선언했다. 다음을 참조하라. 'De Gaulle to Give Press Conference', *Times*(13 Oct. 1966).

26 이것은 1990년 프랑스 학사원Institut de France에서 있었던 핵 역사 프로그램의 구술 역사 시간에 언급한 것이다. 현재 뱅센 성의 국방역사국 기록보관소에서 내용을 확인할 수 있다.

27 연이은 성명들의 텍스트는 다음에서 확인할 수 있다. https://www.dfi.de/dossiers/deutsch-franzoesische-gipfel.

28 Kenton White, *Never Ready: Britain's Armed Forces and NATO's Flexible Response*

Strategy, 1967–1989(Warwick: Helion, 2022).

29 Dobelli, *Art of Thinking Clearly*, p. 203.

30 Sir Lawrence Freedman, *Official History of the Falklands Campaign, Vol. 1, The Origins of the Falklands War*(London: Routledge, 2005), esp. pp. 46–54, 66–75, 132f.

31 Freedman, *Official History* 1: 140–58.

32 'Falkland Islands Review' of January 1983, aka Franks Report, https://c59574e9047e61130f13-3f71d0fe2b653c4f00f32175760e96e7.ssl.cf1.rackcdn.com/E415E08 02DAA482297D889B9B43B70DE.pdf, paras 280, 283.

33 Steve Yetiv, *National Security through a Cockeyed Lens: How Cognitive Bias Impacts US Foreign Policy*(Baltimore, MD: Johns Hopkins University Press, 2013), ch. 2.

34 Stig Förster, 'Dreams and Nightmares: German Military Leadership and the Images of Future Warfare, 1871–1914', in Manfred Boemeke, Roger Chickering and Stig Förster(eds), *Anticipating Total War: The German and American Experiences, 1871–1914*(Cambridge: CUP, 1999), pp. 343–76.

35 Lawrence Freedman, *Strategy: A History* (Oxford: Oxford University Press, 2012), pp. 589–97.

에필로그

1 RUSI Talking Strategy Podcasts, Season 4, https://www.rusi.org/podcast-series/talking-strategy-podcast

2 데이비드 오맨드 경은 정보 요원들과 분석가들을 위한 유사한 권고를 공식화하는 일을 훌륭하게 해냈다. 전략과 정책 수립자들에 대한 뛰어난 조언은 또한 스티브 예티브Steve Yetiv의 *National Security through a Cockeyed Lens*에도 담겨 있다. 참고 문헌 참조

3 Robert Jervis, *Why Intelligence Fails*(Ithaca, NY: Cornell University Press, 2010).

4 영국 국방부의 *Good Operation*, https://www.gov.uk/government/publications/the-good-operation; 그리고 외무·영연방 및 개발부의 *Programme Operating Framework*, https://www.gov.uk/government/publications/fcdo-programme-operating-framework.

잘못된 전략

1판 1쇄 인쇄 2025년 9월 2일
1판 1쇄 발행 2025년 9월 17일

지은이 비어트리스 호이저
옮긴이 이혜진
펴낸이 김영곤 **펴낸곳** (주)북이십일 21세기북스

TF팀 팀장 김종민
기획편집 진상원 **마케팅** 정성은, 김지선
편집 박지석 **디자인** 박지영
영업팀 정지은, 한충희, 장철용, 강경남, 황성진, 김도연, 이민재
해외기획실 최연순 홍희정 소은선
제작팀 이영민 권경민

출판등록 2000년 5월 6일 제406-2003-061호
주소 (우 10881) 경기도 파주시 회동길 201 (문발동)
대표전화 031-955-2100 **팩스** 031-955-2151 **이메일** book21@book21.co.kr

(주)북이십일 경계를 허무는 콘텐츠 리더

21세기북스 채널에서 도서 정보와 다양한 영상자료, 이벤트를 만나세요!
페이스북 facebook.com/jiinpill21   포스터 post.naver.com/21c_editors
인스타그램 instagram.com/jiinpill21   홈페이지 www.book21.com
유튜브 youtube.com/book21pub

ISBN 979-11-7357-491-7 03340

· 책값은 뒤표지에 있습니다.
· 이 책 내용의 일부 또는 전부를 재사용하려면 반드시 (주)북이십일의 동의를 얻어야 합니다.
· 잘못 만들어진 책은 구입하신 서점에서 교환해드립니다.

리더를 위한 정치와 사상의 교양
그레이트 하모니

그레이트 하모니는 다양한 요소의 조화로 정치가 완성된다는 철학을 담은 시리즈입니다. 정치적 통찰을 바탕으로 리더십을 꿈꾸는 독자들을 위해 엄선한 도서를 소개합니다. 복잡한 정세 속에서 조화를 이루는 리더로 성장하는 길을 제시합니다.

---

001 《알렉산드로스》(근간)
한 세계를 호령한 대왕의 승리, 고난 그리고 후광
필립 프리먼 지음 | 노윤기 옮김

002 《아우구스투스》(근간)
혁명가에서 로마 최초, 최고의 황제까지
에이드리언 골즈워디 지음 | 박재영 옮김 | 김덕수 감수

003 《비스마르크》(근간)
독일을 통일한 천재 리더의 모든 것
조너선 스타인버그 지음 | 은호익 옮김

004 《잘못된 전략》
외교 역사와 이론으로 살펴보는 국제정치 속 오판의 메커니즘
비어트리스 호이저 지음 | 이혜진 옮김

005 《백악관 상황실》(근간)
미합중국 위기 관리의 중심, 백악관 상황실에서 펼쳐지는 역대 대통령과 그 조력자들의 이야기
조지 스테퍼노풀로스 지음 | 황성연, 천상명 옮김